春华秋实

"中国经济的热点问题"学术研讨会暨厉以宁教授从教 60 周年演讲集

蔡洪滨 主编

2017 年·北京

图书在版编目(CIP)数据

春华秋实:"中国经济的热点问题"学术研讨会暨厉以宁教授从教60周年演讲集 / 蔡洪滨主编. —北京：商务印书馆，2017
ISBN 978 - 7 - 100 - 12730 - 1

Ⅰ.①春… Ⅱ.①蔡… Ⅲ.①中国经济—文集 Ⅳ.①F12 - 53

中国版本图书馆 CIP 数据核字(2016)第 275497 号

权利保留，侵权必究。

春华秋实
——"中国经济的热点问题"学术研讨会暨厉以宁教授从教60周年演讲集
蔡洪滨　主编

商 务 印 书 馆 出 版
（北京王府井大街36号　邮政编码100710）
商 务 印 书 馆 发 行
北 京 冠 中 印 刷 厂 印 刷
ISBN 978 - 7 - 100 - 12730 - 1

2017年12月第1版　　　　开本 880×1230　1/32
2017年12月北京第1次印刷　　印张 11⅛
定价：58.00元

目 录

主论坛:"中国经济的热点问题"学术研讨会暨厉以宁教授从教 60 周年庆祝活动 ………………………………… 1

厉以宁:中国的双重转型之路为发展经济学增添了什么…… 17

高峰对话一:经济新常态下的挑战与机遇……………… 33

高峰对话二:企业的转型与发展……………………… 47

高峰对话三:经济学创新与中国道路………………… 59

分论坛一:宏观经济与金融改革……………………… 77

分论坛二:国有企业改革与民营企业转型……………… 135

分论坛三:城镇化可持续发展………………………… 219

分论坛四:经济学理论研究与中国实践………………… 285

主论坛:"中国经济的热点问题"学术研讨会暨厉以宁教授从教60周年庆祝活动

时间:2015年11月22日
地点:北京大学办公楼礼堂

校领导致欢迎词

  林建华 北京大学校长

嘉宾致辞

  张梅颖 第十届、十一届全国政协副主席
  颜延龄 全国政协常委、中华海外联谊会副会长
  尹衍樑 北京大学名誉校董、光华管理学院董事长
  刘 伟 中国人民大学校长

滕飞：

尊敬的厉以宁老师，各位领导，各位嘉宾，老师们、校友们，同学们，大家上午好！"中国经济的热点问题"学术研讨会暨厉以宁教授从教60周年庆祝活动现在开始！我是本次活动的主持人，北京大学光华管理学院党委副书记滕飞。非常荣幸主持这次活动，首先我们要为今天顶着瑞雪到会场的各位来宾表示由衷的感谢，谢谢大家！

1955年，尊敬的厉以宁老师完成了在北京大学经济学系的学业，时年25岁的厉老师，选择留校任教，选择献身教育事业与科研事业。厉老师用人生最珍贵的岁月，诠释了他对学生、对教育、对学术、对国家和社会的挚爱。60春秋，厉老师心系民生，传道授业，桃李满园，为中国改革的理论和实践提供了宝贵的智慧，为经济管理人才的培养倾注了大量的心血，体现了一代学人的家国情怀。接下来请大家观看一段视频，让我们更加走近厉以宁老师。（播放视频）

滕飞：

各位来宾，相信大家刚才通过这段视频，对厉老师60年来的从教生涯，应该有一个更加感性的、进一步的了解。而今天我们怀着激动的感恩心情，齐聚一堂，举办"中国经济的热点问题"学术研讨会暨厉以宁教授从教60周年庆祝活动，以学术的视角关注当前的经济实践，探讨中国经济发展的热点和难点问题。我们非常高兴能够听到各位领导、各位嘉宾的智慧分享。下面请允许我介绍今天厉以宁研讨会现场的各位老师和嘉宾。首先要为大家介绍的是：

著名经济学家、北京大学光华管理学院名誉院长厉以宁教授、厉老师的夫人何玉春老师

第十届、十一届全国政协副主席张梅颖女士

全国政协常委、中华海外联谊会副会长颜延龄先生

北京大学校长林建华教授

中国人民大学校长刘伟教授

北京大学名誉校董、光华管理学院董事长尹衍樑先生

北京大学光华管理学院院长蔡洪滨教授。

今天参加研讨会的还有很多杰出的学院校友、贵宾,后续环节我们会通过活动安排陆续为大家介绍。同时热烈欢迎来到现场的厉以宁老师的各位老友、学生们,欢迎北京大学各部门和兄弟院系的各位老师,欢迎光华管理学院的荣休教授、教职员工、各位同学,欢迎各位媒体界的朋友。同时光华管理学院在上海、深圳、西安、成都的四个分院也开设了现场直播的分会场,同样欢迎现在坐在四个分院的各位同学和朋友们。

我们今天的活动得到了北京大学校领导的高度重视和大力支持。首先,以热烈的掌声欢迎北京大学校长林建华教授致辞!

林建华:

尊敬的厉以宁先生,尊敬的张梅颖主席,尊敬的各位来宾,老师们、同学们,大家上午好! 今天我们欢聚一堂,隆重庆祝厉以宁教授从教60周年。首先,我谨代表北京大学全体师生,向尊敬的厉老师致以衷心的祝贺和崇高的敬意。同时,也向与会的各位嘉宾和校友表示热烈的欢迎!

厉老师是中国当代最具影响力的经济学家之一,他长期致

力于中国经济改革与发展的研究和实践,是中国股份制改革理论最早的提出者和主要贡献者。他提出了中国经济发展的均衡理论,对转型进行了深入的探讨,倡导了城乡二元体制改革。他还曾主持《证券法》、《证券投资基金法》的起草工作,对于中国法制建设做出了贡献。厉先生的思想、学说以及他所身体力行的实践活动,对中国社会的变革与进步产生了深远的影响。厉老师是我们北大人所共同敬重的好老师,他在北大的讲台上,已经耕耘了整整一个甲子,而且至今仍保持着学术的青春,仍然坚持教书育人。他循循善诱,诲人不倦,深受青年学者的爱戴,师德崇高,学艺精湛,是北大教师的楷模,今年是北大光华管理学院成立 30 周年,作为这所学院的创始院长,厉老师在 30 年里,为了光华的发展、建设殚精竭虑,为光华的发展奠定了基础,指明了方向,也带领大家走到今天。今天厉老师从教 60 周年,不仅要表达对这位教育家、改革家的崇敬之情,更希望通过这样的仪式和学术研讨,进一步地引导和激励广大青年,向厉老师学习,学习厉老师对真理的执着追求,学习他严谨求是的态度、诲人不倦的教育理念、服务国家和人民的奉献精神。我们要像厉老师那样,无论是做人,还是做学问,都要正道而行,朴实真诚,不计浮华。我们还要向厉老师学习办学的思想,守正创新、宁静致远,把北大发展得更好。最后预祝"中国经济的热点问题"学术研讨会暨厉以宁教授从教 60 周年庆祝活动圆满成功,衷心祝愿厉老师身体健康,万事如意,永葆学术青春!谢谢大家!

滕飞:

感谢林校长,谢谢林校长对厉老师的祝福,也感谢学校一直以来对我们工作的支持和帮助。下面以热烈的掌声有请第十届、十一届全国政协副主席张梅颖女士致辞!

张梅颖:

尊敬的厉教授、何老师,尊敬的林校长,各位来宾,各位老师,各位同学,大家上午好!今天是我素来尊敬的厉以宁先生从事教育事业60周年纪念活动,光华管理学院的师生济济一堂,以举办一场学术报告的形式为先生隆重致贺!这是对一个学者毕生孜孜以求的教书育人和学术研究最好的纪念。60年一个甲子,以现在人口平均寿命看,我们都很难指望生命中会出现两个甲子,可能厉先生例外,也就是厉先生把自己全部生命都奉献给了崇高的教育事业,一个忧国忧民的知识分子,把生命和教育叠在一起。再加上厉先生伴随的这段中国历史,剧烈动荡和变迁,特别是改革开放时代的大潮背景,内容该有多么丰厚。

尽管我一直把厉先生作为良师益友,也还是没有足够的能力来做评价。在这里,我从自己感受最深的两个方面,也就是参与国事、教书育人草拟了一副对联,表达对这位耄耋老人、学界泰斗,更是一位有良知的知识分子深深的敬意和衷心的祝福!

上联:书生一介,甲子一轮,厉言厉功,殚精竭虑,问计民瘼国运,策策皆厉。

下联:桃李满园,栋梁满堂,亦文亦诗,呕心沥血,嘉惠士子学林,字字以宁。

祝厉以宁教授学术生命常青,祝您生日快乐!谢谢大家!

滕飞：

感谢张主席，感谢张主席对厉老师的祝福，我们对您和厉老师多年来的情谊也表示深深的敬意。接下来欢迎全国政协常委、中华海外联谊会副会长颜延龄先生致辞！大家欢迎！

颜延龄：

尊敬的厉老师，尊敬的林校长，尊敬的各位领导，各位来宾，今天我们济济一堂，参加"中国经济的热点问题"学术研讨会暨厉以宁教授从教60周年庆祝活动。

厉以宁教授是我国著名的经济学家，中国经济学界的泰斗，在30多年的改革开放征程中，厉以宁教授为我国经济体制改革和社会事业发展做出了积极的贡献。

2013年厉以宁教授获得CCTV终身成就奖，为他近60年来对中国经济健康发展所做出的努力与探索致敬。在20世纪80年代，当国企改革陷入胶着，厉以宁教授提出股份制，国企股份制改革成为中国经济史上浓墨重彩的一笔。2003年，厉以宁教授从多个省市调研归来后，起草了一份长达17页的调研报告，递交给了时任国务院总理的温家宝。两年后，"非公经济36条"出台，允许非公有资本进入电信、电力、铁路、银行、石油、金融等行业和领域，民营经济迎来了发展的春天。

在十八届三中全会提出混合所有制经济是基本经济制度的重要实现形式后，厉以宁教授又提出国进民退和国退民进都不是我们的目标，我们希望在中国经济发展过程中，国企与民企能够共赢、双赢。厉以宁教授的思想和理论对中国经济的改革和发展产生了深远的影响。

厉教授还积极关注社会问题、农民工问题、就业问题、贫困地区发展问题、城乡二元体制问题等方面的深入研究。特别是在贫困问题方面，厉教授每年外出进行大量调研，2004年，厉教授担任贵州毕节试验区专家顾问组组长，后来连续多年都去毕节调研，前两天刚从毕节考察回来。通过在当地捐献希望小学、派教师讲学、培训干部等，为毕节开发扶贫、生态建设倾注了大量的心血。现在毕节成为贵州省发展最快的地区之一。厉教授在北京大学发起成立了北京大学贫困地区发展研究院，并在一段时间亲自担任院长，研究院先后在贵州、甘肃、湖南等地近30多个贫困地区开展调研，认真查找地区贫困成因，反复论证脱贫方法，为国家扶贫开发事业献计献策，并形成科研成果。

厉教授的成就与中国改革开放的进程密不可分，厉教授从教的60年，也是我国经济体制改革的60年。最后，祝愿厉以宁教授寿比南山！谢谢大家！

滕飞：

感谢颜会长的致辞，也感谢颜会长对厉老师的祝福。在厉以宁老师创办北京大学光华管理学院以及在光华管理学院发展的过程中，有一位先生给予了我们持续不断的支持。21年前，他无私捐赠光华管理学院，从此学院踏上快速发展的道路，他就是光华管理学院的董事长尹衍樑先生。今天尹董专程从台湾赶来，到了我们的会场，下面以热烈的掌声欢迎北京大学名誉校董、光华管理学院董事长尹衍樑教授致辞！

尹衍樑：

尊敬的厉老师、何老师、林校长，各位领导，各位女士，各位先生，各位亲爱的同学，我跟光华的渊源要从北大谈起，1989年1月18日，我到北京来开国际的经济学会议，我多停留两天，就溜到北大看一看，溜到清华看一看。我赫然发现，原来中国高等教育改革的空间还是很大，学生的生活还是非常非常的清苦。

在经香港回台湾的时候，我见到我的老师南怀瑾先生，我说我们怎么帮他们？后来我就想说，我们可不可以先设立一个光华教育奖，以研究生为主，让研究生经济条件稍微宽松一点，能够有钱买书，能够有钱买食物。南老师就欣然地同意，所以我们第一年在1989年就联络好这个事情。我1月份来，3月份我又来，跟丁石孙校长，还有跟清华的校长，还有内蒙古大学三所学校的校长商谈了这个意念，都得到了首肯。签约的时间定在5月份，但是那年的情况特殊，到4月二十来号，飞机就不飞了，不飞怎么办？要等。一直到7月份第一班飞机从香港飞，国泰的，我记得非常清楚，国泰的747飞机，这个飞机可以载400人左右，整班从香港往北京飞只有一个客人，结果我用一张机票，坐了一趟747的专机。

这一路上因为空乘员都很清闲，跟我聊天，我也过得很愉快，到北京一下机场，不得了，沸沸扬扬，提着包、提着箱子的什么人都有。我这个时候来了，住在香格里拉大饭店。住了三天我见了校长，也见了书记，也见了清华的校长。

这三天的食物，只有三种选择。第一种选择，蛋炒饭。第二种选择，三明治。第三种选择，你可以选择不吃，不吃就饿肚子，因为所有的材料，市场上都断掉了，没有东西。而那个时候就谈好了这个原则，光华奖的原则。第一届12月二十几号在北大颁发，主要是80%的研究生，20%不到的本科生，发奖的地点，就在这个桌上。那个时候我在这边简单地讲了一些话，我说我们同学，这个时候肯定更需要同胞的鼓励、同胞的爱。为什么呢？路遥知马力，风雨见人心。

说到这里的时候，下面也有600个同学，有400个同学哭了，第一次发奖的时候。为什么12月20号发奖呢？因为那个时候，学生11月底才回来，我们发出了我们的光华奖。后来也很顺利。到1992年、1993年的时候，认得厉以宁厉老师了，我跟他讲说，建议我们是不是国家、政府，尤其需要经济思想，尤其需要这种商业的管理，合理化的管理。我们是不是有这个机会，来从事一个管理学院的合作。在那个时候，我是一个国民党。现在国民党也不稀奇了，当年是蛮少有的"动物"了。来了以后，我记得跟厉老师，跟吴树青校长，还有罗豪才副校长、任彦申书记，国防科部委的一个中将，大家努力地谈。谈了第四次，谈到五点钟的时候，每一次谈都回到原点。

什么叫原点？就是尹先生，你捐几个钱，盖个房子，盖个楼就算了，我不肯。我说北大到处都是楼，不缺这一栋，要办就引进新的思想、新的观念，合于时代潮流的知识，而不是盖一个古色古香的现代教育的楼，楼不是教育，知识才是教育。我希望用董事会的制度，董事会向学校建议师资，建议课程，建议教材。当然，先讨论清楚，我们学生将来的出路是什么。很多说法了，说我们要为国家，教育国家的领导人。我就讲了，国家的领导人，很大一部分是天运跟机运，不是每个人教育都能够被变成国家领导人的。这条我说曲高和寡。后来我们定义成为社会推出良好的管理人才。从基层、中层、高层,说不定就做到国家领导人了。这个"产品"的定义清楚了之后,才好定义加工的时候的过程,就包含师资、课程、教材等。

前两年的教科书,有一半是我用大木箱,从台北台湾大学原封不动地运来的,另外一部分,从台湾政治大学,也是由大木箱装着进来的,用了好几年。但是,现在不必了,现在北大自己的教科书也有了,自己的案例也有了,什么也有了。所以,这20多年来,我亲眼见证到国家的巨大的变化跟发展。我也亲眼地见证到我们光华从栽种到苗壮,到枝繁叶茂,到桃李满天下,我最尊敬的一个人就是厉以宁老师,还有何师母。

这20多年来,我去过您府上三四十次了,所以这里我要热忱地祝福何老师、厉老师,青春常驻,健康愉快!另外,学术深爱常青,我也要敬祝北大校运昌隆。另外送给在座各位老师和同学,"光华"这两个字,何等的荣耀,何等的沉重。如果有人讲说,某某人,你居然也是光华毕业的,这时候帽子就沉重无比了。如果旁人大家都说,某某人,你果然是光华毕业的,这个时候就变成你的荣耀了。谁决定是沉重的负担,还是荣耀的冠冕呢?就是你自己决定,自己做事,自己承受。我相信,我也希望,现在光华是各位的冠冕,若干时日后各位能成为光华的冠冕!最后谢谢各位!

滕飞:

感谢尹衍樑董事长,非常感谢尹董事长刚才跟我们所分享的他对"光华"二字沉甸甸的理解。厉老师从教60周年,昨日东风桃李,今日聚木成林,接下来让我们以热烈的掌声欢迎中国人民大学校长刘伟教授致辞！刘校长，也是厉老师的学生。

刘伟：

尊敬的厉老师、何老师、林先生，各位老师，同学们，大家好！光华筹备厉老师从教60周年的活动很长时间了，洪滨院长跟我当时在一起商量，这个事情怎么做。因为那个时候他让我来，是作为北大分管文科的副校长，又是厉先生的学生，做一个讲话，一个是祝福，另外也算是代表学校参加这样一个活动。后来前天，星期五，我去了人民大学，出任人民大学的校长。洪滨院长给我打电话，说你怎么办呢？我说人的身份可以变，我是厉先生的学生这一身份变不了，所以我以厉先生学生的身份，来这儿跟大家参加这样一种非常令人向往的聚会。

厉先生的贡献是丰碑式的，我想作为他的学生，我们非常了解。我今天在这里就讲三点，我从厉先生的教学、学术研究的体会，对国家贡献当中的体会，我觉得我们作为一个学者，应当向厉先生学习，我觉得是很重要的地方。

第一，一个学者他的学术经历跟兴趣，应该跟民族的民运、国家的需要结合起来，并且根据国家的需要、民族的民运变化而变化。我为什么说这个话呢？我们知道厉先生的造诣非常深，早年积累非常雄厚的是经济史和经济思想史。北大经济系，又是一个历来以史论见长的地方。但是改革开放一开始，厉先生就毅然放下了他积累多年的、具有浓厚兴趣的史的方面的研究，把他的主要精力投入到改革开放的现实问题，而且都是极富争议的热点问题的研究，这一放放了将近30年。最近几年厉先生早年做积累准备的这些经济史的著作在商务印书馆系统地出版,并且获得第六届、第七届教育部高等院校的一等奖,蝉联两届,都是早年积累下来,放了这么多年,现在才出版的著作。我说一个学者,把自己的最好的年华和国家的需要结合在一起,把自己的学术兴趣放在民族和国家需要的后边,我说这一点,非常了不起。这我想讲的第一点。

第二,从厉先生身上我们看到,一个学者的基本宗旨和学术态度,应当是从问题出发,特别是从国家本身发展的问题出发。我们知道厉先生在西方经济学和经济思想史方面的造诣有口皆碑,但是大家看,厉先生关于中国问题的讨论,关于中国改革的一系列的争辩、方针、政策、方案、出路,所有的这些问题研究,你几乎看不到西方经济学的影子,都是实事求是,从中国的实际出发,从语言,所谓话语体系,到方法,到结构。

那么,如果看厉先生的这些文章,你几乎看不到厉先生在西方经济学方面的这种系统的训练和深厚的滋养。但是,我们知道,我们有很多学者,在讨论设计中国问题的时候,现在回过头看,几乎就是沿用了西方正统经济学的语言、方法和逻辑。但是,不解决中国的问题。厉先生的东西和所谓的华盛顿共识相差非常之大,但是每个研究,每个问题的提出,都是切中中国问题,并且极富建设性。

厉先生的著述非常丰富,有一年要评选对中国经济50年最有影响的著作,请厉先生自己推荐自己的一本,厉先生推荐的是《非均衡的中国经济》,很薄的一本,主要是谈方法论。我当时就问厉先生,您著作那么多,为什么独独推荐这一本。他跟我讲,这是在他所有的著作当中,最具有中国特色,分析中国问题的最具方法论意义的。所以,我想从中国问题的实际出发,结合中国的实际,解决中国的问题。作为我们学术研究的出发点,厉先生给我们做了一个光辉的榜样。这是我想讲的第二点。

第三,做经济学要有创新的精神,而创新的源头,重要的不在于文献的检讨。因为文献的检讨,说到底是跟在别人后面,跟在别人后面,检讨得再系统、再深入,不会跳出人家的框架,不会提出新的问题。这个创新的重要源头在于实践。厉先生,刚才大家看到的短片,非常注重实践。很早年间,就带着很多课题组,我曾经跟厉先生,我们一起,当时我记得有朱善利、孙来祥、何小锋,这都是30多年前的事情了,我们到处去调研。刚刚看到的短片,反映的就是在今年厉先生85岁的高龄时还在调研,所有问题他都坚持从实际当中出来,从调研当中发现问题,概括问题,然后提出解决问题的办法,这样他才始终保持着创新。始终保持着领先,而不是跟着别人后边走。我觉得这个是我们这样既需要创新,又缺乏创新能力的经济学研究,特别需要尊重、需要树立的实践的观点,深入社会、关注社会,贴近社会的观点,我觉得厉先生在这方面为我们做出了表率。所以,我想在这三个方面,我们学习厉先生。祝福厉先生,身体健康,生活幸福,学术青春永葆!祝何老师、厉老师,钻石婚的时候,我们要一起为两位老人家祝福!谢谢大家!

滕飞:

感谢刘伟校长,谢谢刘校长刚才对我们厉老师思想的总结和梳理,在厉老师讲课之前,对厉老师历年的经济思想进行了一个导读。我们深刻地感受到您作为厉老师学生的这种深情厚谊。下面我们要进入厉老师的演讲环节,我跟大家分享一张照片,这就是30年前,在我们现在这个地方,北大的办公楼礼堂,厉老师给当时的学生解读经济政策,对当时的未来的中国经济发展道路进行设计的一种解读。可以看到这张照片里面,当年席地而坐的同学中,我相信肯定会有同学坐在我们今天的会场,今天如果不是人数严格限制,我相信今天的现场也是一样一样的。

所以,今天到我们的会场,出现了当年的盛况,是来源于厉老师一直以来保持着旺盛的理论创造力,仍然不断完善他的学术思想,相信厉老师今天的学术演讲,一定会为我们带来对中国未来改革发展的宝贵的精神财富。现在隆重请出光华管理学院的奠基者、光华名誉院长、著名经济学家厉以宁教授登台,为我们带来今天的主题演讲!

厉以宁:中国的双重转型之路为发展经济学增添了什么

在今天这样一个场合,讲一个题目,这个题目就是"中国的双重转型之路为发展经济学增添了什么"。

第一个问题:链条是从最弱的环节突破的。中国的双重转型实际上一个是体制的转型,一个是发展的转型。体制的转型,就是从计划经济体制过渡到市场经济体制,发展的转型就是从农业社会转到工业社会、现代化社会。双重转型实际上把上述两种转型结合在一起了。

计划经济链条是很严密的。怎么突破?要从最弱的环节突破。那么,计划体制的最弱环节是什么呢?是农业。为什么?因为农民的生活状况和城市是不一样的。城市居民不管怎么样,只要是城市户口,总有粮票,总有油票,还有其他的一些票证。有的城市,再怎么困难,城市居民总可以一个月有两斤肉票。再说,城市里的成年人,如果没有工作,只要你愿意干,去种树、去修路,这样也能够得到一定的生活费。但是农民不是这样,农民没有粮票,没有油票,没有肉票。所以说,这是最弱的环节,农民生产按照政府的计划进行,但生活没有保障,就给你一块地。这怎么办?只要一有松动,农民的改革的愿望是最强的,要改变现状,计划经济体制的突破口就在农村。

所以,在1979年,十一届三中全会闭幕后,农村自发地开始动起来了。大包干是从农村开始的。不仅是安徽一个地方,很多地方都有,四川也有。从这以后,中国的改革就挡不住了。

第二个问题,就是要调动群众的积极性,这是最要紧的。在中国的改革发展过程中,一定要调动群众的积极性。调动群众积极性主要表现在什么地方呢?农村搞了大包干了,粮食增产了,农民能吃饱了,而且有积极性了,于是农民开始向城市,向建筑工地流动，寻找就业机会。这是中国一个大变化的开始。在这个过程中，还有一点很重要的，农村的劳动力多。加之，大包干以后，农村的积极性起来了，于是农村开始办乡镇企业。农村有劳动力，自己建厂房，到工厂去买些下脚料来做原材料，乡镇企业办起来了。乡镇企业生产了产品就要卖，谁来卖？也是自己找门路。大家回想一下，那时（20世纪70年代末到80年代初），你坐火车，坐长途汽车，经常可以看到，一些农民一样打扮的人，穿一件西装，有时候还打个领带，身上大包、小包，都证明他们是农民。他们在干什么呢？他们走遍全国，他们是乡镇企业产品的推销者。因为他们要找销路。长途汽车、火车上，见到的就是这样一些人。

一个乡镇企业商品市场开始形成了。它跟计划市场是并行的。这意味着，统一的计划经济体制从此被打破。谁打破的？农民打破的。农村的改革是在农民大包干以后，就是农村的变化体现在这里。农民到处在流动了。

第三个问题就是人力资源的积极性发挥出来了。农民已经不仅仅在农村种自己那块田了，他们到城市来做工，尽管户口问题没有解决，只要有工作做，能赚钱就行了。这些情况，让我们懂得中国的发展经济学，在发展中国家的发展中，没有这样的情况，但是在中国有。中国还有一个重要问题，需要讲清楚，所有的发展中国家，包括亚非这些发展中国家，它们也在搞发展，可是它们的发展很明显，就是要摆脱前资本主义社会，因为它们都处在前资本主义社会下，他们要摆脱这个。它们的目标是建立市场社会，市场经济是资本主义经济。这样一个过程，不会逆转，不会倒退，因为谁想回到前资本主义社会去？没人愿意，它们一直在向前走,目标是资本主义社会。

中国不一样。中国是双重转型。既要从农业社会变成工业社会,也要从计划经济体制变成市场经济体制,因此在改革中必须慎重,必须稳步前进,不能让人们感到失望,提高民生是重要的问题。因为中国是经过计划经济来的,尽管只有城市中才能享受到这些,可是它就想到了,城市里的人,过去不管怎么说,还有铁饭碗,还有大锅饭。改革,把大锅饭打破了,把铁饭碗打破了,如果民生没有得到改善,社会就不稳定。所以,中国双重转型中,给发展经济提出一个重要的问题,一定要改善民生。只有在双重转型的国家,才会遇到这个问题,才有可能逆转。这个是以后的改革中一直要注意的问题。

为什么要这么强调改善民生?因为它有一个对照系在那里,那就是大锅饭。实际上他们不懂,要给他们讲透了才懂,大锅饭从哪里来呢?它不是一个锅吃饭,它是两个锅吃饭,甚至三个锅吃饭。所以,《水浒传》第19回到20回,你们可以看看去,晁盖立下梁山的分配原则,从山下抢到财物以后,作为分配的那部分放在大厅当中。山上少数头领分这一半,众多喽罗们分那一半。这是两口锅的平均主义。这就是梁山泊的分配原则。

计划体制下不也是这样吗?你属于哪一个类型的人,在这个锅里吃饭,属于另一个类型的人,在那个锅里吃饭,所以有大灶、中灶、小灶、特灶之分。但是,过去人们不知道。反正我跟我认识的人,咱们都在一个锅里吃饭,我不知道锅外还有锅,我也不知道那个锅吃的什么东西?我根本就想象不到,我能跑到那个锅边说吃饭。现在,要恢复大锅饭,不是那么容易的事情,但是毕竟存在一种可能性,即仍有一些人还留恋"大锅饭",他们不知道改革过程中是要打破"大锅饭"的。"大锅饭"不值得留恋。

第四个问题,在中国改革过程中,一定要强调产权改革。在改革开放之初,1986年,北京大学就在这个礼堂里举行改革讲座,我做了一场报告。当时正在进行放开价格的争论,就在这个礼堂内,地上坐满了人。我的第一段话就是:中国改革的失败可能是由于价格改革的失败,中国改革的成功,必须取决于所有制改革成功。这就是要产权改革。国有企业不改革,光放开价格有什么用?它们不承担风险。一定要产权改革,明确产权。然后怎么做?走股份制道路,这就是当时在办公楼礼堂的那场大论战。

最后经过邓小平南巡讲话,又经过中共十四大到十五大,终于明确了,股份制是国有企业改革的方向。北京大学不仅是经管系,参加改革方案讨论,参加讨论的有许多外校的,其中还有理科的,不少人都同意,发展经济学提出在计划体制转变为市场经济体制的时候,一定要把产权改革放在重要的位置。

在这个过程中,也许最难的问题,是就业问题。为什么一定要强调就业问题呢?因为中国的农村人太多了,所以一定要注意到中国的就业问题。就业优先,兼顾物价稳定。把就业放在优先地位,兼顾物价的上涨。这告诉我们,一定要防止通货膨胀过快,但就业始终是最重要的。

总之,要从中国的国情出发。中国有那么多农民,他们纷纷外出,在当时提出就业问题是很重要的,实际上到今天,就业问题仍然是重要的问题。就业问题重要,通货膨胀问题同样重要,这给我们下一步经济改革又提出了很多新问题。

关于就业问题,我最近带队在一个工厂考察。是个大工地,投资了很多亿,我问那个企业负责人,你投了这么多亿,建了一个现代化的工厂,能够增加多少就业?他回我,一个人都不增加,还裁员呢,他说:"我用的是机器人。这样,劳动生产率才能提高,产品才能到国外竞争,我只增加少数的管理人员,但要有一定的素质。"所以,只有投资,但增雇劳动力很少。

此外,在很多工厂,我跟企业家们谈。我说,现在工厂怎么样?他说现在工人太难找了,为什么?技工短缺。他说,我有两个朋友,刚好也在这边,他们把厂迁到东南亚去了,结果后悔了。为什么?当初迁到东南亚的时候,认识到一点,就是说东南亚的工资比我们低,大概还不及中国的工资的一半,有些比一半还少。那不是好事吗?他说不行,他到那里就后悔了,想回也回不来了,工厂建了。第一,东南亚的工人没有中国工人讲纪律,中国工人一般很讲纪律,那里不讲纪律,说来就来,说不来就不来。第二,不努力学习,中国的工人,师傅带徒弟都在那儿学。东南亚的工人不努力学习,而且一味地想消费、想玩、想放假。怎么办?而中国的问题,下一步将是提高劳动力素质的问题。现在缺的是技工,将来怎么办?

不久前,我到贵州毕节去考察。贵州毕节是扶贫开发试验区,我前些年是贵州毕节试验区专家组的组长,现在是贵州毕节试验区专家组的总顾问。我在那里发现一个问题:毕节作为全国扶贫的试验区,就应该有试验区的样子,要做别人所做不到的事情,这才叫试验区。如果都跟着别的地方做,别的地方有了,我才做,这怎么叫作试验区呢?我到那里去的时候,2003年,转到全国政协常委了,然而,就被统战部聘为专家试验组的组长。我带了全国政协的一些委员到了毕节。开座谈会的时候,他们汇报情况说,这些年来,从毕节试验区成立(1988年),到现在怎么种树,选择什么树种,改良多少土壤,等等。我说这些都是成绩,成绩不可低估,但是我要问几个问题。一是,国有企业改了多少？回答是：没有动。二是农民下山人数有多少,回答是：没有变化。我说,这两条最需要解决,这两个问题不改,叫什么试验区？国有企业怎么改？不妨多到外省看看,把民营企业引进来,这样才行。还有,国有企业不改,你们的包袱越来越重。国有企业亏损,你不但得不到税收,还得往里头贴钱,社会能稳定吗？毕节当局接受了这一建议,到外头去考察,引进了一批民营企业,改组了国有企业。这样就没有包袱了。毕节扶贫中认真地引进民营资本,重组了国营企业,经济就活了,就业问题也化解了。

第五个问题：农民应当下山,异地致富。在山上怎么致富？一个山上,住了几户,修一条公路上山,划不来,装电话,成本太高。要下山,下山干嘛？能够在附近务工,要参加技术培训。培训后送到外省,这样一来,他们就渐渐脱贫了。

职业训练是重要的,但还解决不了一个问题。什么问题？就是现在农村产生的新问题。就是说,全国大约两亿六千万到两亿七千万"农民工",其中有四千多万是夫妻长期分居的,还有四千多万留守儿童,没有人照料,大约还有四千多万留守老人,也没有人照料。

夫妻长期分居,这个问题没有人注意。男的出去了,女的在家里,坏人一勾结,就这样了,家庭破裂了,甚至还发生凶杀案。所以,光是农民出来不行,要解决两地分居问题。这就是我们要考虑的问题。要为外出农民工在城市盖房子,让老婆孩子进城,有房子住,这就是农村的问题。可见,农村在变化,但不断会出现新问题。

这一次在毕节考察,还遇到一个新问题。"农民工"说,现在生活好了,为什么过春节,有些"农民工"不回来过呢?他们说,"份子钱"多了,递红包比从前多了。农村中总有婚丧嫁娶,红白喜事,都要送红包。但是,过去红包三块钱、五块钱就可以了。现在不同了。现在起码一百,一百还嫌少,大家都是二百元、三百元。过年回来,碰到这个事,好不容易赚一点钱全花光了,自己家里又没有什么可以收红包的,所以,"农民工"就不回来了。过年完了,悄悄地回来,别人也不知道,所以这个中国的扶贫工作,遇到了诸如此类的新问题。怎么办?有些农村正在移风易俗,红白喜事由村里办,不收"份子钱",不大办酒席。这是一件大好事。

第六个问题:环境保护成为新课题。2015年年初,我带了全国政协调研组到陕西汉中市进行调研。穿过汉中地区,灌入丹江口水库,从丹江口水库,南水北调供北京。正因为如此,环保部门下了一条死命令,汉江沿岸现有的工厂一律迁走,今后不准建有污染的工厂。同时,汉江流域,两岸不准施化肥,不准打农药,否则水流到汉江,流到北京怎么办?在这种情况下,农民怎么脱贫致富?我们就专门考察这个问题。我们先到西乡县。它改了,所有的稻田都改种茶树。它的特产叫富硒茶,富硒茶含稀有元素,市场很好销。种茶以后,情况变了,需要劳动力,它跟种田不一样,茶叶要加工,茶叶要行销,等等,它不施化肥,上农家肥。于是西乡县,在湖北、四川等地打工的农民都回来了,家里需要劳动力,这样,它就成为一个生产茶叶、出口茶叶的地方。

我们到了第二个县洋县。洋县有一种鸟，这种鸟已经是稀缺了，快绝种了，叫朱鹮。它就建立了朱鹮保护区，有了保护区，繁殖朱鹮，喂养朱鹮，繁殖一批就放了。朱鹮这鸟有一个特点，一辈子就一个伴侣，中途无论公母，死了一个，另外一个终生不再找伴侣。由于朱鹮一辈子就一个伴侣，所以今天的洋县，在朱鹮湖的周围，是风景区，成为外地人或本地人结婚的庆典之地。好多穿着婚纱的在那儿拍结婚照，不仅有今年结婚的，过去结婚的来补这一课的也有，庆祝金婚的、银婚的也有，都以朱鹮来相许，这样，洋县变成旅游点了。旅游业一发展，洋县县域经济也就变了。

我们到了第三个县，汉中市留坝县。留坝的取名是因为张良被封为留侯，为了纪念张良，所以名为留坝县。张良庙也就在那里。当时，汉王刘邦用计骗项羽，就是"明修栈道、暗度陈仓"。由于暗度陈仓，所以韩信带兵北伐，一下子到了长安，这是著名的景点、旅游点，他靠这个。而且游客可以买到当地的工艺品，包括张良的画像、木雕像，旅游热起来了，餐饮也兴旺了。

我们又到了第四个县考察，就是勉县。这里有一座山，名定军山，就是黄忠刀劈夏侯渊的地方。诸葛亮临终时有遗嘱："把我葬在定军山。"所以，有诸葛亮墓和祠堂，游客到这里就谈《三国演义》。可见，发展旅游业，要因地制宜。生态环境要同旅游的发展配合好，这是经验。

第七个问题：大力发展职业技术教育，大力培养产品设计人才、营销人才、服务业人才，要培养"大国工匠"。

我们可以先从贵州毕节谈起。毕节下一步还准备大办职业技术教育，目标是向西南各省和中部地区输送技术工人、技师。

过去北京大学光华管理学院派人到毕节学院从教,帮助那里的教师提高水平,派出的教师也上课。现在,毕节学院变了,大变样了。我们去参观,根本不认得了,毕节学院已改了名字,现名贵州工程综合学院。根据贵州发展的需要,改成培养高端职业技术工人、技师的高等职业学院,同一些企业直接挂钩,毕业生大受欢迎。

我们应该记住,今天中国遇到一个新问题,这就是:2015年第三季度的国家统计局的公报出来了,其中引起我们注意的是,第三产业的产值已经超过了51%。这是一个现代工业化发展中的标志,因为人类社会分三个阶段,最早是农业社会,农业社会的时候,农业、畜牧业、渔业这些都放在里面,当时是以第一产业为主的。然后就到工业化时期,工业化时期,经济发展快了,是以第二产业产值为主了。当第三产业产值超过GDP的一半了,这就意味着进入到后工业化时代。所以后工业化时代在中国已开始了。在这个关键时刻,我们应该做什么?

发达国家进入后工业化时代,它的第三产业一般占到GDP的60%到70%,甚至70%以上。到了以第三产业为主的阶段,经济增长率都要下来,而在以第二产业为主的工业化阶段,经济增长是快的,越过了这个坎,经济增长率就下来了。

发达国家有2%到3%的增长率就行了,就很不错了。我们现在呢?不能再以高速增长甚至超高速增长为目标,那是做不到的。今后如果能维持中高速增长,6%到7%,还是有可能的。

中国要大力发展第三产业,要关注消费。不久前,我在河北考察。河北的企业家请我讲几句话。我讲了以下四句话:

第一句话,让产品更个性化。现在,为什么有些商品不好销?大百货公司摆上那么多衣服,还是不好销,就是因为没有新的款式。人们不妨回家把箱子打开,把柜子打开,一看里面的衣服都是新的,穿了几次就不穿了。为什么不穿了?式样过时了,不时髦了。衣服要吸引人。其实,不要怕网上采购,网上采购永远代替不了大百货公司,在国外就是这样。你看看,大百货公司衣服挂的,谁去?女顾客去。她看一看,摸一摸,比一下身子,她们认为这是一种享受,不买都可以,也是一种享受。只要产品个性化、更加个性化,网上购物代替不了大百货公司。所以说,要让产业更个性化。

第二句话,让服务业更人性化。服务业要发展。服务业企业的服务员坐在那里等人家上门,这是不行的。更人性化了,服务更周到了,生意自然好起来。产品要创新,服务也要创新。

第三句话,把品牌打到国外。中国品牌学会告诉我,中国品牌学会向经常来中国采购货物的外国商人发问卷调查,题目是"您所熟悉的中国制造业的著名品牌"。结果问卷收上来了,最多的是:茅台酒。茅台酒是中国的名牌,但不能代替其他产品,其他产品和品牌的影响力不够,值得我们注意。

第四句话,把顾客留在国内。顾客现在纷纷到外国去旅游,买东西。为什么买东西?外国的东西比在中国国内卖的同样的货物要便宜。因为在中国购买有关税在里面。外国商品,一般不会有假货。所以,这种情况需要改变。

不要忘记中国的工业化至今尚未实现。虽然我们的第三产业在GDP中的比重到了51%以上,但中国的工业化还没有实现。为什么工业化还没有实现?因为我们离目标还有距离。工业化实现的目标在哪里?要看高端的成套设备制造业。中国在高端的成套设备制造业方面还有距离。现在工厂要更新设备了,现在国内的企业要更新设备,到德国去买,到日本去买,到意大利去买,到法国去买,还是去美国买?它们没有想过,在上海买,在北京买,在天津买,还是在哈尔滨买?

目前,我们还做不到这一点。我们要把顾客留在国内,一定要在技术上有突破,尤其是高端的成套设备方面要有突破。到国外买日常生活类,也不是不可以,但是对中国是有损失的。对中国来说,一个重要的,在国外购买,增加的就业是国外的就业,增加的税收是国外的税收。在中国买,一样可以买到。我在厦门自贸区去看到的几个商店,买到德国的奶粉,可以在国内买,价钱比德国要便宜,因为免了关税。所以,中国要继续实现工业化,工业化现在还没有完成,不能放松。

第九个问题:中国的农业大有发展前途。如果大家愿意到农村看看,农村现在已同十年前不一样了。我在浙江做了调查,主要在浙江的杭嘉湖地区。我们到了嘉兴,到了嘉兴的一个县级市,叫平湖,到平湖的两个镇去看了。我们走不进去,地下全是红的纸屑,放鞭炮的后果,原来土地确权工作验收完毕了,老百姓自发地放炮仗。农民承包地,有承包权,有经营权,有权证。宅基地有使用权和权证,再加上宅基地上盖的房子,有房产权,有房产证,现在可以抵押了。这样,农村经济就活了。不仅农民放心了,而且由于可以抵押,一笔贷款就到手了。无论是开店,做生意,把农业搞好,有资金了。现在浙江鼓励农民推行家庭农场制。

大家知道,美国有家庭农场制,加拿大有,西欧国家也有,但是现在中国也开始有了。家长想把自己的儿子培养成接班人,就督促他们不仅学习农业技术,而且还要懂得管理、经营,否则他接不了班。我们还看到,农民把原来宅基地上的房子拆了,盖的都是四层楼高的房子。第一层租给外地人开店,第二层他们住,自己住第三、第四层就够了。这样一来,农民收入就增加了。嘉兴市提供的数据是:在土地确权以前,城市人均收入和农村人均收入之比是3.1∶1;土地确权验收以后,比例是1.9∶1,收入差别大大缩小了。看来,下一步城乡人均收入之比还会缩小。

看来,农业正在发生变化。农民不在本地种田,到外地去,经商,办作坊,田自然有人种。我们在浙江考察,谁来种田?在一些地方,是安徽来的农民种田。浙江的农民自己去谋更大的发展。所以,到毕节考察,毕节人不在毕节种田,照常到外地去发展。毕节的田是山里的农民来种,也有云南的农民来种。总之,农田不会荒芜,总有人种。我家乡是江苏仪征,田是苏北农民来种,仪征的许多农民,学了手艺,到外地从事搓澡、修脚、足疗去了。这就是中国发生的新情况,对这些,我们应该有所了解。

土地确权以后,我们还发现新情况。重新丈量土地后,土地比过去多了,浙江杭嘉湖地区土地比过去多了20%,我们做了调研,怎么会多出20%土地呢?有以下几个原因:

第一,三十多年前,承包制开始时,农田一小块,一小块,地有好有坏。所以,当时大家同意,好地一亩算一亩,坏地两亩折算一亩。经过三十多年的承包制,农民精耕细作,土地质量一样了。这次准备土地确权,跟村民讨论土地面积怎么算?都一样,土地好坏都差不多了,这么多年了,于是一亩算一亩。于是土地多了。

第二,过去是用牛耕地,土地都是一小块,一小块,有田埂。现在用拖拉机、插秧机、收割机,田埂被刨掉,也计算土地。田埂的两边遮太阳的部分,由于太阳不能充分晒到,也刨掉不计。现在,田埂没了,农民就记得从哪棵树到哪棵树之间是我家的,田埂平掉了,增加了土地,于是土地多了,多了20%。如果照这个比例算,全国18亿亩耕地,重新丈量后,将会变成21.3亿亩,因为估计也会多20%。

第三,为什么土地多了,因为当初要缴农业税,农民怕增加自己负担,所以家家都是瞒报、少报,大家互不揭发。现在没有农业税了,农民说,只有傻瓜才少报土地。没有农业税,少报自己吃亏。而且你少报,将来土地入股,土地出租,不是吃亏么?

合作化,真正的合作化,从现在才开始。新型城镇化在土地确权以后,农民自愿入股。所以,现在的土地合作化,实际上代表农民有了信心。这些情况都表明,中国的改革还在进行之中,这表明我们为发展经济学增添了多少新的内容。我希望更多的光华的师生,更多的全校师生,能关心中国的改革,关心中国的发展,谢谢大家!

滕飞:

感谢厉老师的精彩演讲,下面我们活动进入下一个环节,就是我们的高峰对话环节。今天我们采用学术研讨会的形式,为厉老师从教60周年进行祝贺。我们接下来的三场高峰对话,主题分别是经济新常态下的挑战与机遇、企业的转型与发展,以及经济学创新与中国道路,分别聚焦宏观经济形势、微观产业的转型和企业发展,以及针对这些经济实践,中国经济学理论的创新与发展。首先,我们开启第一场高峰对话,让几位具有远见卓识的嘉宾,共同探讨经济新常态下的挑战与机遇。

高峰对话一：经济新常态下的挑战与机遇

对话嘉宾：
    张来武   科技部副部长
    易   纲   中国人民银行副行长
    隆国强   国务院发展研究中心副主任

主持人：
    李   其   北京大学光华管理学院副院长

李其：

易行长，您在中央银行已经18年了，这30多年改革开放前10多年，咱价格水平波动偶尔会比较大，这18年，整体来说还是很平稳的，随着中国经济和世界经济逐渐地融为一体，中国贸易和资本市场的开放，现在中国制定货币政策和前18年制定货币政策，和前18年的美国央行相比，是不是考虑更多呢？

易纲：

我们货币政策的制定，像刚才厉老师讲的一样，也在从计划经济向市场经济转型。那么，在计划经济中，更多的是重视量，比如贷款量、M2、广义货币供应量。那么，现在已经进入了一个阶段，就是我们逐步地更加强调价格工具，比如说利率政策。我们的汇率是比较稳定的，这些价格将起越来越大的作用。也就是说，现在我们的价格工具它所占的重要性也好，权重也好，对全局的控制力也好，都是非常重要的。当然，这也不排除我们的一些量的指标，比如说广义货币供应量，包括社会融资总量，这些量也还仍然很重要。总之，我们货币政策的框架，也在转型之中。

今天是厉老师从教60周年，简单地谈一点感想。我有幸是恢复高考以后第一届厉老师的学生，在北大念书的时候，在厉老师的课上就受益匪浅。比如我跟厉老师学过经济学说史这门课，我跟厉老师学过当代西方经济学批判这门课，所以，可以说，经济学厉以宁老师是我的启蒙老师。那么，在后来，尽管是我毕业以后，我从事研究的阶段，或者是我在央行工作的阶段，我都有幸能够和厉老师经常地切磋。我昨天翻了翻厉老师送给我的书,还有文章,我看有1987年厉老师送给我的书,有1992年厉老师送给我的书,还有我们之间讨论的一些内容。后来接触得更多,厉老师长期在人大、政协担任领导职务,现在厉老师还是政协的常委,我是政协的委员,所以我们在经济组也经常听厉老师的发言和对经济学研究的一些体会。所以,我的体会,厉老师他确实是整个的研究都和中国过去30多年的改革开放联系在一起。他是一棵经济学研究和教学的常青树,他不断地有新的思想,他在不断地学习。尽管他现在年龄大,但是厉老师他的心态和他对经济学的观察力和对整个世界经济学最前沿的洞见的动态的把握,都是非常超前的。所以,这一点非常值得我学习。

我借着这个机会谈一个体会。咱们都谈中国经济的新挑战,我从另外一个角度谈一个新挑战,就是我们现在中国的经济,一定要统筹国内、国际两个大局。中国要积极地参与全球的经济治理,我从这个角度,谈一点体会。那么,这个全球的经济治理,就有一个全球的经济金融秩序和游戏规则的制定这样一个重要的话题。那么,目前全球经济治理和金融游戏规则的制定的整个的框架,是第二次世界大战以后建立的。今年我们庆祝抗日战争暨全球反法西斯战争胜利70周年,也恰恰是在"二战"以后,我们建立起来了整个国际经济金融的治理结构,比如说联合国,比如说世界银行、国际货币基金组织,当时叫GATT现在叫WTO这些框架。在最近这些年,我们又有一个重要的治理平台,叫作G20。所以,现在我们研究,不管是货币政策也好,中国的也好,应对的一些挑战也好,我们一定要统筹国内、国际两个大局。

那么,对现在全球经济治理的框架,我们是什么态度呢?我觉得中国应该是一个积极的参与者、贡献者,我们要不断地完善这个治理框架。为什么有这样一个判断呢?就是你要有一个根本的判断,就是整个目前这个治理框架,是对中国有利的治理框架。比如联合国,1945年、1946年建立联合国的时候,中国就是常任理事国之一,虽然后来有一段时间,我们不在联合国,但是后来恢复之后,我们仍然是"五常"之一。世界银行、国际货币基金组织我们都起非常关键的作用,我们加入WTO 15年,对中国来说,可以说我们是最大的受益者。在这个过程中,中国成为全球货物贸易的第一大国。所以我们参与全球治理体系也好,金融体系也好,金融游戏规则制定的体系也好,中国也发挥了非常重要的作用,所以整个治理体系,对我们是有利的。还有一点非常重要的,中国现在就是全球第二大的净债权国,我们将来很可能随着中国这个财富的积累,很可能在不久的将来,中国就会成为全球第一大的净债权国。我们有债权,我们有债务,但是债权远远大于债务,所以我们是一个净的债权国。全球治理体系,有一个重要的方面,就是要非常好地平衡债权国和债务国的利益关系,我们积极地参与治理,参与游戏规则的制定,就能够更好地保护中国。

从这一点上说,我们是要去建设,我们在积极地参与,发挥发展中国家和新兴市场更多的代表性和话语权。但是,我们这个过程,绝不是去拆庙,绝不是要推倒重来现有的体系。这样的一个从整体的判断要非常的清楚。所以,有了这样一个判断以后,很多大的政策的研究、中国的定位、将来的战略研究和走向及如何更好地发挥发展中国家和新兴市场的代表性和话语权,我们就有一个总体的原则把握。所以,借助今天这个挑战,我就把这一点体会和大家予以交流。谢谢!

李其:

谢谢行长。经济改革 30 多年取得的成就,现在"新常态",怎么推动中国经济高速增长,您这边变得越来越重要,咱们科技创新体制改革是怎么规划的?

张来武:

中国的科技创新,如果你认为是观察行为,就大错特错,创新的根本思想来自竞争。所以,中国科技竞争,你表扬我们科技部做了很大成绩,我经常自我批判,科技部在根子上误导了大家,这是我今天的观点,我不展开讲。这是第一条。所以我给你们介绍,我是北大光华的教授,而且不是假教授,是厉以宁教授 1980 年的时候,我们老师厉以宁的前言就是我写的。我提一提,也是以此表示今天对厉教授从教 60 年的心意。我跟这几个都是老朋友,但是视角不同,从地区,当然他说指标很稳,我也认为很稳,但是我的视角不同。这也是我最近跟比尔·盖茨在北京,召集了全球的创新大挑战,我的主旨演讲。从这个指标中,看出中国第一大挑战,从量到质转变的艰难挑战,就是经济下行是一个表现,根本的问题是转型之间,这是第一个挑战。创新谁都会说,你到国际上,美国听不懂,中国创新是什么东西?就是我们没有说清楚,这是第一个挑战。

第二个挑战,城乡二元结构的挑战。我十多年来,一直在推行科技特派员制,现在全国 70 多万,厉先生我们一起来推,解决千年以来中国的怪圈,怎么能够在盛世中消除这些二元结构。

从这个角度,这是一个艰难的挑战,我们 70 多万特派员,搞一二三产融合,因此我们创造出一个新的理论体系。这是第二个挑战。

第三个挑战,中国老龄化的挑战。中国有这么多农民,中国谁来种地?这说明什么?说明老龄化社会和 2.6 亿农民工的离土离乡,这都是好事,人寿命长了,农民的收入高了,但是它就反映了中国创新的挑战。这是什么挑战呢?这个挑战说明什么呢?说明我们背后的人口结构、知识结构,反映出我们的健康问题,老年人以老养老,慢病、亚健康成为世界最艰巨的问题。所以,你说你的经济指标,说得再好,首先要看空气干净不干净,吃的食品安全不安全,寿命安全,质量高,这才是我们的本位。

第四个挑战,就是创新文化的挑战。我在宁夏工作十年,2008 年回到科技部,就成为一个科技部的自我批判者,我认为科技部像这样下去,可以撤销。这个是我说的。别说你要回北大,你要撤销科技部,不是这个意思。为什么?因为我当时到科技部,第一就说,科技部的概念,科技创新,科技创新是什么概念?大杂烩,科学跟技术规律是一样的。什么叫科技创新?科技创新是科学概念吗?是经济概念。由于误导,结果科技创新就变成科技部主管部门在中央要政策,在财政要经费。然后尽量写到统计指标里面去,好像这就是我们的成绩,这是误导。我们强调创新环境,我们制定创新的政策,当然真正的创新不是靠政府部门,这是一个概念的误导,是你的一个行为方式的误导,就是政府是推动创新的动力,但是政府它只是一种动力,那也就是说,创新理论出的问题,我们的创新理论,充其量是三五年以前的线性理论。我们所有的计划管理、基础研究、应用研究,到企业应用,听起来很完备,但是它内在逻辑是一个线性关系。大家都知道,线性关系,小学生都会解,因此政府就可以设计。但是,实际上创新根本不是这么一回事,这是一个复杂的系统。因此,政府无法设计,必须靠市场。另外,科学的规律不是靠政府,不是靠管理,更不是靠财政,科学是靠科学家的知识和无穷无尽的好奇人。所以,这些东西就根本上,概念好推,规律难找,实践竞争,知识竞争,所以第二个创新理论出了问题。

创新的文化,不瞒你说,一谈创新文化,我出于北大,又对北大很失望。每次北大有几个真正有思想的、敢于批判的?我直言不讳,请你们别怪,因为我自己是北大人,我批判北大,说得过去。创新文化,你没有创新,你天天拿着高成绩,我的很多学生在美国,成绩少了一分,哭鼻子的都有,这就是北大造出来的学生吗?我甚至想,北大这样下去,能不能成为中国创新文化的引领?当然积淀深厚,这我理解,我也是生于北大,我对北大自信,这也源于我对自己的自信。不多谈了,对创新文化的挑战。

另外,关键是创新理论。创新文化这样一个内在的逻辑,就是全民参与。我非常赞同每个人都应该是创新的主体,每一个人都应该是新思想、新感受的创造者,不要迷信,我们可以尊重别人,但是我们不要迷信任何人、任何权力和任何历史阶段的局限性。所以,我回答你一句话,科技部和我们中国的经济一样,走在了中国的十字路口,何去何从?过去的成绩我自己有个观点,人生是如此,国家是如此,辉煌的过去可能是失败的开始。完败是下一个新的起点,要承认失败的地方,又让它成为完善的失败,你才能成为新一阶段的起点,我们科技创新无疑是尽了力,但是它缺在一个是历史阶段,它充分体现出我们的失败,否则为什么转型不能成功,否则我们的发动机、芯片、材料和我们的很多东西为什么至今不能走在世界的前列?这就是失败,这就是要完善失败,所以怎么为下一个阶段的竞争形成一个良好的起点,这就是我的回答。

李其:

谢谢,光华这几年取得的巨大成就,离不开改革,也离不开开放,到了一个"新常态"的历史节点,中国对外开放接下来如何部署?隆国强主任?

隆国强:

中国过去30多年的发展离不开开放,中国发展的两个最大动力,一个是改革,一个是开放。我们从改革开放之初,在全世界贸易排名的第32位,现在变成第二大的货物贸易进口国,在全球经济中的地位大幅度地提升。刚才易行长讲,要统筹国内、国际两个大局。世界银行曾经评估中国是经济全球化进程中少数几个获益较多的发展中国家,这个我想大家都有切身的体会和认同。但是,今年前10个月,我们的出口第一次出现负增长,这是以前从来没有经历过的,什么原因?我觉得一方面是外部需求不足,另一方面可能更需要引起我们重视的,反映了我们原来靠低成本劳动力所支撑的劳动密集型制造业国际竞争力的不足。这是一个国家的比较优势,正处在亟待调整的关键时期,下一步,提高劳动生产率是唯一的出路,但是更重要的我们要有大视野,也就是使整个国家竞争力在全球分工地位的一个变化。

现在我们面临的外部环境和前30年相比,其实变化是很大的。我们过去能够得到全球化的好处,主要抓住两个机遇。一个就是在东亚地区,劳动密集型的出口加工产业,对中国的大规模转移,这当然和我们采取的一系列的政策措施有着密切关系,面临同样的机遇,很多其他国家并没有抓住,是中国抓住了,所以我们开放的战略和策略都是正确的。第二,90年代以后,全球的经济繁荣。2008年国际金融危机以来,外部有很多新的挑战,全球经济低迷,外需不足,全球性的产能过剩,产能竞争加剧,贸易保护主义也在抬头。如果从中期甚至更长期来看,会看到全球新一轮的经济贸易规则正在制定之中,TPP不仅仅是一个FTA,同时还是一个新一轮经济贸易规则的平台。美国不会满足于只在TPP里面执行这些新的规则,还会不断地招收新的TPP成员,还会不断地向更大范围推行这些新的规则。所以这里面,中国面临很多新的挑战。

同时,我们还要看到,我们面临很多新的机遇。十八届五中全会刚刚召开,五中全会有一个很重要的判断,我们依然处在大有可为的战略机遇期。为什么做这个判断,五中全会上,战略机遇期的内涵发生了改变,到底有什么改变?文件里没有说,我谈谈个人的看法。

我觉得对一个国家来说,把握住全球的战略机遇,就可以事半功倍。所以,在任何时候,看到挑战的同时,就必须去深入分析,而且采取得力的措施,牢牢地把握住新的战略机遇。在经济全球化,在外部环境发生很大变化的同时,新的挑战出现的同时,出现了新的机遇。在走出去方面,一个要看到全球基础设施建设的机遇。不论是美国这些发达国家,还有迎接新技术革命,需要提升和完善基础设施。新兴经济体、发展中国家更是需要大规模地建设基础设施,这也是为什么我们提出"一带一路"以后,把基础设施建设作为一个重要领域、优先领域的时候,得到国际社会的热烈反响。这是一个很重要的机遇。这里面中国过去十几年,国内大规模基础设施建设,确实是大大地锻炼了我们的队伍。我们的企业在基础设施建设中从总包、设计、施工、运营,都取得了丰富的经验,不仅仅我们可以在基础设施建设的热潮中抢得这些订单,我觉得更重要的是它把我们技术密集的装备能够带到国际市场,大大地改善我们出口的结构。

第二,全球危机以后,带来中国企业海外投资,特别是并购的机会。大家讲到中国现在是一个转型时期,要靠技术创新,这没有问题,但是创新一定要在全球开展,不能局限在中国国内讲创新。我们既要用好国内的创新资源,也要用好全球的创新资源,通过低成本的海外并购,我们的企业可以获取人家已经有的技术,已经有的技术能力,以及在这个基础上,还可以获取国际品牌和国际销售的渠道,这是我们提升全球分工的一个重要基础。当然还可以在低油价的情况下,商品价格走低的情况下,去海外对大宗商品进行投资,保障我们的资源、能源的安全,这是对外投资、低成本并购的一个难得的机遇,以前全球市场繁荣的时候,我们买不起,成本也很高。那么,在引进来的时候,我们会看到,我们现在从去年,我们变成世界上引资最大的国家,超过美国,这里面结构发生了很多改变,更多的投资,投资于中国的服务业,特别是生产型服务业,投资于更加高水平的制造业。我们的服务业是这一轮开放的重点,如果说把这一轮开放的新的举措落到实处,我相信来中国投资服务业的外国投资者会更多,就会大大地提升我们服务业的竞争力,提高我们服务的水平,这是我们整个产业结构升级非常重要的一个方向。当然，在这几年的引进，我觉得还有一个非常重要的是留住人才。我不知道科技部有没有全口径的统计，我看到有一个关于归国留学人员的数，2004年的时候，回来2万多人，2008年的时候回来5万人，2014年的时候回来40.5万人。但是很多没有统计外籍的工程师、外籍的管理人员，所以，中国保持中高速增长的前景，依然对全球的高端人士充满了吸引力。所以，在走出去和引进来方面都有新的机遇。

但是我觉得最大的一个机遇是我们面临的新技术革命，以信息技术为代表的新技术革命。对待新技术革命，我们要以特别积极的心态去拥抱它。在这方面我们是有历史教训的。康乾盛世的时候，1793年，马嘎尔尼要跟乾隆皇帝通商的时候，我们最伟大的皇帝之一，说我们必须要跟你交易，到1840年鸦片战争，中国完败。说明什么？根本原因就是一个最繁荣的农业经济国家因为闭关锁国和工业革命擦身而过，现在中国是世界上最大的支撑性国家，也是最大的支撑性出口国家，但是当我们面临信息化的这个新一轮革命的时候，我们不会也不能和新一轮技术革命擦身而过。

所以，"十三五"规划建议提出五大发展理念，把开放作为一个新的发展理念，这是什么含义？就是我们所有的工作，不仅仅是开放部门要去讲开放，而是所有的工作，比如创新也好，绿色发展也好，都要有全球的视野，都要用开放的理念，来指导我们下一步的工作。所以，面临这些新的机遇、新的挑战，我们当然需要来调整我们的开放的战略，来采取新的开放的措施。如果没有这个，我觉得这些机遇都会跟我们擦身而过。

李其：

谢谢各位嘉宾,感谢您非常大信息量的精彩分享,谢谢。

滕飞：

感谢各位嘉宾,感谢主持人,感谢他们带给我们的一系列真知灼见。下面开始第二场高峰对话,第二场对话的主题是"企业的转型与发展"。我们特别荣幸邀请到几位业界人士,共同探讨企业的转型与发展的问题。下面我们将把他们一一请上台,他们是：

中国房地产开发集团理事长孟晓苏先生

泰康人寿董事长陈东升先生

海马集团董事长景柱先生

万科集团总裁郁亮先生。

有请他们！

第二场对话,邀请光华管理学院副院长金李教授为我们主持。大家欢迎！

高峰对话二：企业的转型与发展

对话嘉宾：
    孟晓苏   中国房地产开发集团理事长
    陈东升   泰康人寿董事长
    景   柱   海马集团董事长
    郁   亮   万科集团总裁
主持人：
    金   李   北京大学光华管理学院副院长

金李：

各位嘉宾好，我们刚刚接到主持人的通知，因为时间的关系，这场活动缩短成30分钟，所以每位嘉宾大概有7分半钟左右的时间，我们直入主题，下面有请孟总，谈谈您对中国企业的看法。

孟晓苏：

厉老师从教60周年，是厉以宁老师的学生的盛大节日，我本科、硕士、博士都在北大，硕士三年，博士三年，都是在厉以宁老师的指导下完成的学业。昨天韩国大使馆为我们送来一份礼物，就是当年厉老师和我们三个学生的那本书，叫《走向繁荣的战略选择》，被他们翻译成韩文版，在韩国出版了，昨天送来了。厉老师，专门为韩文版写了前言，我总共认识33个字，除了人名和书名，都是韩文。厉老师在韩文版的序言中，很详细地回顾和描述了我们三个学生在北京大学，在厉老师门下求学的经历，并且也讲述了这本书的成书过程。厉老师讲，我们在完成硕士学位的时候和这本书成书的时候，在当时的大环境下，社会上是有争议的，对市场化改革有争议，对国有企业改革，对民营企业发展。但是，北京大学是一个百家争鸣的学术源地，所以我们三个学生的硕士论文都以全票通过，后来变成书的时候，也居然没有受到多大的障碍就出版了。厉以宁老师特别强调，在几个月之后，邓小平"南巡"和发表的南方谈话，为中国的改革开放开启了一扇大门，从此中国改革开放进入加快改革和加快发展的时期。我把这本书特别要向各位同学来介绍一下。

说起中国企业的转型和发展，厉老师刚才讲的双重转型，正是这些年中国企业转型发展的大环境、大格局。这种双重转型，作为中国的企业，首先就是一个从原有的计划经济和"双轨制"，走向市场经济这样的一个转型，对中国的企业来说，就是最早从农村承包制，到承包制进城，当时我记得我还参加了万里同志推进的首钢试点和二次试点，然后到适应市场经济的改革，企业根据市场的需求，来进行投资，来进行产品的更新。

回顾这些年，中国企业面对消费市场、投资市场和出口市场，我们经历过老"三大建"时期、新"三大建"时期，后来出现住房为主，我们中国经济出现很多后工业化社会的特点，但是绝不能忘记工业化还尚未实现，目前处在这样一个时期。中国的企业面对市场需要，就需要进一步地转型。

第二个方面的转型和发展，市场经济的需要，中国企业股权结构上的变化，股份制和证券市场的发展，都是在光华、在厉老师为首的光华人的推动下，在中国逐渐发展起来的。到现在，这个变化还在进行之中，包括国有企业的改革，包括国有企业管理体制的改革，都在继续推进之中。那么，这些思想，我记得当时在北大，在厉老师身边读硕士的时候，就经常听他讲过。当时万里同志也跟我说，大家都知道，万里同志是搞承包制的，但是万里同志对于股份制也是最早接受的。他说厉以宁是股份制的大家，你要向他好好学习。

在当年，厉老师所组织的这本书，特别是厉老师写的所有章节，在国有企业改革中又提出三个阶段，我们现在正在进入的是厉老师当年所说的第二个阶段，就是在国资委和国资局的管理之下，推进国有企业形成国有资产控股公司，或者叫国有资产经营公司。这个在24年前就提出的改革思路，现在已经成为推动国有企业改革的基本思路。所以,回顾在厉老师身边学习,回顾中国推进 34 年的改革进程,很多的思想,很多的设计,都是出自厉老师,当年我们这本小书,当年的设想,当年的这些理论研究成果和制度设计,现在一件一件变成了现实。我讲完了。

金李:

23 年以前规划的中国经济发展的蓝图,现在正在一件一件地被实现出来,而且刚才孟总说,大家可能注意到,这本蓝图是在邓小平"南巡"讲话之前就已经出现了,1992 年的邓小平"南巡"讲话,也是中国经济发展的重要的里程碑事件,在那段时间,有很多企业家下海了,就是称之为"九二派"。陈总正是践行了厉老师提出的这一理念。

陈东升:

我读书在武大,我博士论文的答辩主席是厉老师,20 多年得到厉老师多次的嘉惠和指导,所以我们都把厉老师视为我们最尊敬的老师。所以,我们向厉老师和何老师,深深地敬礼,感谢你们,祝贺你们。

今天的主题是企业的转型,明年就是泰康人寿的 20 年了,我在回想,刚才部长也讲了,创新其实来自竞争,我们作为一个市场化的金融企业,这 20 年我有三次创新。第一次创新,我很有名的一句话,创新是率先模范,因为我们是个后发国家,所以泰康人寿成立的时候,我大概走了二十几个国家,二十几个保险公司,那个时候我虽然是大董事长,我去台湾的国泰人寿,去欧洲的荷兰的一家全球性保险公司,我像个小学生,一待一个星期、半个月,营销一点点地学,所以第一次创新,我们把国际上的这套搬到中国来。20年中国发生翻天覆地的变化。今天说创新是率先模仿,我认为要改了,我认为中国开始进入自主创新的时代。所以,泰康人寿的第二步创新就是加入WTO。加入WTO,国际上大保险公司,都要涌入到中国这个市场上来,我们受到很多挑战和竞争。但是,我们又是学经济学的,我觉得我们把经济学的理论和我的生意紧密地结合起来,就是一句话,伴随着中国的中产阶层一块成长。所以,我有一句话,现在最时髦说风口,我说最大的风口就是中国日益成长的中产阶层,这也是我从80年代,在经济学里面提出培植中产阶层,一直成为我学习理论和进行企业实践的核心思想。我们最近提出一张保单保全家,到今天说一张保单,一辈子的幸福,还有我们说,"老三件新三件,买车、买房、买保险"。今天泰康又走到第三次创新了,这是自主性的创新,我提出从摇篮到天堂。人寿保险就是一个研究生老病死的保险,人寿保险是最伟大的具有人文关怀的产业,把人文关怀产业,再延伸,从摇篮到天堂。人寿保险公司是一个金融企业,它只提供的是一个虚拟的金融企业,所以我们开始办医院,我在全国已经拿了九块地,北京已经在6月8号开张了。大家知道最受益的不是武汉大学,是北京大学。钱理群教授是典型的案例,钱老师去养老社区,就是我们泰康的养老社区,他写了一句话,"面朝大山,潜心写作",今天也正式地邀请厉老师和何老师,您二老,什么时候方便的时候,我亲自陪你们去参观,今后你们说,东升你这儿不错,我到这儿来养老。我们明年上海开张了,广州开张了,我们是进行一个全国连锁的养老。

最后因为时间的关系。大家现在讲结构的改革,还有刚才我们的局长也讲了，有一万亿在海外采购，为什么出现这种情况。其实我们做企业家，说得白一点，过去35年，我们成也是政府主导经济，我们今天所有的结构性问题，也是政府主导经济带来的结果。所以，改革开放30年，我们在亚布力，在纪念的时候，我说后30年一定要把市场还给企业，一定要走小政府、大社会的道路，一定要走法治的道路。即使今天我们国家的方向，三中全会、四中全会，就是市场化改革和法治社会的建设，但是政府主导经济，一定还是要进行更深刻的市场化改革。我觉得市场如果要是以市场化为主，就不会出现这种结构性的问题。为什么呢？政府追求GDP的增长，所以这种重复的投资、重复的建设，产能的超级过剩是我们经济最大的问题。这个都很清楚。所以，泰康人寿又践行了一个新的跟随中产阶层新兴消费结构的改革和跟进。所以，国家发改委主管金融的副主任去泰康燕园访问的时候，我提了一个新的概念，我说今天未来的经济发展，也有一个新概念，叫作现代服务业的基础设施的投资和建设。比如，我们在养老医疗的投资，大概未来十年，泰康人寿会投1000亿下去，它也是一个房地产的拉动，同时又带动了老人在健康的消费。同时养老社区，一个老人带来的就业是0.6个人就业，我在北京的养老社区，是住4500个老人，可以带来2500人的就业。所以，现在服务业就是养老、医疗、教育、娱乐。所以我后来讲，工业社会解决的是衣食住行，服务业社会，就是后工业社会，后工业社会，我就讲服务业的社会，服务业的社会，就是娱、教、医、养。泰康做的养老社区，医养结合的养老社区，就是大民生工程，就是大健康工程，就是大幸福工程，就是给社会提供现代基础服务业的投资，同时又为广大的消费者提供了现代服务业的医疗和养老的服务。它既是一个重资产,又是一个轻资产,实际上是符合了今天我们讲的供给侧结构性改革的这样一个趋势,也是符合中产阶层中国消费结构发生深刻变化的一个新的供给的提供。所以,从这个意义上讲,学经济学还是蛮有用的。所以,跟随中产阶层,跟随新的消费结构进行创新,你这个企业就永葆青春和活力。我们现在在市场推出来的"幸福有约"就是面向在座的大家,现在买保险,到老了的时候,不要再掏钱了,就这笔保险到我的养老社区养老,到我的养老社区去看病。今天三年了,在市场上,我还是独一无二,就是我这款产品。

为什么?我们八年前就开始布局养老社区和医疗,没有这个结构在后面支撑,这个产品是卖不出去的。所以,我也借自己的创新的现身说法,今天到北大,厉老师这样一个从教 60 周年特别的时刻,特别有意义的日子,正好把养老的问题,老龄化的问题,我们企业作为一分子做的事情,跟大家做一个汇报。谢谢大家!

金李:

非常感谢!感谢陈总的分享,中国人从生到死,怎么做一个全面的生活品质的管理,是一个非常大的问题。刚刚出的瑞银信贷的全球财富报告说,如果以人均可支配的财富在 5 万到 50 万美金来计算,定义中产阶层,中国的中产阶层人数,已经达到 1.09 亿,已经超过美国的人数,所以怎么服务过去 30 年中国经济快速崛起,陈总显然做了很有意思的思考和尝试。下面一位嘉宾,也是在各个不同的行业去思索怎么去提升中国服务,今天中国服务业已经成为中国经济最重要的增长引擎,他的行业涵盖汽车制造、地产包括酒店管理、金融和投资,我们下面有请海马集团的景柱。

景柱：

我接着陈总的观念，还是谈一下创新。如果说中国社会发展的出路在于改革，中国经济发展的出路在于创新。对于企业，特别是民营企业而言，守法是最后的底线，稳健是最好的发展，诚信是最大的卖点，创新是唯一的出路。一个好的企业，我认为需要三个可持续的力量：第一是持续的核心竞争力，第二是持续的创新力，第三是持续的品牌力。这三个力量实际都是创新。按照熊彼特的创新理论，创新是企业内生的、内在的，不是外部逼迫的；第二，创新不是花拳绣腿，创新是革命性的；第三，创新的主体不是国家，也不是企业，是企业家。因为没有企业家就没有企业。一个产生企业家的环境，一个产生企业家的时代，才是好环境，才是好时代。我想这是我的第一个观点。

第二个观点，怎么创新？创新不是断崖式的，也不是横空出世，创新是建立在多代人基础上的持续推进、持续优化。今天的马云、马化腾也是建立在3G这个信息平台上，才有了电商。比如说，我从事的汽车行业，新能源汽车的发展。为什么要搞新能源汽车？我觉得发展新能源汽车要回答两个问题：一是因为我们的石油危机了，二是环境污染了。假如石油还够用，燃油汽车不污染环境，我们还搞新能源汽车吗？所以，回到理性的思路上去，我们可能会用混合动力方案，让它少用点油，排放趋近零，这是一个比较切实的方案。中间方案才是一个纯电动的方案，因为现在还在探索。但是更长远的方案，恐怕是燃料电池、氢技术的方案。所以，所有的创新都是建立在现在基础上，不断地改良和实践,因为没有哪个企业是终极成功的企业,所有的企业要持续地走向成功,都是在不断地创新过程中取得的。

最后,谈下创新的目的。我认为好企业只有两种,一个叫高端大气上档次,比如万科、泰康人寿;还有一种叫低调清新有内涵,第二种多一点。这两种企业都会分成三类,一类是数量型,看销售收入,比如万科;一类是财富型,像泰康人寿,掌握很多财富;还有一类叫含金量型,有很多知识,很多空间,赢在未来。不管企业成为哪一类,改革的目的、创新的目的是指导我们不是做多大,而是做多好,不是走多快,而是走多远,这也是中国经济社会改革前行的一个辩证法。谢谢大家!

金李:

景总讲得非常好,我们今天不同项目都有代表,有硕士研究生的优秀代表,有 EMBA 的优秀代表,有博士后的代表,肯定不会错过本科生的代表。景总说,中国接下去的发展要有更多的创意,社会在不断变化,企业也必须要与时俱进。如果说过去 20 年,中国经济发展得益最大的,从城镇化的过程中间,房地产行业应该说是其中之一了,其中的引领者之一是万科。那么,万科接下来会怎么做? 我们有请郁总。

郁亮:

今天的题目是"企业转型跟发展",什么叫企业转型跟发展呢? 通俗上来讲,就是原来的老方法不管用了,不灵光了,原来的路走不通了,换个路走,新的路还不太清楚,或者还很窄,不知道能不能走成一条康庄大道。所以,企业转型,说起来很容易,比如腾笼换鸟。过去通常一个企业基本上是职业经理人的制度,职业经理人的管理机制,这里面老板是老板,打工是打工,这个对应的工业时代,是最有效率、最好的方法。比如说,老板是出资本,我们职业经理就出力气,当然包括智力在内。但是现在知识经济时代,人变得越来越重要,人成为第一位的生产要素了,资本变得不那么重要的时候,如果只是推一种职业经理人的制度,没法推动企业在新的时代的转型和发展。其实在过去两年,万科我们是一个事业合伙人机制。之前我听到特别多的老板在说,在抱怨,做职业经理人如何不好,不好是说,职业经理人制度里面,可以共创和共享,可以共同创造,创造财富大家分享是可以做到的,但是,缺乏两个字,叫"共担",因为损失了,他拍屁股走人了,老板承担全部的责任。

对于职业经理人来说,老板不满意的地方在哪里?如果人的因素变得越来越大,比资本更重要,我们为什么不能成为公司主人呢?为什么只是打工的?尤其现在企业里面,都是"85后"为主了,不是"80后"为主,都是相信我的地盘我做主的那一代人,凭什么我的地盘你做主呢?都是你老板说了算,所以这个时候互相不满意。所以,过去两年开始,我们推事业合伙人,我们在共创和共享之间,分享了"共担"这两个字,首先要创造,创造了以后,好的当然要分享,不好的共同承担。所以,我们自己的制度里面,包括从上面有骨干的持股制,我们跟股东一样,我们拿奖金,买股票,这样和股东共同进退,有损失做得不好,共同承担风险,共同面对市场波动。项目层面上,用跟投,每个管理团队,每个员工,必须跟投自己的项目,保证你自己的项目里面,既是职业经理人,也是这个项目的主人之一。更下面,是事件合伙,比如我们一个产品并行,我们指定一个职位最高的人负责,因为不是每个人都可以干的,就是谁离客户最近,来做召集合伙人,把原来的架构解决掉。在三层架构底下,我们事业部经过两年的尝试,现在取得很好的效益。这一步,想起30年前,我们听厉老师组织发起的这场股份制改革的大辩论,十多场我们都参加了。所以,我觉得厉老师是一个好的老师,30年前播下种子,在今天得到验证,所以在这里我代表当时在台下听厉老师讲话的人,对您鞠躬,谢谢您!30年的改革实践,确实从我们来看,还是产权制度变革,仍然是企业转型发展的根基。谢谢!

金李:

非常感谢四位优秀企业家的分享,再次向他们四位表示感谢!

滕飞:

感谢四位嘉宾为我们带来的分享,也感谢主持人。接下来开始第三场高峰对话,我们非常荣幸邀请到国内乃至国际非常有影响力的经济学家和学者,和我们一起探讨经济学创新与中国道路。下面有请:

英国社会科学研究院院士孙来祥教授

中国人民大学财政金融学院院长郭庆旺教授

北京大学经济学院院长孙祁祥教授

北京大学光华管理学院院长蔡洪滨教授。

我们欢迎光华管理学院副院长刘俏教授为我们主持这场对话。

高峰对话三:经济学创新与中国道路

对话嘉宾:
 孙来祥 英国社会科学研究院院士
 郭庆旺 中国人民大学财政金融学院院长
 孙祁祥 北京大学经济学院院长
 蔡洪滨 北京大学光华管理学院院长

主持人:
 刘 俏 北京大学光华管理学院副院长

刘俏：

各位嘉宾，尊敬的厉老师，大家好，今天上午最后一场高峰对话，主题是"经济学创新与中国道路"。大家都知道，经济学在中国过去35年高速发展过程中起了很大作用，像厉老师的产权改革的理论，对我们规范过去的发展道路起了很大的贡献。那么，未来中国面临一个很大的转型。我们经济上的速度降下来了，而且大家对这个新的增长点的寻找也展开讨论。中国道路未来怎么创新，怎么走？今天很高兴跟四位经济学的研究和践行者谈谈他们的看法。首先请孙来祥教授。

孙来祥：

我就讲点学术性的，当年厉老师，1986年厉老师56岁的时候讲的56条，第一场是我跟张来武，我们也有幸跟厉老师坐在这儿。所以，从这里讲起。我们搞经济学，现在读的教科书，好比说，你给定假定，在什么样的假定下，推演出什么样的结论，这个推演过程非常严谨。所以，大家一般就忘了，以为假定也是非常严谨。但是，这不是。假定是学者根据当时的情况抽象出来的一些假定。好比说，教科书上说企业是一种平均型的企业，现实中的企业则是千奇百怪。但是，经济学奠基20多年，只能是消费者是一个典型的消费者，价格是一个平均价格，所以我们有消费者剩余、生产者剩余。但是，这些东西，如果在实际上，我们要搞经济学理论创新，我们创新什么？当然要从假定开刀，就讲到1986年，当时的情况下，所有的转型经济学，都是根据经典的教科书来的，那么这个企业就是私有企业，200年前的企业都是私有企业。那么，私有企业、国有企业，我们也是社会主义的教科书上的国有企业,就是国家,国家是一个不可分割的整体。那么,在这样的情况下,说所有制改革怎么改革?苏联、东欧,像匈牙利,当年是我们改革的榜样,就是指私有化。这样的情况下,没法改了。

厉老师当时跟我们的讨论,注意到实际的国有不是抽象的,我们中国的国有企业,像首钢,有中央银行的投资,有财政部的投资,有北京市的投资,还有别的部门的投资,每个投资,它账记得可清楚了,它都要去那儿当婆婆,但是如果都是婆婆,就是当年的婆婆很多,出了好事,婆婆都来了,出了坏事,婆婆都指媳妇,说你干的,这个企业就没法搞,企业的领导人,只好巴结婆婆。在这样的情况下,把产权理清楚,这就是厉老师当时一下就跟当时的转型经济学完全不一样的所有制改革。

把这个例子往前推,将来怎么样?将来情况也变了,好比统计局局长说的,我们统计数据,我从宏观经济学分析,我们宏观经济学,北大人相对更关心。宏观经济学,现在全世界所有的政府都头疼的宏观统计数据总是滞后的。哪怕统计得很准,实际上都有3个月的滞后,我们中国也是3个月。你觉得经济到顶了,其实已经是3个月前到顶了,你看到数据到顶了,马上采取政策要防止过热,实际上经济已经往下走了,来一个冷缩政策,一下滑就很凶。到底的时候同样。那么,这个事情以后能不能解决,因为现在的技术发达了,我们现在有大数据。好比美国现在有一个统计通货膨胀的数据企业,超级市场的价格,都在它的数据库里,能够即时地生产通货膨胀指数,各种产品非常具体,比政府的棒多了,即时的。如果我们的宏观统计数据在大数据的基础上,能够即时地拿到通货膨胀、就业采购指数,我们的这个政府部门管理可能跟企业管理非常类似了,所以将来经济学的创新,基于大数据,很可能就跟管理学融为一体了,我们的宏观经济学就可能是跟管理学融为一体,这可能是我们光华管理学院还有我们经济学院将来都会受益的,这是宏观经济学。

微观经济学也类似。微观经济学,我们老说,福利经济建立在消费者剩余这个概念上。但是,由于大数据,现在很多企业实际上已经用大数据,它设计的价格策略,把消费者剩余这一块,都要拿走了。将来如果绝大多数企业都这么做,像美国的一些超市就这么做了,航空公司现在也普遍这么做了,保险公司也可以这么做了,因为它们都有很好的数据,马云可以这么做。那么,这样的情况,你想想我们的消费者剩余这一块,以后归企业了。那我们的社会分配的这一套理论课不就得重写了吗?所以,这里都可能有创新。这就是我举的几个例子。

时间关系,最后再举一个例子,由于大数据和用于大数据的科研发展,我们很多以前有的问题,大家头疼的问题,以后可能就不重要了。所以,还着重于过去头疼的那些问题做创新,等你做出来,已经过时了,就有这个问题。这里我举一个例子,比如经济计量学,传统的经济学都是研究误差,为什么?因为我们抽样,我们没有总体的数据,我们只能抽样。抽样总是不准。在不远的将来,现在很多行业都已经有整体数据了。不远的将来,我们都是用整体数据,用整体数据,我们能做很多东西,比如税收的反应、居民消费者对税收的反应、消费者对价格的反应、企业对税收政策的反应,这些我们都可以自然做试验了。试验经济学现在很牛,但是都是把学生要到一个实验室,给学生说好,诱导人家做出你想要的结果。

但是，如果有大数据的基础，你可以设计自然试验，现在很多这种互联网基础上的企业就在做这种试验。我们做经济学的也可以讨论在互联网公司里兼职，用它们的数据做这种试验，我们就不会有一个弹性，我们函数都是弹性。这样我们的经济学理论，我们的经济和管理学，经济学和将来的大数据分析的这一套，都会融为一体，就会给我们带来一个光明的前途。这个光明的前途，我举一个例子，现在我在美国，虽然我在英国还有职务，我去转到地理系，我为什么去地理系？我就是看中大数据。地理系在美国很多要关张了，突然出现一个卫星遥感，这个卫星遥感，好比厉老师说的农村土地，我们中国的农村土地过去国家统计局都是说，9600万公顷，美国的卫星测的是13000万公顷，最后我们也接受卫星测的了。像我们的产量，我们现在中国农业说连续14年，连年丰收，但是去年、今年我们进口最多的粮食。所以，这个产量我们可以用遥感。所以这些都是给我们经济学带来极大的机会。谢谢！

刘俏：

谢谢，我们也听听郭庆旺院长讲讲经济学创新和未来的中国道路，谢谢！

郭庆旺：

谢谢主持人！

前面几位领导和嘉宾大都是厉先生的"亲"学生，唯独我只能自诩为厉先生的"影子"学生。这让我有机会参加这样的盛会感到非常荣幸！

1980年,我这个土生土长的农家子弟跨进了东北财经大学(原来叫辽宁财经学院)的大门,但全然不知经济学为何。直到有一天,在学校图书馆看到一本经济学杂志连载厉先生撰写的系统讲西方经济学理论知识的文章,我便从此对经济学产生了浓厚的兴趣。在东北财经大学学习和工作了16年之后,我有幸执教于中国人民大学,使得我在空间距离上与厉先生更近了,也有了更多的机会现场聆听厉先生的精彩讲演和讲座,先生的创新思想令我终身受益。

提到经济学的创新,刚才刘伟校长总结得非常好。经济学理论的创新,可能需要天时地利人和。比如刘校长刚才总结道,厉先生说,首先他得投身于国家的需要,第二得研究真问题,第三得勤于调查研究。当然,做到这三点,也不一定能在经济学理论上创新,还得有深厚的现代经济学理论功底。但是,那也不完全一定能创新,厉先生多年来一直走在经济学理论创新的前沿,可能与他诗人般的开阔思维和浪漫情怀有关。

对于我们这一代经济学人来说,正值中国经济社会快速发展的大好时机,对理论创新来说是一个非常难得的机遇。100多年前,大英帝国对经济学的发言权最强,最近的100年,美国人又掌握着经济学的话语权,我想我们在实现"两个一百年"目标的奋斗过程中,中国的经济学话语权肯定会在世界上占有重要的一席之地。为此,我们必须认真学习领会习近平总书记的一系列重要讲话精神,像厉先生他们那一代经济学人那样,与时俱进,静下心来,脚踏实地研究中国的实际问题。

最后,我想说一点,不管怎样,在中国今后的迅速发展的过程中,可能必走的,也是面临很大风险和挑战的两条路,即社会的福利化、经济的金融化。

关于社会的福利化,正如刚才厉先生讲话中谈到的,我国二元结构的解决,必然要满足老百姓日益提高的物质和文化需求,特别是农民对生活水平提高的强烈欲望。我们看到,社会越发达,政府的福利性开支就越多,最终可能占到整个财政规模的1/3,甚至一半。倘若如此,这里就出现一个问题,照顾什么样的人,政府的这笔钱的持续性有多大,效果如何,这可能是我们今后面临的一个极富挑战性的问题。

关于经济的金融化,这牵涉到我国的产业结构升级问题。第三产业发展到一定高度是我们进步的一种表现,工业化完成的一种体现。我国第三产业的产值比重目前距离发达国家70%左右的平均水平还较远,产业结构升级任重而道远,但是如果我们把第三产业细化为三类(批发、零售业、餐饮业和酒店业,运输、储存和通信业,金融、房地产业等),到2014年年底,我国第三产业内部当中的金融与房地产业等所占比重已经跟主要发达国家的平均水平十分接近,在66%左右。第三产业内部的这种结构所蕴含的风险、机遇和挑战是值得我们深思的。

总之,在我们中国这块热土上,在中国改革开放的进程中,在中国的制度和文化背景下,我们如何能够像老一代学者那样,从中国的实际出发,总结出适合我们中国人自己生长的、自己运用的、自己能够得实惠的经济学理论,我们还得继续向前辈学者们学习。谢谢各位!

刘俏:

谢谢郭教授。我们听听北京大学经济学院的孙祁祥院长,谈谈经济创新和经济学发展的未来。

孙祁祥：

谢谢！在北大我们一说到清华的时候就会说隔壁，其实我觉得应该修正一下这种说法，叫邻居。我们跟光华其实是隔壁，岂止是隔壁，而且原来就是一家。因为厉老师在北大经济学院以及其前身的经济系学习工作了40多年，应当说是对中国经济学科的建设和中国经济改革开放做出了重要贡献的最重要的学者之一。在三年前的时候，在北大经院100年的时候，我请厉老师给北大经院写回忆文章，厉先生写完以后，我到家里取，当时厉先生写了几十页，手写得工工整整的，那一刻我特别感动。我请厉先生给百年经院题词，厉先生写的"立足中华、胸怀世界"这两句话，应当说是百年经院的一个真实写照，也是厉先生这一生都在做教育这样一种追求和情怀。今天参加这个活动，我们挺高兴，挺激动，昨天经济学院的全体学生给厉先生送了一个非常简朴但是非常有纪念意义的一个礼物，就是厉先生的一个照片素描，我们也写了一副对联送给先生，写的是"桃李润泽六十载，经世济民八五春"。我代表经济学院的学生，祝贺您从教60周年和生日快乐。

谈到经济学理论创新这个问题，我有两个体会。一个体会，理论的创新，是理论构建的应有之义，它产生的土壤、政治、经济、社会等因素，一定是在那个理论上打上烙印的。所以，这就由之产生一个你如何去学习、借鉴、运用这种理论的问题。所以，一定要看它的产生背景，它的很多假定，跟现在的实践、你的背景是否一致，如果你用静止的、僵化的、教条的这种理论和这种观点,来学习理论、运用理论,一定会出问题的。

2015年8月份,有一篇文章,讲到"停止喝彩吧,凯恩斯主义"。也就是在英国凯恩斯主义产生的故乡,这样一个地方,大家也会觉得凯恩斯主义很多的这些传统的理论,不能解决现代经济学面对的很多的实践问题。如果我们机械地运用这些理论,一定会出问题。那么,在这方面我们可以看到,厉先生一辈子的追求,一辈子的研究,一定是根据中国的实践来用西方的理论,他的精髓,他的思想,他来解决中国的问题,我觉得他在理论联系实际方面,绝对是典范,是表率,是我们学习的一个榜样。

我还想讲,经济学理论的创新,如何创新,当然了,如何创新这一点是最重要的,由于我前面讲到,一定是根植于你的那个实践。那么,中国的经济学理论,你当然必须是根植于中国的经济的实践。我们现在讲,中国模式,中国道路,中国方案,好多好多"中国"。那么,有这个词汇,它前面"中国"这个前缀,其实我们讲这个的东西,背后一定是一个共同的词汇,就是中国国情。我们都生活在中国,恐怕没有一个外国人,比我们生活在这个国度的人更了解这个国情,五千年的历史,这么一个双重转型的问题,我们从计划经济向现代市场经济的转型,艰难的转轨,还有13亿多人口,巨大的教育方面、习俗方面、人均收入方面的差距,在世界我们是第二大经济体,但是人均收入又如此之低,排在80位左右。所以,这些国情,我估计世界上没有哪个经济体能跟中国这样一种经济体来比,所以没有一种理论,现成的西方理论来解释这个问题,来指导中国的这个实践。

所以,我们在用中国的理论,要来解决实践问题的时候,一定要像厉老师这样,真的深入实践,了解中国的国情。刚刚厉老师讲了一遍他很多最近的一些调研结果,我在听的时候真的特别感动。一个85岁的老人,有着深厚的经济学的理论素养。他为什么能提出这么富有洞见的很多的睿智的观点呢?就是因为他是根植于中国的具体的这样一个国情,所以他的理论、他的观点才特别地富有前瞻性,特别具有指导性。所以,这是经济学理论的创新,怎么创新,一定是根植于中国经济理论、实践。

然后,我们一定要改变或者至少修订我们现在的评价指标体系。我们现在在大学里,我们因为都是从大学来的,大家知道现在的评价体系,基本上是按照西方的那样,来评价我们的老师的这样的一种合作、研究等这样的一些绩效。我想洪滨跟我们一样,我们都必须这样做,没有办法,因为这就是现在的风气也好,话语体系也好。但是,如果仅仅靠我们在SSCI上发了多少文章,评价我们经济学的理论,这恐怕是有问题的。当然我绝对不反对我们去学习、借鉴西方经济理论,因为毕竟是源远流长,而且有很多东西值得我们借鉴。但是客观实践中,我们应当如何平衡这两者的关系,真正做出对中国的实践有指导意义的理论来,的确是我们应当深思的一个问题,是我们当务之急进行经济学理论创新的一个重要问题。谢谢大家!

刘俏:

非常感谢孙院长。厉老师在过去60年做了很多了不起的事情,其中有一件在光华管理学院建立了符合中国国情的工商教育体系。今天我们也很高兴请到光华管理学院的掌门人、著名经济学家蔡洪滨教授,谈一谈他对经济学未来的中国道路是怎么理解的,有请!

蔡洪滨：

我坐在这儿是无比感恩的心情，我1988年从武汉大学数学系，考研究生，考到厉老师的门下，第一门、第一堂经济学的入门课就是跟厉老师学的。我十年之前，从国外回来，真正对中国经济学的研究也是跟着厉老师去湖南，去毕节，去中国不同的地方调研，一步一步地来了解，来掌握，来学习。在今天，刚刚厉老师讲中国双重转型之下，对发展经济学带来什么，我作为学生，在下面还是在吸收他思想的这种养分。所以我的心情代表了很多厉老师的学生现在的一种无比感恩的心情。

第二，今天这个活动不同的意义在于光华，光华今年是30年，我们今年举行了隆重的院庆，如果把厉老师60年的从教生涯分成前30年、后30年，后30年则跟光华完全结合在一起。我们总结了光华过去的历程，有很多方面，就不细说了。但是，有一个词，有一个我们总结的口号，我们同事提出来的，我非常喜欢，叫"因思想，而光华"。那么，"因思想，而光华"，这个思想是光华过去30年的核心，也是光华未来30年发展的最重要的动力。那么，这个思想最好的体现，我觉得就是厉老师的学术科学精神，这种严谨的求学态度，这种不断地学习的追求。我相信这是过去光华30年最宝贵的思想精神财富，也是未来光华发展最大的动力。所以，今天这个日子，对于光华来讲极其重要。

说到我们组织这个活动，简单地做一个解释。厉老师刚刚可能没有听见，张来武放了两炮，我稍微做一个解释，他说李其只重视官，不重视身份，首先他对李其老师不太了解，李其对部长也好，包括对他所有的学生都是非常尊重，所以以李其老师为代表的北大人，其实是一视同仁，并不觉得，你是一个部长，就高人一等。第二他说我是光华的老师,你们只叫我部长,所以他没有分清楚学校跟政府的区别,他是光华的老师,但是是一个请假的老师,他长期请假,确实符合程序,给我打个电话说,我现在想回到学院了,我说可以,他以为在政府,一个院长说可以就可以了。学校不是政府,院长说可以,没用,我们还要经过严格的程序和教授委员会,所以目前你还不能算是销假了,这就是为什么我们不能把你列为光华正式老师的原因。

我们今天的论坛,作为一个组织者,挺尴尬,一方面我们组织得很成功,今天大家的发言都非常精彩,非常热烈,另外,确实我们也严重超时。但是,刚才请的这些人里头,确实不是因为他们是各种各样的部长,我们第一都是校友,第二我们更重视他们学术的角度和学术的观点,我们更看重他们专业领域有什么思想来分享。所以我们也花了很多精力准备今天的活动,也特别感谢今天所有的嘉宾一起参加,共同庆祝、研讨。

第三,非常简单地谈一点跟我们这节相关的看法,经济学理论和创新。中国经济学的发展,从过去三十几年看,跟中国的改革开放正好相连,应该是有一个引进国际经济学前沿理论的引进、消化、吸收再创新的过程。80年代我们引进市场机制,引进价格,引进企业改革理论,然后开始制度理论、产权理论,引进消化吸收,这跟中国过去改革开放企业发展应该说做得非常成功,取得了非常了不起的成绩。那么,在每一个阶段,80年代、90年代,到现在厉老师在中国所有经济学家里头,我可以说没有一个人对中国经济改革的推动有比厉老师做过更大的贡献,这就是为什么我们今天在这里庆祝这个活动,我觉得是重要的原因之一。

但是，中国经济学未来的发展，除了引进、消化、吸收，还有刚才创新、再创新、再超越，我觉得这是我们面临的中国经济学的发展。你说创新，模仿，再一步一步来，经济学也一样，但是真正要超越，做出自己的模式来，这是我们经济学者在这个阶段面临的挑战。

现在在我看来有两个误区，一个误区是什么？简单地说，简单地照搬，照搬西方的东西，照搬西方的分析方法，照搬西方的回归、理论模型，诸如此类，前面的嘉宾说了很多，我就不再多说；数据来源也好，制度环境也好，发展阶段也好，诸如此类的假设条件，可能都有所不同。现在也有一种看法说逐渐地否定甚至全盘否定现代经济学对发展的意义。我有一次参加基金委的评审，评一些重大课题，认为基本上这些东西对中国都不适用，我要制造一套理论，这套理论，未来中国50年的东西我都给写清楚了。这种所谓的全盘考虑，不考虑中国的特殊性和整个经济学的发展，是不是跟国外经济学不需要接轨，不需要再进一步地交流和互动。我觉得这样一种思想，也是一个极大的误区。首先否定了我们过去三十几年经济学对中国经济发展的贡献，就是大胆地引入市场经济、价格机制，一系列经济和发展经济学已有的规律和知识。

第二个误区，我们可能容易犯这种非常浮躁的错误。也就是说，如果你忽略一些最基本的规律，最基本的已有的知识体系，那么，有一些人甚至一知半解就开始独创一套完整的体系，我觉得这样的一种误区，一方面可能耽误中国经济学下一步的创新，甚至有可能对经济改革产生误导。所以，全盘的否定，我觉得可能是非常的危险。

如果想避免这两种误区,中国经济学理论下一步的创新,我个人认为,我们应该争取做有世界水平的中国学问。中国学问就是来自中国,来自中国的实际,然后研究中国重大问题,最后服务于中国,为中国的经济改革发展做出自己的贡献。什么叫世界水平?也就是你要有世界前沿的方法,而不是排斥前沿的方法,你要掌握世界经济学大的框架,借鉴它有益的东西,同时有很宽阔的视野,同时把中国问题研究清楚,可以帮助国际学术界和国际社会更好地认识中国。更重要的是说,我们中国发展的共性经验,能够为国际社会所用。这里头我觉得最好的例子还是厉老师。厉老师专门为这个会议写的文章,刚才讲得非常生动,都是以故事串起来的,实际上这篇文章总结了 14 条中国双重改革、双重转型对发展经济学的作用。中国双重转型是中国的特点,基于中国,为中国服务。但是,为发展经济学提供了什么?这是一个普遍性、共性的经验。所以我觉得这是一个世界水平的中国学问。

我讲一点,大家去体会,厉老师提到社会垂直流动对过去的重要性和现在发展的意义,国际上一直有研究,但是实际上没有太大突破。咱们知道的最多的可能是芝加哥的诺贝尔奖获得者贝克尔,一辈子研究人力资本和社会流动,去年去世了。社会流动最近在国际上开始非常非常重视,主要的几个最重要,过去几年最受影响的著作、研究成果,都是关于社会流动的。那么,中国这个问题有它的特殊性,厉老师提出它的问题的所在,解决的方法,中国未来如果经济学理论在这方面能有更好的研究,那么一定能够一方面对中国经济的改革发展有促进作用,另一方面在世界上在经济学的支持有自己的贡献。所以,这篇文章,厉老师这篇文章本身,我觉得是一个典范,是世界水平的中国学问。

他的一本书,我一直非常非常推崇,《资本主义的起源》,国内、国外众多的史料的掌握和结合,非常严谨的分析,然后非常开阔的视野,提出人类社会经济制度演变的一些规律,我觉得这是制度经济学一部传世之作,我强烈建议大家一定要好好读一下,而且不仅是研究历史的书,对中国过去的发展和现在的发展,总结出的一些思想也非常非常的深刻。比如说为什么封建主义在欧洲变成刚性制度,最后完全消失,变成资本主义;欧洲的资本主义为什么没有垮掉,怎么通过弹性机制保持了它的活力;中国的封建主义为什么长期因为它的弹性反而延续了很长时间;中国的资本主义为什么没有成长起来。中国的改革开放、有特色的社会主义就是一个制度普遍的情况下,弹性机制的一个解决方案。中国的改革开放,其实就是制度越来越有弹性,越来越有活力,人们越来越有激励,各个企业、居民、政府有他的积极性,促进经济的发展。这本书是一部传世之作,这本书在我看来是一个世界水平的中国学问的非常著名的代表。

所以,我觉得在我们中国经济学理论的这种再创新和超越方面,在做世界水平的中国学问方面,我们今天这位主角,85岁的厉以宁老师,仍然是我们所有年轻学者、所有中国经济学者的榜样。今天这个活动的意义在我看来,也就是激励我们所有这些人,对中国经济学的发展和中国未来经济改革的发展,做出我们这代人的努力。谢谢大家!也非常感谢厉老师、何老师,祝福你们!谢谢!

刘俏：

因为时间关系，我们再次感谢四位嘉宾的精彩发言，谢谢你们良好的时间管理！谢谢！

滕飞：

感谢四位学者为我们提供的真知灼见，也感谢主持人刘俏老师。

各位老师，各位来宾，我们学术研讨会上午的环节到此告一段落，再次祝福厉老师，祝福何老师，祝福二老身体健康，万事如意！也再次感谢各位贵宾的到来，待到厉老师从教 70 周年的时候，我们相约再会。谢谢大家！

分论坛一：宏观经济与金融改革

时间：2015 年 11 月 22 日
地点：北京大学光华新楼阿里巴巴报告厅

嘉宾：

  蒲宇飞 国家发改委就业和收入分配司司长
  刘建兴 国家发改委国际合作中心副主任
  林双林 北京大学国家发展研究院教授
  龚六堂 北京大学光华管理学院教授
  曹凤岐 北京大学光华管理学院荣休教授
  龚方雄 摩根大通亚太区原董事总经理
  张红力 中国工商银行副行长
  温信祥 中国人民银行货币政策司副司长
  姚长辉 北京大学光华管理学院教授

主持人：

  张圣平 北京大学光华管理学院副院长

张圣平：

从没有在这么多人面前说过话，今天是个好日子，今天小雪，今天上午我们又重新聆听了厉老师的授课，而且今天是厉老师的生日。所以，我们应该为此鼓掌。

今天上午，可能有的同学没有到那边去。今天来的都是和光华，和厉老师多多少少有一些关系，或者有渊源，很多是以厉老师学生的身份来的。我们今天请到的这些嘉宾，有业界的，有学界的，有政府的，但是政府来的也是学者型官员。今天上午刘伟校长给厉老师总结的一条，就是厉老师的理论创新的实践，我们今天这一个主题，其实是接地气的，而且也宏大，地方也大，因为实际上经济和金融都包含在里面。

咱们这个分论坛分两部分：第一部分，与宏观经济有关系，我们有四位演讲嘉宾，我一会儿再介绍，我们就不按照套路起来鼓掌，再坐下，再上来，就去掉了。第二部分，有五位嘉宾，我们的形式是他们先上来演讲15分钟，然后我们有将近半个小时的交流，希望这个时候，就把话筒可以交给大家，大家可以爱问什么问什么。刚才我注意到，有人提醒我，说如果有记者，请手下留情，否则我们就没法说话了。因为是一个学术研讨会，关上门就是北大，北大里面可以说，出去就别说了。为了让更多的时间留给我们的嘉宾，所以，我们上午其实也没法总结那么多的东西，反正马上就"十三五"规划落地了，又说将来的五年正好是建成全面小康社会的攻坚战，有一系列的问题。

大家很关心的一个宏观经济问题就是就业和分配，如果在座的同学已经就业了，那你就会关心分配。我们非常荣幸请到国家发改委就业和收入分配司司长蒲宇飞先生，掌声有请！

蒲宇飞：

各位老师，各位同学，大家好，厉老师对很多宏观经济问题都有非常深刻和独到的见解。其中有三个问题和我的相关。所以，我想从和我相关的三个问题出发，谈一谈跟厉老师学习宏观经济问题的一些体会。一个是就业问题，一个是改革问题，一个是收入分配问题。

就业分配问题，上午厉老师也讲到，80年代、90年代，一直就是就业优先这样的一个战略定位，今天大家也知道，就业优先是我们国家的重要战略之中的一个重大战略，这次五中全会有十大战略，其中有一个就是就业优先战略。下一步是怎么样真正地能够落实和保证就业优先。

我个人理解落实就业优先，关键要提高三个能力：就业岗位的创造能力、劳动力市场的流动能力、就业岗位的匹配能力。就业岗位的创造能力，主要还是依托经济增长。在五中全会，实际上对我们下一步的"十三五"经济增长目标有一个明确的要求，还是预期"十三五"达到年均6.5%。那么，只有达到6.5%，才能有效地保证我们就业岗位的创造，所以，就业岗位创造本身来自经济增长，来自一定速度的经济增长。这是第一个能力的保证。

那么，第二个能力，就是一旦经济下行，由10%到9%，到8%，到7%，台阶不断往下下，相应地按理论来讲，就业岗位的创造能力应该是下降的。但是，为什么可以不下降？甚至还可以有所增长？比如说，我们去年新增就业能达到1322万，今年前三季度，能达到1066万。为什么还能保证就业的相对稳定的增长？我想核心就是第二个能力，就是在经济下行、就业岗位创造能力相对下降的情况之下，我们还可以通过提高劳动力市场的流动能力,来促进就业岗位的增加。

那么,流动能力,我想有三个方面的流动:第一,地区之间的流动。地区之间的流动,我想我们的特点就是东方不亮西方亮,整个经济下行,但是长三角、珠三角、环渤海还是亮点,包括中西部的一些重要的城市群,武汉城市圈,这还是亮点。只要我们有这样的一些亮点,就可以吸纳大量的就业人口,向这些地区流动。

第二,一旦东部或者中西部的一些地区经济下来一点,那么就业的容量小了一点。还有另外一个方向的流动,就是返乡创业。2015年5月份,我们和人社部联合起草了国办47号文,核心就是返乡创业。这一两年,大量的有一定管理经验、有一定资金、有一定技术、在东部就业的农民工回到了中西部,在方方面面进行创业,这已经成为一股热潮,一股大潮。在这两个方向,实际上促进了我们劳动力在不同地区之间的流动。既有从中西部向东部的流动,又有从东部向中西部的返乡创业回流。跨行业的流动,有一些制造业在减员、裁员,减员、裁员之后的这些人去哪儿了？从我们调查的情况来看,大量的原来制造业的就业人口,比如说服务业,比如今天上午其他几位演讲嘉宾特别讲到,我们三季度的三次产业结构的变化,服务业已经占了51.4%,背后实际上也是吸纳了大量的就业人口。所以,第二个流动,行业之间的流动,从制造业向服务业大量的流动。

第三,原来退出劳动力市场的一部分人,包括一部分毕业生,开始因为"双创",因为"大众创业、万众创新"这样一个政策的激励,开始进入劳动力市场,使整个劳动力市场被激活,这也是一个重要的流动。

我想正是这三个方面的流动,使我们在经济下行这样的一个格局之下,创造了大量的就业。使大家原来很担心的就业的局面没有出现原来担心的那样的一种局面。

就业的第三个能力,就业岗位的匹配能力。核心比如说教育的供给和需求怎么样匹配,我们高校的毕业生怎么和劳动力市场匹配,劳动力市场怎么和产业升级这样的一个产业结构的变化来匹配。匹配不好,会出现什么问题呢?一方面,"用工荒",很多企业找不到合适的技术工人,甚至普通工人。另一方面,求职难,很多人找不到工作。这两个难之所以并存,背后就是因为我们的很多就业岗位没有真正地匹配。

那么,我们下一步很重要的努力方向是什么呢?一个是通过公共就业信息的服务,促进信息的对称。另外,"十三五"规划建议之中,有大量的篇幅讲到技术工人的培训,包括新农民工的培训,包括大学生就业之后的培训。现在媒体也在讲一个很重要的概念,叫"大国工匠"。实际上这些政策的导向,这些舆论的导向,很重要的一个指向,就是提高就业岗位的匹配能力,使我们的劳动者通过提高素质、提高技能,更好地适应产业结构升级的需要,适应未来经济发展的需要,从而有效地化解一方面求职难、一方面用工荒的问题。这是我第一个关于就业问题的理解。

那么,第二个问题,我想厉老师是中国三十几年经济改革重要的设计者。那么,今天的改革,进入一个什么样的阶段,是一个什么样的主题呢?大家可能也特别关注到,上周新闻报道了中央财经领导小组第十一次会议,总书记谈到的下一步推进结构性改革,特别是供给侧的结构性改革。我理解下一步的供给侧的结构性改革,核心是这样五个问题,从供给的痛点,到供给的动力,到供给的主体,到服务环境,到供给质量,形成一个供给侧改革的新的系统的制度设计。

供给的痛点主要在哪儿呢?我想前些年,从1998年以来,我们实际上是以需求侧的政策推动为主导的这样一个历史阶段。理论是三驾马车,政策的重点是大量投资的增加,投资的刺激,积累这么多年之后,从需求侧推动下一步政策的深入遇到很大的困难,最重要的困难,包括产能过剩,包括大量的僵尸企业的存在,包括杠杆率的过高,也包括我们综合成本的不断上升。比如有像土地,十项成本的对比,我们其中包括物流,包括资源、能源,包括厂房建设,方方面面成本都已经全部高过美国,所以我们的综合成本非常之高,所以这些都是供给的痛点。那么,供给的动力在哪儿?创新驱动,上午很多老师讲到这样一个观点。

供给的主体就是公平竞争的市场主体,不管是国企,还是民企,是内资,还是外资,都要让各类主体轻装上阵,降低成本,把前进路上横过的各种僵尸企业要能够扫除,要能够去掉,还有要能够锐意上阵,就是宏观政策信号,要给企业家带来更有信心的、更稳定的预期。

供给的环境,就是简政放权。

还有一个供给的质量,两个方面的质量。微观质量,就是上午厉老师也讲到,不能让我们的消费者买马桶盖都要到日本买,买奶粉都要到国外去带,提高微观的供给质量。宏观的供给质量,就是供给能力,能够适应新的消费需求的升级,也能够在一定程度上引领消费结构的升级,使我们供给和需求在一个新的层次上,实现新的供求的平衡。这是关于第二个,关于供给侧改革,我个人的理解。

第三个问题,关于收入分配的问题,厉老师这几年一直非常关注"中等收入陷阱"的问题,现在从领导人到学界,也一直非常重视中国如何跨过"中等收入陷阱"。我想下一步,中国的收入问题,两个方面的问题,一个是缩小差距的问题,一个是要实现十八大和五中全会提出的收入增长和经济增长的同步,实现城乡居民收入2020年比2010年翻番的问题。我想实现这样的一个缩差距和保收入增长的坚固的目标,很重要的就是要强调下一步收入分配改革的激励的导向和作用。

我想简单回顾一下中国三十几年改革的历程。在每一个重要的改革时期,收入分配改革都起到了重要的先导作用。大家回顾一下,80年代初,我们讲"摸着石头过河",那么,谁下去,谁去摸石头?当时很重要的一个政策,放开让利,很重要的一个口号,让一部分人、一部分地区先富起来。所以,在某种意义上,收入分配制度改革起到了80年代改革开放的先导的这样一个作用,创造当时的改革红利离不开收入分配。那么,90年代,中国改革不断深入推进,商品市场改革已经取得很大成效,最主要的障碍是要素市场,所以当时提出要素参与分配,技术、管理、资本参与分配,所以收入分配也起到了推动中国改革深化的这样一个重要的作用。

那么,下一步,"新常态"之下,也同样要通过收入分配的改革,激励不同的群体,包括科研人员,包括企业家,包括创业者,也包括原来躺在安全网上的一部分可以自食其力的劳动者,激励大家共同去创业,共同去创富,共同去创新,才能推动下一步改革的全面深化。谢谢大家!

张圣平：

谢谢蒲司长，您的演讲具有政策指导意义，您说要实现经济增长和收入分配同步，我们应该注意到，现在经济增长增速正在下降。"十三五"规划里面有确切的五个发展理念：创新、协调、绿色、开放和共享。开放很重要，所以今天我们请到国家发改委国际合作中心副主任刘建兴先生，他给我们演讲的题目是："十三五"时期的对外开放。掌声有请！

刘建兴：

尊敬的各位老师，同学们，利用这个特别的日子，回到学校再听厉老师的讲课，但是没想到，要让我来这里面自己来讲。这个感受就是这是老师布置的作业，毕业这么多年了，晚上做噩梦的时候，这个场景就是老师催我们当时的博士论文，交不出来，还有龚老师给我们布置的动态优化的作业，打开一个都做不出来，这是我们晚上做噩梦的永恒的主题。

今天要给大家分享的一个题目就是："十三五"时期的对外开放。这个作业也是受厉老师的启发，厉老师在2004年的一本书，我记不清楚是哪一本书里面，有一句重要的话，叫作中国改革的历程非常准确，经常是进三步，退一步，但是对外开放是实实在在的，开放是改革的动力。为什么我对这句话记得特别清楚？因为我刚参加工作的时候，单位组织学习第十一个五年规划建议，我们做了一个内部的讨论会，我当时从厉老师的书中找到了这个灵感，得到了领导的夸奖，所以我这次印象非常深刻。

我从这个讲起，我后来根据老师的意思延伸了，后来我自己组织的一个中国区域对外经济开放指数评价的时候，我叫开放领先于改革,某种意义上,开放比改革更重要,这是我的一个观点。

从一个理论上来阐述,今天易纲行长也提到,中国经济发展的成绩,很大程度上是取决于以联合国、世界银行等为支撑的一个全球的开放体系。这张表,可能大家在研究国际金融危机的时候,都受到很多人的关注。我们把世界分成两种发展类型的集团,一种是出口驱动增长型的国家,以中国为主,包括印度及其他的亚非国家;另外,以美国为主的一群消费驱动型的增长的国家。那么,这两种国家,它们的发展模式上,刚好是一种互相匹配,后者利用我们丰富的、廉价的劳动力,我们出口产品,出口服务,换回大量美元,形成美元的资本顺差,转化为我们外汇的储备。

在这个过程当中,最重要的就是创造大量的就业,使可能转瞬即逝的劳动力在短短的几年之间得到迅速的释放,工业制造能力得到巨大的提高。所以,这方面,一方面美国为主,一方面东亚为主。这实际上形成一个新的国际分工体系,如果在国际分工体系里,我们再转换一个角度,如果把资源这一个重要的要素放进来,就更有意思了。国家开发银行的研究团队,他们总结了一个全球分工的"8"字模式,中枢是我们中国,在里面扮演非常重要的角色,对于传统的南北分工的理论,我们觉得很有创意。联想在今天上午老师讲的,我们要更多从中国的视角看问题,我想这是不是今后的一个特色。

但是,很遗憾的是,在国际金融危机之后,前十多年,国际分工的体系很可能就要崩盘了,就是我们传统意义上所说的资产膨胀基础上的过度消费模式,带有不可持续性。我印象很深的是日本的一个经济学家,在FT上发表的一篇文章,日本最大的幸运就是在别人没有关注到的时候,迅速地把自己的经济发展起来,躲过了"中等收入陷阱"。而中国最大的不幸,就是它还没有跨过"中等收入陷阱"的时候就已经被别人高度关注了。国际金融危机之后,中国和世界,无论是经济的关系,还是外交方面的关系,都发生一些根本性的变化,我想跟这个是不是有很大的关系。

那么,这次"十三五"规划,一个重要的背景,就是对国际金融危机发生以来的反思跟我们的一些重大战略的部署。我们这次在发展理念方面,第一次把开放作为一个最核心的发展理念概括出来,同时在基本原则里面,也明确了坚持统筹国内、国际两个大局的重要原则。在"十三五"的重要任务方面,我们提出开创对外开放的新格局。我挑一个我本人比较了解多的一点,就是"一带一路",我这个地方讲"一带一路"的时候,我想讲一个对标,就是美国的"3T",即 TPP、TTIP、TISA。应该说,这"3T",构成了美国最新的奥巴马政府,它是一个贸易议程的新标准,或者新规则。关于TPP,现在协议的内容也已经公布了,很多有研究,现在也开始跟上,大家要形成一些重要的判断。

我这里简单列举的数据,根据美国彼得森研究所的测算,因为TPP,在美国政府参与过程当中,一个很重要的智库支持,就是美国彼得森研究所,根据他们的测算,2025年TPP全面执行时,对美国GDP额外增长贡献率不到0.4个百分点,TPP最大的受益方可能是越南和马来西亚,越南比原有的增加10%到12%,马来西亚增加6%,日本的额外增长率超过2%,但是由于日本经济总量比较大,所以从量的角度,日本的收益是最大的。

TISA，以服务贸易为主的，对中国来说，今后的挑战也是巨大的，由于发达国家都是以贸易为主，我们中国在贸易方面是一个弱项，今后的金融、保险、通信、航空面临巨大的压力。

我们现在如何应对美国一系列的贸易规则的挑战？我们提出"一带一路"，现在是作为国家的一个抓手性的战略，并且这个抓手性的战略把对外开放和区域经济发展作为两者实现内外的一种统筹。这些常识性的东西就略过了。有一点大家注意到的是，2014年的时候，我们中国已经成为了一个净资本的输入国，这是一个重要背景。我们"一带一路"提出的一些共建原则，很重要的一点，要跟《联合国宪章》，在我们的远景行动当中，明确的《联合国宪章》在其中是高度一致并且内容方面是补充。但是，我想更多的大家要看到我们在推动"一带一路"当中，我们最重要的，大家听得最多的是我们的周边互联互通。包括我们在去年的一些会议，主题都是选择互联互通。

在这种背景下，考察"一带一路"与美国的"3T"的意图，TPP主要代表发达国家向一个更高标准的自由贸易投资的愿景，但是对市场培育、基础设施投资、互联互通、产能合作发展初期阶段的关键性问题关注不是太多，效率也不高。我们"一带一路"更加关注发展中国家的基础性的诉求。在这个方面，我想和上午厉老师讲的，还有很多老师讲的都是紧密相关的，TPP是在市场已经发达的情况下，发展转型从计划经济向市场经济，还有农业为主，往工业为主的过渡。我们觉得TPP更多就是在市场经济已经比较发达的国家，它进一步地完善，进一步地提高。那么，在我们中国的周边地区，我们更多的问题是，很多国家它完全就是在一个传统的、前资本主义社会还不到的社会，有市场的培育、机制的建构,包括国家能力、国家认同,都是在一个建构当中。如果现在用TPP更高层次的标准,我们觉得在里面会有一个发展的错位的问题。所以中国提出"一带一路"是融合我们发展理念、融合我们发展经验的一种国家战略。

但是,美国的"3T"战略在很多地方也有值得我们学习的地方。美国更多的不是通过一个国家单个的行动,是通过软实力的形成,这里对我们是有启示的。"一带一路"作为一个重大的战略谋划提出来,但是后面需要一系列支撑的具体的一些规则。为了应对美国的"3T",我自己想,不是很准确,有一个内外兼修。首先要有一个判断,TPP是否意在遏制中国,这里面有很多研究和很多解读,各个领域都有自己的判断。凭我个人的经验,我和相关的美国智库、国外智库进行沟通,80%以上,都不同意TPP的主要目的是遏制中国。TPP不是遏制中国,有时候敌人可以假想出来,你越把它当作敌人,别人越能成为你的敌人。TPP对这方面的判断,我们觉得这个地方需要智慧。我想下面"一带一路",我们也考虑,对外我们用太极拳法,推动"一带一路"和TPP的战略对接,实现两者目标相向而行。实行TPP三个方面,如何化解大国冲突。第二,如何理念化,倡导中国模式。第三,如何规则化。

我们在创造中国的模式方面,我本人积极推动的一件事情,就是现在推动在津巴布韦的合作,他们这个国家对中国有一种向往,并且有利于我们做很多的走出去方面的一些试验,我们一直在提人民币的走出去,很难找到一个很好操作的国家,但是这个国家是现在世界上少有的几个没有本币的国家。通过人民币,我们有新的测算,比如我们测算,即使津巴布韦这个国家全部使用人民币,它所增加的人民币的需求量也相当于东部的一个县。津巴布韦对中国的重视到什么程度?2015年的7月份,我带了一个团到津巴布韦进行考察,津巴布韦94岁的老总统跟我们接见,原计划15分钟的时间,跟我们谈了一个小时,所以足见这个国家对中国是如何地憧憬。谢谢大家!

张圣平:

刘建兴的信息量很大,我终于理解了,我们为什么可以讲坦然的开放,我们是净资本的输出国,我们上午也说,我们是一个净债权国,也知道我们可以用"一带一路"去和"3T"玩,对外甚至要打太极,对内壮士断腕。当然开个玩笑,他们有"3T",我们有一个科幻小说叫《三体》,刚刚获得了雨果奖,将中国的科幻小说推向世界。接下来我们看学者怎么看,两位是北大的教授,刚才说我们体量很大,蛋糕要做大,怎么做大呢?政府肯定有责任。现在有请林双林教授,北大国发院教授,他的演讲题目是"财政政策与经济增长",大家掌声欢迎!

林双林:

谢谢主持人,谢谢大家。首先衷心祝贺厉老师八十五岁生日!我是厉老师的本科生,厉老师是我经济学的启蒙老师。记得1981年毕业前夕,我考上赴美出国预备研究生,去找陈岱孙先生请教怎么做经济学研究。他给我讲了很多,讲完以后说,你再去问问厉以宁老师,他熟悉经济学最新动态。可见,陈岱孙先生当年对厉老师十分了解、相当地器重。毫无疑问,厉老师是继陈岱孙先生后,北京大学最杰出的经济学家。这些年来,厉老师一直指导我的学习、研究和工作。2007年我们在北大成立了中国公共财政研究中心,厉老师任中心的顾问委员会主席。厉老师言传身教一直激励着我。最近,北大财政学系的毕业生回来庆祝毕业十周年,请我去讲几句。我说,每当我走在未名湖畔,就感觉身上的责任重大;每当看到厉老师那么大岁数还在兢兢业业地教学研究,我就不敢懈怠。大家听了都深有同感。厉老师八十多岁了,还笔耕不辍,经常送我他新写的书,我很感动,觉得应该好好努力,多向厉老师汇报学习成果。

今天向大家汇报一下我对财政政策与中国经济增长做的一点思考。

大家都知道,财政政策是很重要的政策,财政是国家治理的基础。一般谈经济增长的时候,就要谈到税收政策与经济增长的关系,政府支出与经济增长的关系,政府债务与经济增长的关系。现代经济学家认为税收少一点,经济增长就快;政府支出太大,经济增长就慢,这些都来自经验分析。理论上讲,有一个最佳的或最优的政府规模。如果实证分析认为政府规模与经济增长负相关,就说明政府规模太大了。研究还表明,政府基础设施的支出,例如交通运输支出,不光有利于经济增长,还有利于民生,能改善老百姓的生活,提高生活质量。另外,财政赤字,政府债务,对经济增长短期有促进作用,但长期可能不利。

财政政策在中国经济过去二十多年的经济增长中扮演了极其重要的角色。首先,中国税收制度是有利于经济增长的税收制度。1994年税制改革以后,税收基本上都是消费型的税,比如说,增值税(现在把投资部分从税基里拿掉了)、消费税、营业税、进出口商品的增值税,这些基本上都是消费型的税收。消费型税收有利于经济增长。供给学派认为,征收消费税就等于对储蓄免税。收入可以简单地分为两部分,一部分是消费,另外一部分就是储蓄。对收入征税,实际上是对消费和储蓄两部分都征税。如果仅向消费征税,储蓄就会免于税收。储蓄可以变成投资,变成资本;资本多了,生产水平会提高,经济会增长。所以,近几十年来,公共财政专家建议把收入税(即所得税)变成消费型的税。就是要对储蓄免税,增加储蓄、投资和资本积累,促进经济增长。另外,经济学家也建议,减少所得税的累进程度。他们认为富人储蓄倾向高,所以建议减轻富人的税负,提高储蓄,提高投资,增加资本积累,加快经济增长。我国的税制正好是西方主流经济学家所期待的,这种税制有利于经济增长。然而,我国个人所得税才占总税收的6%,很少。所以,税制再分配力度不够。发达国家征很多所得税、财产税。美国累进的个人所得税占总税收40%,还有社会保障缴费占30%,这些税收主要是从工资上征,再分配力度很大。

其次,我国的政府支出结构也是有利于增长的。我国政府支出,很多用在经济建设上,只有一小部分用于公共消费物品、公共服务上。据国际货币基金组织统计,2006年中国政府的经济建设支出占38%(美国就占得比较少)。这是一般的公共预算支出,除此之外还有基金支出。基金收入和支出都很大,占到GDP的8%,几乎全部用于经济建设。大量的经济建设支出,当然有利于经济增长。

还有,我国多年来实行的扩张性财政政策也刺激经济增长。从亚洲金融危机以后,我国就实行扩张性财政政策。在此之前,我国的财政政策比较保守,政府财政收入很少,基础设施建设进展很慢。1997年以后开始扩张性的财政政策（也叫积极财政政策），政府财政赤字连年不断，政府债务，尤其是地方政府债务，不断增加。财政赤字在短期内是能促进经济增长的。政府用发行债务或银行贷款得到的资金搞基础设施建设，大大促进了中国经济的增长。

目前，我国公共财政面临哪些挑战呢？经济增长下滑，收入分配不公平，医疗、卫生、养老、扶贫等方面公共产品支出不足，这些是我们面临的挑战。另外，地方政府财政收入少，支出负担太大，也是一个问题。大家都知道，去年经济增长率是7.4%，今年前三季度是6.9%。所以，避免经济持续下行，稳增长的压力很大。我国贫富差距越来越大，官方统计的基尼系数已经达到0.47，比美国还高。还有医疗、卫生、养老、污染治理等方面的政府支出不够。如果政府要加大对这些方面的投资，就要把一部分资源从经济建设转到社会福利上，这能提高人民的生活水平，提高整个社会福利，但短期内不一定对经济增长有好处。然而，这些是建设和谐社会必须做的。

我国地方政府债务比中央政府还要大。可以说，中国过去二十年的经济增长，成也地方政府，败也地方政府。过去近二十年里，地方政府投资积极性很高，大搞基础设施建设，是中国经济增长的主要推手。现在，中央政府控制地方政府的债务规模，地方政府借款很小心了。我算了一下，2014年地方政府各种债务加起来占GDP的36%，中央政府和地方政府债务加起来一共是GDP的58%。欧盟的警戒线是60%。现在，我国部分省市的地方政府债务已超过60%，应该引起重视。美国联邦政府的债务已超过GDP的100%，但是，美国有一半州政府的地方政府债务仅占 GDP 的 1% 以下。

看美国联邦政府的债务要注意,按国际惯例,美国计算政府规模的时候,把社会保障和一般性的财政预算加在一起,政府财政收入占到 GDP 的 30% 多。但是,算政府债务的时候,只算一般财政预算账户的债务。实际上美国的社会保障账户有巨大的盈余。不久前我算了一下,美国社会保障账户盈余占 GDP 的 18%。据估计到 2035 年不会出现问题,可能永远都不会有问题。然而,根据我们的研究,我国的养老保障社会统筹账户有赤字和债务,个人账户的资金被挪用,大概被挪用了一半。

下面,谈谈如何改革财政促进经济发展。中国要赶上发达国家,避免陷入"中等收入陷阱",还得好好发展经济。财政改革对于促进经济发展至关重要。从十八届三中全会到五中全会,都把财政改革列为很重要的改革任务。除了三中全会到五中全会提出的财政改革项目以外,我觉得还应该进行以下几个方面的改革。

第一,适当降低税收负担,控制政府收入规模。我国财政收入,加上土地出让金,占 GDP 的比重超过 36%,美国政府规模 2013 年才是 30%。美国可能是资本主义国家里政府规模最小的之一。日本 2012 年是 31%,新加坡是 23%,我国政府规模在亚洲国家里属于大的。政府规模大,有钱。亚洲国家很多没钱,我最近到泰国参加一个联合国组织的会,探讨怎么提高亚太国家政府财政收入。我国政府收入不能再扩大了。要减轻税负,鼓励民营企业发展。可考虑建立累进的企业所得税,让小企业少纳点税。

第二,增加中央政府财政支出责任,比如社会保障、社会福利、医疗、教育、环境等。这样做可以提高人力资本积累,促进劳动力在全国范围内流动,可以扶助弱势群体。在美国,养老保障、老人和穷人的医疗保障、扶贫都是由联邦政府管的。地方政府负责自己当地的基础设施建设。我们这么大的国家,政府也应该慢慢向这方面发展,中央管社会保障,地方管当地的经济建设。

第三,增加地方政府财政收入份额。地方政府过去曾经是经济发展的重要推手。现在,地方政府财政收入短缺,巧妇难为无米之炊。地方税收收入少,政府债务大。应该大大增加地方政府的增值税份额,增加地方政府的财政收入,让地方政府继续进行基础设施投资。

最后,我想强调,我国的财政政策应该从长计议,避免债务的过度积累。我国去年的财政赤字是 2.1%,今年预算赤字 2.3%,和 2009 年一样。2008 年全球金融危机爆发,我国随后出台四万亿投资计划,2009 年政府的财政赤字是 2.3%。今年的财政赤字也是 2.3%。若说没有财政刺激,2.3% 还没刺激?其实是刺激了。在"十三五"期间,我国的经济增长目标是 6.5% 左右,我们最近做了一些研究,发现如果我国的经济增长率要达到 6.5%,财政赤字在 2.5% 左右就可以了。如果经济增长率为 6.5%,财政赤字在 2.5% 以下,政府债务占 GDP 的比重就不会超过 60%。

我就讲这些,谢谢大家!

张圣平:

感谢!谢谢林老师,因为可以看出来,是很学术的,虽然你没法展开，但是给了我们很多点，其中一个和蒲宇飞司长讲的有一个对应，他是把收入差距降下来，你告诉他，是，因为现在基尼系数太大，我们同时知道美国有小金库，有很多可以让我们同学思考的。

下面请出给刘建兴主任布置作业的龚六堂教授，大家很熟悉了，他将总结性地给大家说宏观经济形势，掌声欢迎！

龚六堂：

感谢各位校友，各位同学，各位老师，今天是一个好日子，而且瑞雪兆丰年。其实今天是厉老师从教 60 周年，我们各位在座，还有林教授，我们很难从教 60 周年，可能我们都要退休了。我有很多感慨，我不是厉老师的弟子，但我们对中国经济的了解，完全是跟着厉老师学习的，厉老师说你要想做中国经济研究，你不到地方去，你不和中国经济接地气，是不可能的。所以，厉老师带我大概走了十几个省市。我们厉老师现在真的是每年有新书出来。另外，厉老师对中国做出很大的贡献，培养了一批又一批的大量的学生，这些学生在政府部门，更重要是在对中国企业发挥了很重要的作用，很多很多的教授，很多很多的政府官员，都在各自的岗位为中国经济不同的角度做贡献，我想这是厉老师为中国经济，从教 60 周年，最重要的东西之一。

另外，厉老师对中国经济也有充分的思考，今天上午很遗憾，我没有参加厉老师上午的活动。我刚刚看了厉老师讲什么，中国经济双重转型之路。我最有感慨的，十八届三中全会公报出来的第二天，厉老师的新书，《中国经济双重转型之路》，出新书发布会，在人民大会堂举行的，厉老师说这本书思考了四年，是对中国经济的转型进行了思考。这本书对十八届三中全会上面很多很多东西都已经做了描述。实际上,十八届三中全会公报给出的很多东西,都是厉老师已经思考过的,所以这是厉老师对中国经济的贡献。

我这个地方讲中国的宏观经济。刚刚蒲宇飞讲的就业与收入分配,刘建兴讲的开放,林教授讲的财政政策,这都是宏观经济最核心的问题,都是老百姓最关心的问题。中国经济现在到底怎么了?这个地方有很多很多的讨论,国家发改委,包括各个部委,最近很忙碌,到处去调研,调研什么东西?中国经济出的什么问题?还有到广东、重庆、湖南调研,调研的解决是这个经济下行的压力比较大,这个要稳增长。没有增长何来的民生,没有增长怎么保证就业?所以,还是要增长。下面从这些指标来看,GDP 我们以前每个季度都是百分之十几地增长,现在只有 6.9 个点,应该说这比 2009 年的危机时候稍微高一点点。还有工业增加值,我们经济速度很高的时候,工业增加值 15%,现在 5.6 个点、5.7 个点,所以只有以前工业增加值的 1/3。如果作为经济增长的三驾马车,我们说投资,从原来的百分之二十几,到 2009 年的百分之三十几,下降到 10.2%,只有 2009 年的 1/3 了。我们看投资下来,主要因为什么东西下来了,我们看投资的结果,我们看中国的整个投资中,有一个特殊的行业,房地产,房地产的投资,占整个中国 20%,房地产的投资,好的时候百分之三十几,从百分之三十几下降到只有 2%,2009 年的时候,我们的房地产只有 1%。

另外,我们的投资中,还有这个如果按结果来看,民营投资从以前的百分之三十几下降到 10.2%,克强总理经常讲这句话,如果整个中国 1/3 的民间投资拉动不了,中国经济、中国的投资是拉动不了的,所以这是核心问题,怎么拉动民间的投资。还有三驾马车有一个消费指标,我们从过去的 15% 到 16%,下降到 11%。2015 年,我们投资目标是 15%,实际上现在没有完成,消费的目标是 13%,也没有完成,出口我们的目标是 6%,我们出口现在是多少,无论是进出口,还是进口或者出口,都是没有完成指标,出口只有负的 3.6 个点,进出口只有负 9 个点。那么,这是从 GDP 的消费、投资、出口,经济增长三驾马车来看。

为什么企业家不愿意投资,特别是民营企业?实际上我们看价格水平,价格水平是随着市场需求,CPI 现在在徘徊,另外,企业家生产的产品,卖多少钱,我们 PPI 已经连续是负的。特别是民营企业,我们的 PMI,特别是制造业的 PMI,都才 50% 以下。还有一些用电量,从各种指标都反映这些东西。从总体来讲,现行指标有问题,用电量也不行了,我们的出口下来了,企业利润下来。

现在进入中国经济的"新常态",为什么叫"新常态",我们中央的解释是什么?增长速度下来,结构调整,等等,实际上中国的经济下来,同供给和需求都有关系,实际上中国的经济增长下来,核心的问题是全要素生产率,我们劳动力的生产方法,使得经济增长速度下来,我们家庭收入比是很低的,只有 40% 多一点,所以,我们要实行汇率改革。还有各种基础设施建设,现在基础设施很多已经基本上决策到位了,实际上产业结构调整以后,我们的制造业,现在要转成服务业,但世界没有一个服务业能够保持有这么高的持续增长。所以,从整体和需求来看,都会下来。

从经济周期看，2009年这个周期重新来过。实际上国外对中国经济的研究，对中国经济特别有帮助。当然还有很多，中国正好到美国60%左右的时候，中国正好到这个阶段。GDP的增长下滑，很重要的事情，如果经济增长结构的问题比较大，这时候经济下滑的速度比较大，哪些东西防止你下滑呢？一个是教育水平的提高，另外一个是出口更多的高科技产品，技术水平提高，会防止经济下滑的，当然还有一些，萨默斯认为，全世界除了中国以外，没有一个国家能够以6%以上的速度持续增长9年，中国已经持续增长很多年了。

当然，还是过去不刺激政策的消化期。我们2009年刺激经济以后，拉动中国产业，一下增加百分之五点几，到16%左右，这里是产能过剩。那么，未来的经济增长当然有很多研究，除了萨默斯以外，他说中国经济可能三点几左右，别的估计都是5%到6%。靠什么东西拉动中国经济增长？中国全要素增长率目前只有1%。如果技术进步，我们怎么进步，需要研发服务，这和美国这些国家相比还是可以的，但是中国研发投资最大的问题是什么？就是中国的所有东西都是急于求成，不搞基础投入，中国基础投入只占整个投入的5%还不到，所以这就是所有企业，所有的投资者，需要注意的短期东西。

对于中国经济来讲，正好现在是最困难的时期。结构的改革，包括经济增长结构，收入分配改革、刺激消费，还有产业升级，还有人口的政策调整。很多人问，未来的2016年的经济会怎么样，短期需要什么财政政策和货币政策？既然我们货币政策已经很宽松了，我们4月份的时候，M2是13.5%，M1是14%，现在已经很宽松了，我们释放很多流动性，但是市场需求没有。所以，最核心的问题，我们要更加积极的财政政策。企业现在本身利润都很小。另外，刚才林教授说，中国财政规模已经占GDP的36%，36%还没有加很多东西，我们财政政策规模应该达到40%左右，这个东西远远高于美国了。所以，我们要继续减税提高信心。同时，我们要加大教育投入，过去一对夫妻两个小孩，现在很多家长不想再生小孩，后续的问题就是养小孩的成本太高，成本太高，就是教育成本。

张圣平：

现在放开二胎政策，在座的很多都还有机会。现在请几位嘉宾就座。我们时间挺紧的，刚才大家听各位专家讲的时候，有可能有一些问题。

提问：

蒲宇飞司长，您是国家发改委管收入分配的，说不允许在外面做兼职，克强总理又说"大众创业、万众创新"，不知道你们怎么看待这个问题？会不会中央将来会出台一些政策，允许中央人员下海？

蒲宇飞：

我想目前因为说，在我们一个多元化的社会，大家的选择方式也是多元的。过去这么多年，很多人考公务员，从学校毕业也好，各行各业也好，进机关，现在很自由。其实很多机关的工作人员，不管下海也好，转移到其他岗位也好，现在这个流动也是非常畅通的。所以，现在我想对机关来讲，有一个双向的畅通的这样一个渠道,这是现在的一个基本情况,基本的事实。

不管对于任何一个个体来讲,我想他可以自由流动,但是不管他在某一个时间点,某一个区间,流动到哪儿,那就应该遵守哪儿的规则。在机关遵守机关的规则,进入市场,就是遵守市场的规则。所以,我想对于您说的这个问题,可能我们现在的政策导向就是这两点,第一,尊重鼓励自由流动,第二,每一条路,都确定每一条路的规则。你自由选择的基础之上,你按照这条路的规则,按照这条路的红绿灯来运行,来走路,谢谢!

提问:

我是光华 EMBA 毕业,我想请问国际合作方面的问题,我们现在提"一带一路","一带一路"涉及很多国家,但是很多国家的状况并不是特别好,比如我们在印尼,它被认为是我们在东南亚很重要的合作伙伴,但是也有很多问题。这种情况下,国内企业走出去,会怎么样?比方说,在印尼大家都谈到,赶紧快,非常快,能赚到钱赶紧跑,包括中亚这些国家。

刘建兴:

我觉得这个问题,要辩证来看。如果这个地方已经发展得很好了,那还要你去干吗呢?所以,往往是这种情况,发展最不好的地方,可能你是宏观上看过去,觉得不好,但是你里面做一些结构性的分析,在不同的行业里面,可能有大量的机会,这个地方才是真正需要投资的。所以,从第一个方面来说,辩证来看。

第二个方面,我觉得您提到的问题,确实是非常的实在,我在这个地方说话不腰疼,因为我不是拿自己的钱去投资的。当我自己是拿着自己的钱投资的时候,肯定首先考虑的是风险的问题。这也是我们国家现在推动"一带一路",包括我们现在构建自贸区、构建我们各种投资协议所要解决的问题,就是通过跟对方国家的这种合作,引导对方国家,在投资环境方面进行改善,并且尽可能地采取一种规制化,采种一种体系化的方式,把这种投资的风险降下来。这些国家之所以有兴趣,跟我们"一带一路"这种政策对接起来,也确实是反映他们政府对这个问题的认识是有的,就像我们80年代初期一样,都有这样的认识。但是,我们中国政府,我们还是很幸运,在我们这个时代,我们有几十年的时间,把国家的治理水平提高,体现在投资环境,我们宏观经济管理水平有大幅的提升。我们相信人性都是相通的,周边一些国家,虽然目前状况不是很好,但是通过对它们知识的转移和资金的帮扶,以及国内体系的一些方面的延伸,我们可以共同把这种经济的发展繁荣带打造出来,谢谢!

提问:

第一个问题,我想问一下蒲司长,厉老师上午说,要培养更多的高端技术蓝领工人,贵司在培养高级蓝领有什么动作,目前存在的问题有哪些?还有一个问题问林教授,提出的财政赤字率,不要超过2.5%,实际上中央高层提出的释放的信号,可能财政赤字率会达到3%,这个怎么看?未来是不是财政赤字率会扩大?

蒲宇飞:

关于第一个问题,关于劳动素质的提升,相应的培训的问

题,我想下一步会从几个方面来加大相应的培训力度:

第一,把培训分成不同的环节,一个环节就是职业教育,在这个环节,主要还是提高劳动者的基本的知识和通识型的技能,另外一个环节,在就业之前,要提高公共实训的能力,公共实训直接服务于就业岗位,直接提升专项技能。我们现在要同时在两个环节发力,前一个环节主要依托于这些院校,后一个环节主要依托于有相应需求的企业。那么,把两个环节结合起来,才能真正地提升有用的技能,这是第一个着力点。

第二个重要的着力点,我想就是在下一步职业教育的技能提升之中,一定要通过不同的机构、不同的组织、不同的体系的结合,来提升培训能力。一方面,把政府相应的培训资金、培训资源加以整合。另一方面,要提升专业培训机构的相应的服务能力和服务的积极性。从我们调研的情况来看,只有在相当于TPP的这样一个合作的培训的载体之上,才能使我们的技能培训,把我刚才讲到的第一个方面,就是两头才能结合起来。

第三,还有一个很重要的方面,就是提升社会对于技能培训的支持力度,包括有更多的家庭能够支持孩子选择职业教育,也包括在职称的评定、评审方面,使技能培训有一条差别化的道路,不能像我们老师、教授评专业职称一样,一定要考英语。像我们专业职称,第一关要考英语,对于很多的技术工人,这一关直接就把他拒之门外了。他要想成为八级工,连门都没有。所以,下一步重要的政策导向,就是所谓"大国工匠"要有一条不同的晋升之路,不同的发展之路,使他拥有厉老师所讲的,一个纵向的、垂直的、相对独立的流动通道,只有这个通道打开,他才会成为真正的"大国工匠",才会有更多的家庭选择让他们的孩子进入以职业教育、职业培训为主的这样的一条体系。所以,我想主要应该是从这几个方面来着力。谢谢!

林双林:

赤字率2.5%来自我们最近做的一个研究结果,是推算出来的,如果"十三五"期间赤字率是2.5%,就能保证债务率不超过60%。但赤字率的高低要根据国家经济发展情况而定。在我国,预算跟决算有时差别很大,年初预算时赤字往往很高,年末结算时比预算要低很多,说明政府对债务还是比较小心的。我国过去借过外债,吃过欠债的苦头。所以,几十年来,中国政府一直都是对债务很谨慎。

当然,谨慎也是有现实原因的,因为欧债危机刚刚发生。欧洲企图依靠财政政策解决金融问题,引发了债务危机。现在一些国家,比如美国,债务很高,但美国在"二战"后,经济高速增长期,债务是下降的。另外,比如日本,在经济高速增长期的时候债务特别少,1970年日本政府债务占GDP的比重只有8%。以后几十年里,日本政府启动财政刺激政策,导致债台高筑。应该看到,日本也是在国家已经很强大后债务才增大的。中国政府的债务大概快到GDP的60%,并且是在经济高速增长时期,债务快速增长,应该引起重视。在中国,扩张性的财政政策被称为积极财政政策,这很容易形成误导,以为扩张就是积极的;那么,有财政盈余后的收缩,就好像成了消极财政政策似的。不要把扩张等同于积极,这样的褒贬词汇容易形成误导。

中国的储蓄率很高,达到50%,因此中国经济增长还有很大潜力,要把储蓄变成投资。经济增长有几个要素,投资、技术进步,还有劳动力供给,等等,这些在中国还没有发生太大的变化。储蓄率那么高,若能转变成有效率的投资就能推动经济增长。当然我国有人口老龄化的问题,但目前来说还不是很严重,再加上中国人辛勤劳作,提供的劳动量还是很大的。伴随技术的不断进步,经济增长还有很大潜力。如何把储蓄转化为有效投资是很关键的。一条渠道是私人部门投资,另外一个是政府基础设施投资。政府发债就是要将储蓄转化为政府投资。政府投资一定要讲究效率。如果效率高,投资回报大于投资成本,举债就是有益的;如果效率不高,或者是效率很差,就要少借债或不借债。谢谢!

张圣平:

感谢两位老师的回答,由于时间关系,上半场到此为止,感谢各位嘉宾。

我们下半场侧重于金融,我们又进入另外一个金融的课堂,今天上午听了厉老师的教诲,下面有请这位敬爱的曹老师,请你上来给我们上课。掌声有请曹老师!

曹凤岐:

各位下午好!我讲演的题目是《中国金融监管改革的路径选择》。

一、建立现代金融监管框架的必要性

为什么要建立现代金融监管体系?习近平主席在《关于制定十三五规划建议的说明》中指出,加强统筹协调,改革并完善适应现代金融市场发展的金融监管框架。此外,习主席还指出,党的十八届三中全会就加强金融监管提出了完善监管协调机制的改革任务。

什么是现代金融?传统金融一般指银行金融,银行的职能就是"存、贷、汇"。其主要风险是信用风险。对比之下,现代金融是广义金融,除货币市场外,重要的是资本市场,除股票、债券外,还有金融衍生品市场、影子银行、民间金融、互联网金融。混业经营、控股公司是金融机构存在的主要形式。

目前来看,金融国际化是各国金融发展主要的趋势,而这也意味着金融风险出现了新的特点。金融风险的主要特征是:其一,金融风险会在国际传播;其二,金融风险从传统的信用风险转化为市场风险;其三,金融风险更多地表现为系统性风险。金融风险的新特点要求金融监管理念、方式甚至监管机构都要发生相应变化。近年来英美等发达国家都对金融监管体系进行了改革,而改革是向集中统一、综合监管方向发展。

二、中国金融监管体系的沿革

众所周知,从 1949 年新中国成立到 1978 年开始实行改革开放政策之前,中国实行严格的计划经济管理体制,当时中国几乎没有金融市场,一切信用归银行,而且相当长的时间里,中国只有一家银行即中国人民银行(简称"人行"),它既从事信贷业务又有金融监管的职能,当时可谓是集中统一的金融监管体制,当然是严格和简单的统一监管。

20 世纪 80 年代以后中国金融体系发生了很大变化,首先就是分出或成立了中国农业银行、中国建设银行、中国银行、中国工商银行，1983年9月中国人民银行成为独立的中央银行。当时中国的金融市场还不发达，银行以外的金融机构还不多，因此，在1984年至1993年的一段时间，中国人民银行是中国金融监管的主要机构，中国人民银行曾经集货币政策和所有金融监管于一身。在这10年里，中国仍然实行的是集中统一管理体制。

20世纪90年代以后，中国金融体系发生了更大的变化。以1990年上海证券交易所和深圳证券交易所的成立为标志，多层次资本市场逐渐发展起来，除了四大国有商业银行外，其他股份制商业银行纷纷建立，外资银行开始进入中国，非银行金融机构迅速发展，其中保险公司和保险市场发展迅猛。在这种情况下，单靠中国人民银行进行金融管理已经显得力不从心。此时的中国人民银行是一个超级中央银行。此后，随着我国金融事业的发展，特别是证券和保险行业的快速发展，我国在20世纪90年代以后陆续成立了中国证券监督管理委员会（简称"证监会"）、中国保险监督管理委员会（简称"保监会"）和中国银行业监督管理委员会（简称"银监会"）。

中国目前实行的分业监管的金融监管体系是与中国金融业实行分业经营的实际状况分不开的。在中国金融市场不发达，金融结构很不合理，混业经营的条件不成熟的情况下，金融业实行分业经营，即银行业、保险业、证券业和信托业分业经营、分业管理、分设机构是完全必要的。金融业分业经营是从防范金融风险的角度考虑的。由于现阶段中国银行和其他金融机构的内部约束机制较为薄弱，各类金融机构承担不同的金融业务。从外部监管方面看，尚不具备综合监管和统一监管的条件，因此，在中国对金融业实施分业监管是中国金融业健康发展不可逾越的重要阶段,是适合中国国情的一种必然选择。

正是在这种监管体系的作用下,促使中国金融业市场有序地运行和健康发展,防范了多种金融风险,并使中国的金融结构逐渐合理,使金融体系逐渐成熟和完善起来。中国金融的分业监管体系发挥了专业化金融监管的优势,针对不同行业的风险特征,实施不同的监管政策。因此,由人行、证监会、银监会和保监会分业经营和监管的格局,有利于加强对银行和新生的证券、保险行业的专业化管理,有利于防止在我国金融业管理水平不高的阶段因混业经营而产生金融风险。中国的"一行三会"的金融监管体系在一定时期适应我国金融发展的实际要求。

三、中国现行金融监管体系存在的问题

但是随着经济的不断发展,金融结构也变得日益复杂,一些新的金融工具如银证合作、银行与基金合作、投资连接保险产品、互联网金融等在中国不断涌现,混业经营大势所趋,中国金融市场国际化不断发展,这对现行分业金融监管的有效性提出了严峻的挑战,集中体现在以下几个方面:

第一,在分业监管的实施中,缺乏一套合理有效的协调机制。第二,分业监管易产生监管真空和监管套利。第三,分业监管易导致重复监管,增加监管成本。第四,很难适应金融混业经营和金融控股公司发展金融监管的需要。难以对金融创新进行有效监管。第五,中国加入世贸组织以后,外资金融机构大举进入,其中很多金融机构是混业经营,综合优势明显。第六,从国际金融危机对中国金融监管的启示来看,混业经营也成为大趋

势。第七,去年发生的"股灾"及后来的"救市"说明目前金融监管的脆弱性和各监管部门协调性很差。

而中国金融目前也面临四大风险:其一是汇率、利率、国际资本流动性等金融国际化风险;其二是银行不良资产风险、地方债务风险、高杠杆风险、其他债务风险(企业债券、民间金融)等信用风险;其三是互联网金融、衍生品交易、资产管理、财富管理等金融创新风险;其四是其他有可能引发系统性风险的问题。

频繁显露的国际国内金融风险特别是近期资本市场的剧烈波动说明,现行监管框架存在着不适应我国金融业发展的体制性矛盾,也再次提醒我们必须通过改革保障金融安全,有效防范系统性风险。要坚持市场化改革方向,加快建立符合现代金融特点、统筹协调监管、有力有效的现代金融监管框架,坚守住不发生系统性风险的底线。

四、如何建立健全现代金融监管框架

对金融监管体系改革,建立适应现代金融市场的金融监管框架,已经达成共识。但建立什么样的监管体系、改革路径,有不同意见,也提出了很多不同的方案。

目前业内主要有五种备选项,第一种是"顶层协调"方案,即在更高层次设立中央金融工作委员会,统筹协调"一行三会"金融监管。第二种是"一行一会"方案:合并"三会"为国家金融监管委员会,与央行共同承担监管责任。第三种是"一行两会"方案:将银监会并入中央银行构成"一行两会"基本格局,同时对证监会和保监会职能加以调整。第四种是"一行三会"功能重组方案:保持现有格局不变,"三会"专注监管目标(剥离其行业发展目标),对金融机构和业务实施微观审慎监管;同时将系统重要性金融机构和金融控股公司、系统重要性金融基础设施的监管和金融业综合统计交由央行负责。第五种是"单一央行"方案,即央行与"三会"合并成为兼顾货币调控和金融监管的"单一央行"。

而目前业内对于现代金融监管体系基本有两种意见:第一种意见主张恢复由央行"大一统"监管的格局,即撤销"三会"合并到央行中去,由央行进行统一的金融监管(主要借鉴英国模式);第二种意见是合并"三会"成立新的金融监管机构,与央行共同监管,"双峰"监管模式。

改革路径之一:恢复中央银行"大一统"监管格局

这种路径主要有三大要点:

(一)中国可以借鉴英国的经验,参照中国外汇管理局模式,将银监会、证监会和保监会作为副部级单位纳入央行统一管理,由央行副行长出任三家监管机构主席,在时机逐步成熟后将三家机构的职能进行合并成立金融审慎局(PRA)和金融行为局(FCA),负责微观审慎监管;并在央行下设金融政策委员会(FPC)负责宏观审慎监管。央行主要负责顶层设计和重大政策决策以及金融监管政策的统筹协调。

(二)以现有的金融监管联席会议成员为基础成立金融稳定委员会,进一步强化其对系统性金融风险的监管职责和金融监管协调职能;同时进一步强化央行的监管权限,借鉴美联储的做法将国内系统重要性金融机构以及金融控股公司划归央行监管。

(三)通过过渡性政策安排,逐步将银行、证券和保险的监管职能重新收归央行大框架下管理。

改革路径之二：成立中国金融监督管理委员会

我认为将中国金融监管重新划归中央银行的"大一统"模式，并不可行，理由也有三点：第一，当初"三会"央行分出来，就是因为金融市场金融机构多重化，央行无力监管才分出来的，现在比分出来的时候复杂得多，又回归央行，央行有能力既进行宏观调控又进行微观监管吗？能管得好吗？第二，现在的"三会"都是部级单位，把它们变成总局级单位（副部级），变成人民银行的下属单位，实际上是削弱监管部门的权力和权威。而且合并很难操作。第三，现在世界各国授予中央银行非常大的监管权力。金融监管与货币政策和宏观调控目标是相矛盾的。目前中央银行的主要职能是"货币的银行"、"银行的银行"、"政府的银行"。它无法对多重金融市场和金融机构进行具体监管。如果把"三会"取消重归人行，不仅是历史的倒退，而且可能会造成金融监管新的混乱。

建议：合并"三会"，在此基础上建立中国金融监督管理委员会

中国金融监督管理委员会（以下简称"中国金监会"），进行综合金融管理，负责统一制定我国金融业的发展规划，通盘考虑和制定金融法律、法规，协调监管政策和监管标准，监测和评估金融部门的整体风险，集中收集监管信息，统一调动监管资源。通过统一的监管机构，对银行业、证券业、保险业和其他金融部门及金融市场进行监管，以维护金融业的稳定发展。中国金监会可以针对金融监管的真空及时采取相应措施，划分各金融监管部门的职责范围，协调各监管部门的利益冲突以及划分监管归属等。

中国金监会是直属于国务院的中国金融监管的最高机构，其负责人应当由国务委员或国务院副总理担任。中国金监会主要通过对金融控股公司进行直接监管实现对金融业的强有力的监管。

未来金融监管框架结构设计中国金监会对中国金融机构和金融市场进行统一监管。现在的银监会、证监会和保监会变成金监会的下属单位。如果中国金监会是部级单位，银监会、证监会和保监会则为总局级单位或局级单位，或改为银监局、证监局、保监局，分别对银行业、证券业和保险业进行监管。同时增加金融创新局，监管互联网金融和金融衍生品。

为了更好地发挥中国金监会的作用，我们建议在中国金监会下设立三个委员会，一是成立金融审慎监管委员会，将原来"一行三会"的宏观与微观审慎性监管职责转到该委员会，该委员会更多地负责起宏观审慎性监管职能。二是成立投资者保护委员会，负责业务运作与投资者保护，该委员会对金融衍生产品进行审查，对投资者进行提示与告知，协助投资者的投诉的仲裁甚至诉讼。三是成立金融稳定委员会（原来在中国人民银行下属有一个金融稳定局，但从目前的情况看，它很难担当起金融稳定的职责，可考虑将其合并到金融稳定委员会中），负责金融体系的整体稳定性，同时制定金融监管的各项法规和政策。

谢谢大家！

张圣平：

谢谢曹凤岐老师，接下来在座各位同学，要把曹老师说的这些东西落实下去。下一个我们请北大校友、摩根大通亚太区原董事总经理龚方雄老师给大家讲讲资本市场。大家对他也不陌生,因为经常在媒体、在财经杂志上看到他,掌声有请!

龚方雄:

非常荣幸有这个机会,在我们厉老师从教 60 周年大庆的日子到北大来,跟各位同学进行交流。我这一部分,因为我多年从事资本市场投资相关的业务,所以,我主要讲讲资本市场。

从监管的角度,我可以先说,我完全支持刚刚曹老师的这种综合监管的理念。从资本市场的角度来讲,我想先讲最近"十三五"规划里面,提到一句话,这句话说,"金融是现代经济的核心",我觉得这句话讲得非常到位。我还想讲另外一件事,另外一个提法,就是发展资本市场是中国经济结构转型、升级、调整的关键。我们讲中国经济结构转型、升级、调整很多年了,2006 年就开始讲中国经济的结构转型调整,金融危机以后,2008 年、2009 年以后,这个事情就讲得更多了。多年前就在提中国如何跨越"中等收入陷阱"。我现在的提法,中国之所以多年来经济结构转型调整不成功,主要原因就是中国的资本市场不发达。这是制约中国经济结构转型调整的重大"瓶颈"。

为什么这么讲呢?其实很简单,因为现代金融,"十三五"规划里面说,金融是现代经济的核心。但是,现代金融在中国的存在,只有十几年的时间。大家知道,股市从 1990 年才开始,新中国的股市。那么,现代金融从银行完成股份制改革以后,才真正出现现代金融,那也是十几年前的事情,2003 年、2004 年差不多才真正完成中国银行业的股份制改革。所以,现代中国在金融的历史非常非常短。由此,造成了中国非常扭曲的融资结构。

大家知道经济学里面,把银行贷款称为间接融资,之所以称之为间接融资,大家知道因为它不是企业资金的主要来源。在资本市场比较发达的地方,比如说美国,它这个银行贷款占整体经济的融资量不到20%。那么,企业要钱,经济要运转,公司要融资,它首先想到的是资本市场,而不是银行。它先想的是要在资本市场发股发债,通过股权和债权融资,得到它需要的钱。所以,把银行是放在后位,第二位,把银行称为间接融资。

在中国,这个事情是反着的,我们的银行贷款,占总体融资比重80%。以资本市场为主体的所谓的直接融资,现在占整体的融资比重,也就是15%到20%左右,前几年更低。但是,这两种所谓的直接融资和间接融资有什么区别呢?有根本性的区别。大家知道间接融资、银行贷款主要是以保本为主,因为它贷出去的钱不是它自己的钱,是存款人的钱,所以一定要保证存款人储蓄的安全。追求回报是为辅的。所以先要考虑控制风险,由此,全世界各地的银行贷款、间接融资,都是需要有担保品,有资产担保。但是在中国所谓的资产担保,基本上只是有形资产担保,因为我们没有有效的无形资产体系,缺乏无形资产的估值体系和交易体系。什么叫无形资产?比如知识产权就是无形资产,品牌也是无形资产。但是,在中国知识产权和品牌能作为银行抵押品吗?

比如说,我们的红力行长,他们工商银行,能够随便拿知识产权和品牌作为抵押吗?知识产权怎么评估它的价值有多少,企业的品牌价值有多少?中国没有这样的体系。为什么没有?我们对知识产权的保护体系太弱了。一个知识产权出来,可能正品还没有出来,山寨版的已经出来了。我们有所谓的"山寨文化",在这种市场氛围和文化背景之下,在中国的银行,一般的资产抵押品就是有形资产抵押。因为80%的融资靠间接融资解决,间接融资需要抵押品。在中国的抵押品,一般都是有形资产抵押。所以,在这种银行体系下,发展出来的经济体,就是以投资、固定资产投资、有形资产的形成为主导的。

那么,常常造成什么呢?造成我们重复投资,过度投资,产能过剩,比如要拉动中国经济的增长,唯一有效的方式是拉动固定资产投资。那么,在这种体制之下,为什么?比如我们现在转型往哪儿转?往消费、服务业、高科技,往智能化的经济体系方向转型。消费、服务业、高科技,这类行业的特征是什么呢?轻资产型,这类行业的特征是要什么都没有,要命有一条,它是靠所谓的智慧型经济,轻资产型的经济。你缺乏资本市场,对这一类的产业发展,在目前中国的金融混合体下,就非常非常难发展起来。你要什么都没有,要命有一条,这样的企业怎么到金融体系里面去融资?你没有什么有形资产给我抵押的。

讲到这里,我经常讲阿里巴巴这个例子,阿里巴巴早期发展的时候,在中国融钱非常非常难,它的管理团队代表马云在中国到处找投资人都找不到,但是他到国外融资,就有人给他。孙正义一下给他两千万美金,为什么阿里巴巴现在的主要股东是日本人和美国人呢?而且它的管理团队,现在对公司的控股权很少,只有10%左右,因为它在早期的融资阶段,它的股权早就被稀释了。股权融资,因为不需要抵押品,所以它需要股权,股权融资的特征,或者资本市场直接融资的特征,是真正的所谓的风险共担、利益共享,它跟体制银行不一样,银行贷款,或者间接融资,它一般是锦上添花,而不是雪中送炭。只有利益共享、风险共担的资金,才是又是锦上添花,又是雪中送炭。所以,我们中国人不要老吃不到葡萄,说葡萄酸,我们疯狂地购物,支持阿里巴巴的增长,结果人家的股东全是境外的。但是,人家股东是境外,是因为我们早期国内没有这样的资本市场支持这种要命有一条、要啥都没有的公司的发展,比如靠知识产权,靠所谓的无形资产发展起来的公司,现在国内缺乏这样的资本市场的环境,支持这类公司的发展。

所以,讲到这里你们就会明白,为什么讲中国结构经济调整转型这么多年,到目前为止还是面临基本上一样的困难,中小企业融资难的问题解决不了,中小企业,不管是什么类型的企业,而且很多中小企业以服务业消费和高科技企业为主,这类的企业,它们行业特征就是轻资产型,主要以人力资本为主。所以,在中国要把结构调整过来,要把消费、服务业、高科技,特别是要把所谓的智慧经济发展起来,一定要大力发展资本市场,而且要大力发展多层次的资本市场。直接融资的特性和间接融资是有本质性的区别的。所以从这个角度来讲,我支持曹老师的观点,直接融资和间接融资不太方便划归到一个所谓的大央行系统,央行一般的监管,还是以银行、以贷款这种货币体系为主的一种所谓的监管模式。所以,这两者实际上是相辅相成的,当然中国的资本市场之所以没有发展起来,也是因为我们监管体系的落后,但是这两者,往往是鸡生蛋还是蛋生鸡的问题,两种发展要齐头并进。

最后,发展资本市场,一方面监管要跟上,另一方面也要把所谓的多层次的资本市场做多层次的理解。这里面缺不了多层次的投资人,中国的资本市场,还有一个问题,就是我们的投资群体非常非常单一,而且这个单一的投资群体,它都是追逐非常非常短期的利益。因为中国的资本市场,比如A股市场,是以散户主导的这种资本市场,我们的成交量百分之七八十是散户,只有20%到30%左右是机构,这跟发达的资本市场也是不同的,发达的资本市场差不多百分之六七十是机构投资者,也有散户,也有投机客,中国现在基本上是由投机客形成的,投机客和投资人完全有不同的特性。比如我们以所谓的退休大妈、散户为主导的投资群体,他们基本上道听途说,或者听别人忽悠,这个股票涨五个涨停板,接下来连续可能还有五个涨停板,你们赶紧追进去吧。如果三天、五天、十天,几个星期,挣不到钱,他们就撤出来了。但是,不是说发达的资本市场没有这样的投资,比如我们这次在清理资本市场,救市的时候,就把很多短线的所谓的投机客的交易行为做了一定程度的压制,但是这个是救市的行为。短线的投机客给市场提供了一定的流动性,但是我们不能只是压抑短线的投机客,我们要发展投资人,就是你在投资之前,对这个公司要做充分的尽职调查,方方面面了解清楚以后,最后还要看估值,看完估值以后,决定是不是投这家公司,买这家公司的股票。买了以后,至少得几年,等待这个公司价值的实现,获得你的投资回报。这叫投资人。

那么,这个在美国,短线的投资人也有,有的是一日闲,非常短线的也有,但是短线的投机客,占市场的大概1/3,不是市场的全部,中国的短线投机客基本上是市场的全部。但是他们有中线的投资人,他们追求六个月到一年的回报。而且绩效考核,主要以一年左右的绩效为准。中国也有很多共同基金,但是中国的共同基金也是追求短期利益的，中国很多基金基本上也是大散户，基本上绩效也是每天都要看，每个星期、每个月都要看，它由于体制和评估造成很多的短期行为。中线来说，还有1/3左右是非常非常长线，比如巴菲特这样的投资人，买了股票，基本上三年之内不会卖，做了很仔细的尽职调查，对公司的了解，做得非常透彻以后，估值也看得很准，然后通过常年的持有，通过公司的价值实现获取回报，而且这类公司给投资人的回报也是非常高的。

所以，现在在中国，二级市场缺乏真正的投资人，中国现在有投资人的地方在一级市场，现在还相对渺小的这些天使投资人，风险投资人，创业投资人，所谓创投，二级市场，三年以上的投资人基本没有，美国哪类组成这类的投资人？比如退休金、养老金、保险金，大学的捐赠基金，这些钱都非常非常长远。这类基金的年限有二三十年，三四十年，保险金也是一样，它的钱周期非常长。所以，他们能做非常长远的布局和投资。

到目前为止，中国还在积极地准备着养老金的入市，我们养老金以前还没有系统性地、有效地在资本市场上进行操作。当然，跟我们资本市场无效，不能保证长期投资的回报也有关系。但是，这都是，我刚刚讲的一切，都是讲中国资本市场现在有非常非常大的发展空间，现代金融在中国只有十几年的历史。所以，这个行业在中国我觉得是一个朝阳产业，朝阳行业，中国整体的金融业是朝阳行业。中国经济结构的转型调整，成功与否，关键在于中国能不能培育出有效的资本市场。我就讲到这里，谢谢大家！

张圣平：

谢谢龚方雄博士,在曹老师倡导的金融监管框架下,去推广多层次的资本市场,去促进直接融资。接下来有请中国工商银行副行长张红力先生,他演讲的题目是"中国金融与全球治理",掌声有请!

张红力：

各位领导、同事、朋友们,大家下午好!非常荣幸参加本次研讨会。对于"中国金融与全球治理"这个主题,我想谈六个方面的问题。

第一,金融的本质是什么?

放眼世界,纵观中国,历史的背后都有金钱的力量在驱动。在盛世与乱世的循环交替中,金融是那双看不见的手。可以说,"世界是部金融史","中国是部金融史"。当今社会,金融的力量无处不在,已经渗透到人类社会发展的方方面面,政治、经济、社会、文化、生态、军事等领域莫不受到金融的影响。金融可载舟亦能覆舟。金融的作用如果发挥恰当了,经济社会发展全局都将被激活,国家安全全局都将有保障。反过来讲,如果金融搞不好,可能一着不慎,满盘皆输。

全球化造成了一个错觉,就是金融是中性的,市场决定一切。然而,在人类政治经济史上,金融从来都不是中性的,而是为价值观与利益所驱动的。国家利益是国际社会最现实的"普世价值",最大化国家利益不是阴谋,是阳谋。金融天然具有调节利益的属性,是践行"总体国家安全观"的"牛鼻子"。在当今社会,金融的地位,已经由经济工具拓展为国安重器;金融的属性,由经济范畴拓展为政治范畴;金融的本质,由"术"拓展为"道"。现阶段金融的目的主要包括维护政权稳定、促进经济社会发展、推动国际经略等。金融的真正意义,可以称为国策。

第二,中国金融的核心价值观是什么?

金融一向是有价值取向的,是推动某种价值观的工具之一。对中国而言,核心价值观的逻辑框架有两大关键。第一,中华文明是五千年来世界唯一没有中断、连续发展至今的文明;第二,中国目前正处在社会主义初级阶段。围绕核心价值观的逻辑框架,中国金融的价值取向呼之欲出——巩固党的执政基础,保障人民安全,最大化国家利益,实现中华文明的永续传承。新时期下,中国金融不仅应关注自身安全,还要充分发挥金融的安全效应,与核心价值观保持高度一致。

金融具有较强的专业性,这使得很多人误认为金融是一个"无色"的专业领域,但实际上,再复杂的金融创新、再专业的金融操作、再现代化的金融机构,其构成、执行或参与的根本主体都是人。只要有人,就不会有"绝对无偏"的利益取向,就不会有"完全无色"的行为结果。新时期下,中国的金融决策不应仅仅是技术性、专业性的,也不应只以是否盈利赚钱来评判,而要反映国家、民族的根本利益。

第三,当前全球治理面临的挑战是什么?

"二战"结束 70 年来,上一轮科技和产业革命所提供的动能已经接近尾声,传统经济体制和发展模式的潜能趋于消退,现有的全球治理体系面临着日益严峻的挑战。一是发展失衡问题远未解决,现有经济治理机制和架构的缺陷逐渐显现;二是国际贸易失衡加剧,全球资本失衡正在凸显,个别国家倚仗其资本优势将自身利益凌驾于全球利益之上;三是贫富失衡越来越严重,在很多国家,在国家与国家之间,贫富差距不断拉大;四是生态失衡,水资源、空气、土壤污染,人类生存发展的空间面临威胁;五是国际社会失衡,地缘政治危机此起彼伏,局部地区战火不断,"难民危机"、"恐怖主义活动"严重威胁国际社会的稳定和安全。

2008年国际金融危机爆发至今,世界经济虽然平缓复苏,但基础并不牢固,存在较多不稳定性和不确定性。发达经济体货币政策分化、资本无序流动、全球债务高企、市场信心不足、大宗商品价格剧烈波动,新兴市场国家和发展中国家利益诉求得不到保障。全球经济增长持续低于预期,潜在增长率下滑,国际贸易和投资低迷,世界经济可能出现多个引擎同时失速进而陷入停滞状态。习近平总书记指出,世界经济要从亚健康完全走向健康,很可能经历一个长期曲折的过程。

第四,未来全球治理变革的方向是什么?

当今世界面临着"数千百年来未有之变局"。但一些大国出于维护现有利益的需要,始终固守旧的治理格局,忽视新的治理诉求。世界利益不会自然实现,固化格局不会自我瓦解,共同发展需要共同行动,而共同行动需要新兴大国积极主动、有所作为。在此背景下,把全球治理作为国际社会的一个实践课题,用务实行动实现新的全球治理变革是当务之急。

作为崛起中的新兴大国,中国正主动承担起务实推动全球治理的大国重任。最近,围绕全球治理问题,习近平总书记提出了五点判断:一是全球治理体制变革正处在历史转折点上,问题的解决需要国际合作;二是全球治理体制变革要给国际秩序和国际体系定规则、定方向;三是要通过践行联合国宪章和原则,消除对抗和不公;四是要更加平衡地反映大多数国家意愿和利益;五是要吸收人类各种优秀文明成果。

这五点判断所体现的"中国思路",可以高度概括为"共同和平发展",也就是全球的事用和平的方式来"管",用发展的方式来"办",这也是中国在不同历史时期对全球性事务始终坚持的观点和做法。就此而言,从未来全球治理变革的方向看,既要治标以求眼下稳增长,又要治本以谋长远添动力;既要落实好以往成果,又要凝聚新的共识;既要采取国内措施、做好自己的事,又要精诚合作、共同应对挑战。

第五,中国金融如何推动全球治理变革?

中国是全球治理变革的中流砥柱,金融是全球治理的关键抓手,两大趋势深度结合,将中国金融推上了参与治理和引领变革的历史风口。中国金融所具备的"价值观"、"时代观"、"变革观"、"实践观"和"公平观",与习近平总书记提出的全球治理五点判断遥相呼应。中国金融的"价值观"引领全球治理理念的返璞归真;中国金融的"时代观"推动全球规则秩序的升级阶段;中国金融的"变革观"推动多边共治体系的共同建立;中国金融的"实践观"促进国际货币体系的公正透明;中国金融的"公平观"推动全球发展成果的公平分享。

值得强调的是,中国金融深受儒家文化影响,核心思想是一个"和"字。一是"和而不同"的合作观,尊重不同国家地区的经济、社会、文化、传统差异,以金融为纽带推动经贸投资多层次合作;二是"和衷共济"的产业观,在实体经济繁荣的基础上谋求不同类型金融机构的优势互补和价值实现;三是"和风细雨"的发展观,时刻保有把控系统性风险的底线思维,旨在实现长期稳健的可持续发展;四是"和谐有序"的监管观,推动交易公平与透明,以稳定的金融环境促进经济发展。总体而言,中国金融在加强自身建设的同时引领全球治理变革,既是实力的展现,更是责任的体现。

中国金融必须自强不息,时刻以提升自身实力、完善金融服务功能、维护金融安全为己任。在此基础上,加大"走出去",突破"小我",避免"独乐乐"。中国金融机构要"走出去",实施中国金融治理措施;中国货币要"走出去",实现国际货币体系公平再造;中国资本市场要"走出去",推动全球金融市场更加高效、多元和活跃;中国金融监管要"走出去",传播金融服务实体经济的监管思想;中国金融理念要"走出去",践行正确的义利观,讲信义、重情义、扬正义、树道义,将金融作为全球共同发展的工具,而非某一方谋取私利的工具。

第六,中国金融引领全球治理的原则与抓手是什么?

天下大治,大国担当。全球治理的目标是共同发展,中国金融参与并引领全球治理,是共同发展的迫切需要,是世界变革的客观结果,是时代进步的必然选择。十八届五中全会公报明确指出,要"促进国际经济秩序朝着平等公正、合作共赢的方向发展"。中国金融以"互尊互信、共赢、共担、包容共济"为原则,通过金融机构、金融市场、金融货币、金融监管、金融大数据等多重手段,夯实硬实力与软实力,提高中国综合竞争力,构建新型大国关系,亲诚惠荣对待周边国家,大力培养使用国际化人才,积极主动参与国际组织,在全球地缘政治、多元文化、经济贸易、金融货币、能源格局、产业结构和生态环保等多个层面实现"共商、共建、共享",以共同发展为唯一目标,通过构建利益共同体,实现责任共同体,最终打造命运共同体。

张圣平:

感谢张红力副行长,我们再从另外一个角度看一下金融,有请中国人民银行货币政策司副司长温信祥博士,他讲的题目是:"融资难"、"融资贵"的金融视角,可能属于微观层面。

温信祥:

谢谢主持人,曹老师是我的硕士导师,厉老师是我的博士后导师,但是 20 年前,1992 年我考研究生的时候,曹老师和厉老师是一个导师组的,所以相当于我过了 20 年,又重新做了厉老师的学生。今天是厉老师从教 60 周年,是一个好日子,我也是刚从巴塞尔回来,今天一切都非常顺利,飞机也没有晚点,下大雪,交通也很顺畅地就过来了。

前面几位演讲嘉宾讲的,我都特别受益匪浅。我今天就想跟大家汇报,作为中国人民银行金融研究所的研究员,汇报一下自己的一些研究的心得。我汇报的题目就是:"融资难"、"融资贵"的金融视角。这个问题,因为在座的可能有从事实际工作的,可能也不是金融行业的,金融行业国家给的定义要服务实体经济,最近提出金融服务实体经济的效率。实际上有一个概念,金融本身也是 GDP 的重要贡献者,在服务业里面占第二大位,所以说 GDP 本身也是一个实体经济的概念。

因为大家普遍在讲金融服务实体经济,我下面就不妨沿着这个视角去讲。这里面提出一个问题,就是"融资难"、"融资贵",因为服务实体经济,主要的就是提供融资服务。实际上要

区分股权融资还有债权融资,这个问题有很多的说法,我觉得典型意义的有三个方面:

第一,从数量来看,融资成本比较高,体现为企业的财务费用比较高,每年新增贷款十万多亿,加权贷款平均利率,今年可能已经迅速下降大概五点几左右,这样有一定比例的新增贷款要用于偿还利息,这是第一个批评。

第二,中国的融资成本比美国、日本、欧洲都高。所以,为什么人家那么便宜,我们相对高一些。

第三个批评,它跟PPI调整以后,实际的利率高,具体的数字我就不讲了。我觉得这三个批评还是需要慎重对待,如果有很多研究人员,也可以作为研究的一些入手点。这个问题我自己在思考,但是我觉得还可以作为研究的一个点。

那么,他们这些观点,言下之意就是还可以降低,有不同的出发点,因为实业是经济的基础,有的人关心金融资产,能不能降低这么一个融资成本?我个人的看法是这样,我想从三个角度看这个问题,我去年写过一篇文章,中英文都有,大家如果后面有兴趣可以参考。

今天我提的三个视角,是我自己的一个思考。跟欧、美、日比较,因为欧、美、日长期实行量化宽松,2008年以来,零利率政策,日本更谈零利率政策,这个确实比较基础,就不太一样。除了这个政策环境之外,我觉得我们融资成本高,有三个视角:

第一,我们是二元体制下的传统信贷配比更加强化。什么叫作二元体制?厉老师讲过,城乡二元体制,我今天讲的二元体制,主要是像我们大企业和大银行,"融资难","融资贵",大企业的融资也并不难,也不贵,我们有着大型企业,它们本外币境内外的融资成本一点儿,是很便宜的。但是,真正觉得贵的是三农和小微,我们国民经济中的一些薄弱环节,所以这就是二元体制,有人欢喜有人愁。这里面融资容易的这一块,刚才前面有的人也讲了,一些困难企业,一些国有企业,比如现在经济下行阶段,产能过剩的背景下,煤炭、钢铁都是比较困难的。但是,一个产值几十万人,能够一刀切的也是比较困难的,依然它们还要保持它们的生存。资源是有限的,十万亿的贷款规模,这是一个视角。

第二,第一个视角里面涉及传统的信贷配比,银行一般都会让贷款比较紧张,从中挑选到比较好的企业,这叫信贷配比。二元体制下,就得到更加的强化。第二个视角就是不信任基础上的交易成本上升,因为我们国家融资成本高,利率并不高,主要是非利息成本高,非利息成本,这里面有很多解释,刚才讲得挺好。我们还有一个高,就是商品流通成本高,这个你们都知道了,现在最便宜的衬衫在美国,不是制造成本的问题,是流通成本高。但是,跟商品流通相比,我觉得借贷是不一样的,商品交易是一手交钱,一手交货,借贷是一个跨期的交易,信用交易,股权交易,还能拿到这个初创企业的股权。借贷就是把钱给他以后,没有拿到对等的东西,没有拿到对等的东西,本来风险就挺大。所以,我们很多是建立在不信任的基础上。不信任不仅仅体现在银行和企业的不信任,还体现在银行业内部,上级对下级,中台对前台,都是不信任,以不信任为前提。这有什么后果?这个成本急剧上升,他们说我们这些东西,很多是从国外引进来的,可是我自己观察,西方首先是信任,你弄得他第一次不信任以后,开始信任。

第三,资本不足下的风险成本上升,我们"融资难"、"融资贵"缺的是资本,不是债权,证据是我们企业的负债率,企业成本是个资本成本的问题,杠杆率高。我们为什么缺资本?我觉得缺资本还会导致资本是什么东西这个问题,资本是吸收剩余损失,是从剩余所有权吸收最终损失的。刚才龚总讲,股市里也存在这个问题,因为大量要求固定收益的资金进去,不准备一直当股东,有一个教授英国留学回来,20多年前买的股票,现在还拿着,一直在当股东。那么,我们资本的不足,这个国家现在也采取了很多措施来解决资本金的问题,比例设立产业投资基金,比如通过国家开发银行、农业发展银行,向邮储发行资金以后,调整资金。不补充资本的问题,融资难不好解决,然后稳增长也有困难。与此相关的一个观点,就是欧、美、日都在实行QE,我们是不是也要搞QE?QE只能解决债权问题,因为扩大银行的融资能力,不能解决股权融资问题。所以,我赞成发展股权融资。

最后,我的三个视角都可以用厉老师的理论得出三个对策。第一,解决信任问题,厉老师有一个第三种调节,道德调节,可以解决交易成本高的问题。第二,厉老师号称还是要发展股权融资,深化产权改革。第三,我们难的一个是农村金融难,一个是小微企业金融难,弱势群体还是在外面。那么,厉老师对农村的改革提出"三权三政",也可以解决赋予农民财产权的问题。谢谢大家!

张圣平:

谢谢温司长,到目前为止我们的论题特别丰富,我们在金融改革这一个阶段,应该有一个收尾的东西,就是光华金融系特别受欢迎的姚长辉教授,他给大家演讲的题目是《中国金融体系的问题与未来的发展方向》。

姚长辉:

感谢圣平老师!说收尾或者压阵我做不到了。曹老师是大家;龚方雄是我硕士生的同学,非常优秀;这里还有工总行的副行长。我在北大做老师,一直在思考,但很长时间没怎么做学术研究了。今天的学术研讨会,让我有点忐忑。我理解古人的一句话,叫"格物致知"。如果我真的能把国家金融的大事说明白,就不用"格物"了。这个我做不到,所以我得做点"格物"的事,用一些例子来说明。

我跟大家聊聊中国今天的金融体系的问题。然后再和大家一块儿探讨一下未来中国金融创新的方向。谈到中国的金融问题,我想和大家一起先建立评判问题的标准。分析什么问题,我们都得事先有个标准。假如这个标准定得好,大家就能够有很好的分析结论。如果这个标准定歪了,那得朝着一个很错的方向去走了。

为了确定评判中国金融问题的标准,我想借用一下我看电视看到的一段。有一次我看中央电视台三台,主持人叫刘芳菲,也是咱们的学员,她主持一个文化之旅的节目。参与访谈的教授是一位清华大学的搞音乐史的教授。那位教授说:我是搞音乐历史的,不是搞音乐的。搞音乐历史和搞其他历史都一样,必须先建立一个评判音乐史的标准。如何建立一个评判音乐历史的标准呢?要认清三个中国字,一个叫"声",一个叫"音",一个叫"乐"。"声"就是万物相撞击产生的动静,"音"就是好听的声,

"乐"就是让人积极向上的音。有一个词叫靡靡之音,绝不可叫"靡靡之乐",因为乐让人积极向上。同样的道理,好的金融体系,得让中国的公司积极向上。

好的金融体系如何能够助力于企业积极向上呢？我要再做点格物的事情,再举个例子,GE 的例子。号称世界最伟大的 CEO 叫作杰克韦尔奇,他做了 GE 的 CEO 以后,把著名的专做战略咨询的公司麦肯锡给请来了。

首先,那位咨询师问他,请您告诉我 GE 公司过去五年的每股税后收益。这个税后收益的几个数字,意思就是围绕着一个均值上下振荡,我用特别简单的数字来说明,而且用人民币说话。比如说,过去五年每股税后收益八毛、一块一、一块、九毛、一块二。如果一个投资者知道过去五年的每股税后收益是这样做分布,那他如何估值呢？立刻就可以找到股票估值的公式。围绕均值一块钱上下振荡,所以投资者就用一块钱做分子,去除以投资者最低的收益要求,假如最低收入要求为 10%。平均值每年就一块钱,投资者最低收入要求 10%,这个公司股票就值 10 块钱。

听听那位咨询师怎么说。假如过去五年每股收入还是这五个数,但是次序变了,让老二和老四调换一下位置,过去五年每股税后收益就变成八毛、九毛、一块、一块一、一块二,你又如何给这只股票做估值呢？咱立刻想到公司业绩成长情形下的那个股票估值公式。如果成长率太高,得用两阶段或三阶段的股票估值模型。咱就假定未来有一个恒定的增长率,比如说,6%,7%,8%。公司股票的估值是下一年的现金股利除以投资者最低收益要求减去增长率。假定下一年现金股利为 0.6 元,未来增长率为8%,投资者最低收益要求还是10%。那么这只股票一股值30元钱。杰克韦尔奇当然知道这个公式,他一定会有这样的反应,你这不是让我作假吗?听听那位咨询师怎么说,不是作假,如果一个农民种30亩地,他只能靠天吃饭,如果种3000亩土地,他需要有发达的水利设施建设。雨大的时候把水存起来,天旱的时候再把水放出去,满足农作物对水的需要,才能实现粮食的高产稳产。做企业也一样。GE公司需要构建一个水库性质的公司,后来就是GECapital。通过收购兼并的办法,利用资本市场把这个水库建得大大的,杰克韦尔奇在任的20年左右的时间,他收购兼并的次数有960多次。有些人在研究每次收购兼并,杰克韦尔奇在干什么,我的意思要先站在960次的整体上看杰克韦尔奇在干什么。他在搭建水库!

这样一来,股票价格上升了。股票价格上升的好处是什么?股票财富多了呗,咱们不是站在财富角度说话。股票价格涨了,公司就握着一个重要的选择权,缺钱就可以增发股票,体会一下我理解的金融本质。先打通一条长期的、理论期限无限长的、股权融资之路。

其次,那位咨询师问杰克韦尔奇,请告诉我一下GE公司主要的竞争优势在哪里?杰克韦尔奇回答道,GE公司竞争产业分布很广,有的没有竞争优势,有的有,但不明显,GE公司在全球绝对具备竞争力的是航空发动机。但是市场不好,别人不怎么愿意买。再听听麦肯锡的那位咨询师,别人不买,市场就不好了,别人不卖,咱自己买。麦肯锡公司建议在将来做资本运作的那个公司之下,再搭建一个租赁公司,把自己生产的航空发动机买来,再把别人生产的飞机部件买来,然后把飞机组装好租出去。20年的融资租赁,让 GE 公司每年的收入为12%。后来 GE 公司拿这样的现金流做支撑,发行资产支持证券,成本每年只有6%。后来 GE 公司靠飞机租赁发行长期债券的规模有几百亿美元之多。这段话的意思,是利用资本市场打通另外一条融资之路,长期的债务融资。

我们把这个例子合到一块,资本市场在干吗?帮助 GE 公司打通长期的股权融资和债权融资。融资渠道已经不是问题了,而且是极为长期的资金,不是短期的资金。您作为 CEO,就开始谋划公司未来十年二十年的战略,而你的竞争者,没有打通股权和长期债务融资之路。一是负债率高,规模也扩张不了;二是负债靠银行贷款支撑,银行的资金本质上都是短的,流动性会给这个公司带来巨大压力,这种公司的老总就没有资格考虑更长远的事情。给这两类公司以时间。时间一长,GE 公司的竞争优势出来了,GE 公司是靠未来强大的竞争力来支撑着今天的高股价。这怎么叫作假呢?

我要拿这个例子说话,如何让企业做到积极向上呢?中国今天的金融问题,在我看来有三个:

一是负债率过高。负债率太高,甭希望有像样的产业结构升级。你是银行也不会允许;负债率太高,也绝对不利于技术进步,因为失败的风险由债权人承担,天底下没有这种道理。二是负债期限太短,银行有一些比如三五年期的贷款,但是在我看来,银行贷款不管看上去有多长,本质上都是短的。企业别出事,出事就到期,所以,这种融资会给企业带来一个巨大压力,企业家根本没有资格考虑长远,假如是这样一种金融体系,如何锻造出来未来有强大竞争力的企业?

我国金融体系的第三个问题，是我要重点聊一聊的，在我看来叫金融资本在掠夺着产业资本。大家可以看到中国今天的宏观经济不振，提出这宽松，那宽松，我都可以理解。咱要反思一下，中国经济为什么会有这状态？在我看来，产业资本受伤了。咱过去太多的金融创新是以挣钱为目的的，但是这样的金融创新抬升了整个金融体系的成本。

为什么说中国今天金融资本在掠夺产业资本？

这与银行监管有关。现在推行巴塞尔协议Ⅱ和巴塞尔协议Ⅲ。各位知道现在中国银行监督管理部门，对待我国商业银行的资本，要比发达国家高一个百分点。看上去为了让中国金融体系更加稳健，所以有更强的资本约束。但是，商业化了，银行都上市了，它要去挣钱，当它的核心资本占比太高，杠杆倍数下来了，银行还要获得一个适度高的权益资本收益率，那就要靠高的利差。所以，中国的利差高，比世界其他主要国家和地区都高。中国台湾地区大致是1.4，中国大陆今天应该在二点好几。我做两家银行的独立董事，这事我清楚。当一个银行靠利差挣钱，那个利差就来自于产业公司的利润。所以，有些行当就不做了，因为没有投资价值。

金融资本掠夺产业资本跟金融创新有关。银行为了挣钱，它在创新，其中搞出一个东西叫影子银行出来。大家也都在参与，其实叫理财，如果理财在我看来，银行不做所谓的刚性兑付，5％、6％的银行成本没有问题，但是哪一家银行不在做所谓的刚性兑付呢？起码在做暗保，当这种理财规模，全国已经达到十六七万亿以上，发现这个问题，整个银行的负债成本提高了，羊毛出在羊身上，最终结果产业资本进一步受伤。

另外,在中国的今天,说高利贷横行,都不为过。高利贷不是在帮产业资本,它在掐产业资本的脖子。回过头来,有很多从事产业投资的人,因为受伤了,他也把企业卖掉,他也盘剥别人,去掠夺其他的产业资本。所以,中国的金融创新,都以挣钱为目的。金融创新,以创新者盈利为目的,不是不行,但应该有一个重要的前提:绝不可危害一个国家的整体的金融体系的安全。本轮股市的巨大震荡,也是和那些金融机构,包括银行有关,这些机构在玩那种所谓的配资,最高的杠杆是好几十倍。所以,这类创新威胁了整体金融体系的安全,这一类的创新,一定要严格地监管。但是从金融监管本身来讲,那是一定要站在两个角度,在我看来,一个是从全社会财富创造角度出发,这是一。第二,金融创新,更要站在更高的角度,这个角度在我看来,叫国泰民安。所以,我理解金融创新,要做到两者兼顾。这是我和大家一块儿思考的问题,这也是未来咱们国家金融创新当中的两个主要的方向。我的讲演就到这儿,谢谢各位!

分论坛二:国有企业改革与民营企业转型

时间:2015 年 11 月 22 日(下午)
地点:北京大学光华管理学院 1 号楼 203 室

嘉宾:

程志强　国家电网全球能源互联网办公室副主任
童光毅　国家能源局电力司副司长
李　波　重庆渝富集团副总经理
周黎安　北京大学光华管理学院教授
陈　义　综艺股份有限公司董事长
宋宏谋　泰康人寿助理总裁
蔡　剑　北京大学光华管理学院管理实践教授
王咏梅　北京大学光华管理学院副教授

主持人:

吴联生　北京大学光华管理学院副院长

吴联生：

各位嘉宾，各位朋友，大家下午好！我们这里是厉以宁教授从教 60 年庆祝活动，暨经济学术问题的第二个分论坛，我们讨论的主题是"国有企业改革与民营企业转型"。我们有两个步骤，第一部分主要讨论国有企业改革问题，第二部分主要讨论民营企业转型的问题。由于时间有限，上午时间拖得比较长。每位嘉宾演讲 15 分钟，请嘉宾注意一下时间，后面我们会有专门的讨论，咱们朋友如果有问题也可以问我们的嘉宾。

大家都知道，咱们经济体制的改革，咱们现在整个经济的发展一个很重要的主题就是国有企业改革。国有企业改革到底怎么改？实践当中有什么样的做法？实际的工作者、理论者又有怎么样的思考？今天我们请来的 4 位嘉宾，分别就他们自己的工作，就他们的研究，对国有企业改革这方面的思考给大家做分享。

首先有请国家电网全球能源互联网办公室副主任程志强博士。

程志强：

柳青说过："人生的道路是漫长的，但关键的地方往往只有几步……"如果一个人在自己面临人生转折的关键地方，能恰逢名师指点迷津，就会一下子柳暗花明，跃上人生的新高度。可以说在我的一生中有许多幸运之事，而在我求学过程的关键时刻能够师从厉以宁老师实属我最幸运之事。有的老师教授学生知识，有的老师赋予启蒙学生思想，有的老师指引学生前进，有的老师影响学生人生轨迹，有的老师传道授业解惑之，厉以宁老师对于我而言，包蕴了上述的一切。十多年来，厉老师对我而言，潜移默化，润物无声，追随厉老师的十年学术之路也是我厚积薄发至突飞猛进，学术思想及道路不断转折的十年。

与先生第一次见面的情景，至今历历在目。也正是因为此天赐机缘，让我的人生和学术之路更加豁然开朗、别有洞天。犹记得那次见面之初的短短几句话就让我长长舒了一口气，让我坚定了追随老师努力钻研和踏实学习的信心，也正是这短短的几句话，开启了我和厉老师恒久一生的师生缘。厉老师是顺应时势倡导且探索改革之路的务实有为的学者，也是桃李遍天下门内弟子皆栋梁的一代宗师。我能追随厉老师继续攻读博士，于我而言，无论是学术还是人生，都有启迪开拓的崇高意义。历时30多年，厉老师有着家喻户晓的反映不同阶段特点的名字，从"厉股份"到"厉民营"再到"厉土地"，这些称号的背后，是厉老师坚定不移地推动中国改革开放的呕心沥血以及走过的光辉征途。这些年来，我潜下心来学习老师的思想，心无旁骛发展老师的理论，以期望能对厉老师之学有所领悟，只是厉老师著作等身、学通真理，老师的学问博大精深，我也未曾全部懂得。

一、求学之路

2005年伊始，我追随厉老师正式开始探索求学之路。契机是我的博士论文。记得当时，我的论文题目尚未确定。初次见面之后的一个月，厉老师打电话主动联系了我。"我今天和你探讨下博士论文选题的问题，博士论文你就结合你的工作回答两个问题：关于煤炭资源开发与欠发达地区的发展，首先要找出欠发达的原因，然后要提出解决的办法……"厉老师简单几句话，就直指事情的本质,使原本一头雾水的我"柳暗花明",明确了论文的研究方向,接下来的准备工作便有了清晰的主线,有的放矢多了。

21世纪初,广袤的中西部地区作为基础能源和重要原材料的供应地,为我国经济社会发展做出了突出贡献。但随着资源原始式的消耗,这些地区在发展过程中累积了诸如经济结构失衡、失业和贫困人口占比较大、接续替代产业发展乏力、生态环境破坏严重、维护社会稳定压力较大等深层次的矛盾和问题,处在尴尬的"富饶的贫困"之中。针对此问题的研究契合了我的专业和工作背景,亦符合了厉老师对解决中国贫富差距问题的研究。记得开题的时候厉老师就说,这篇论文就是要回答两个问题:一是煤炭资源开发为什么没有很好带动地方经济发展;二是以后应该怎么办。高屋建瓴、一针见血地指出了论文所要回答的核心问题。在撰写博士论文的过程中,我多次跟随老师和师母赴晋陕蒙宁等资源地进行调研,在老师的指导下,我在上述地区发放问卷、对居民和企业进行访谈,收集了大量珍贵的一手资料。而且每次归来我都会及时找老师汇报调研情况,交流调研心得,进一步提升我对现实问题的认识水平。博士论文答辩前要交由老师审查,老师仅用几天时间就提出修改指导意见,并让我把论文的每一稿都交由他审看,追踪我论文写作的踪迹,以更好掌握我论文的纵切面。每次修改稿老师都要倾注大量时间和心血,每当拿到老师的修改稿,打开一看,我都不由得肃然起敬。只见从头到尾每一段落每一句话都由老师仔细修改过,铅笔留下的标记似乎写着厉老师一个个夜深灯下用功的身影,这让我不得不佩服一代宗师的严谨精神。2007年3月,我的博士论文以全优的成绩通过。此后,论文的主要内容也在《管理世界》等一级期刊上发表,以博士论文改编的专著《破解"富饶的贫困"悖论——煤炭资源开发与欠发达地区发展研究》也由商务印书馆出版。在我的博士论文中,我预言了鄂尔多斯在繁荣背后的困境,并且不幸成真,同时我也提出如果资源型城市能够有效地规划,可以避免"鄂尔多斯病"的出现。学生做学问的智慧以及硕果累累映照了老师的心血。可以说,我的博士论文从选题到拟定提纲到最终定稿,都是厉老师指引着我走过来的。他的博大精深,使我在做学问的过程中总能得到及时的指导;他胸中有大丘壑的风范,激励我才德兼修,在做学问中做人,在做人中做学问;他精益求精的追求督促着我永不懈怠。后来他又激励我进一步探索这些问题,要在原有基础上不断深化,并实现做学问的根本目的:运用自身所学为社会做贡献。

为了能够在厉老师身边继续工作学习,提高自己,我做了厉老师的博士后,这也让我有幸进一步追随厉老师学习。在追随老师做博士后期间,由于研究和工作的需要,我常赴鄂尔多斯市、榆林等中西部新兴煤炭资源型城市调研,敏锐深刻感受到煤炭繁荣给这片曾经饱受贫苦落后之苦的黄土地所带来的欣欣向荣。在博士后期间,我也多次跟随厉老师到当地工矿企业和农户家里,就煤炭资源开发与投资环境变化、煤炭资源开发对人民生活水平的影响等进行调研,掌握了丰富的第一手资料,增强了研究的针对性,使得研究也更加具有说服力。在分析方法方面,老师建议我采取适宜于一个国家内部较小规模充裕地区经验研究的方法,利用面板数据、时间序列等先进计量分析工具,为我的研究观点提供科学的论证。最终我的博士后报告以专著《资源繁荣与发展困境——以鄂尔多斯市为例》在商务印书馆出版。在本书中,结合我国的实际情况,我对西方经济学界有关"资源诅咒"理论进行分析、探讨;讨论了是否存在资源诅咒的机制;研究如何利用煤炭繁荣这一有利背景,促进这些地区经济的可持续发展和环境的和谐发展,以避免发生所谓的资源诅咒现象。

追随厉老师的求学之路,也让我有幸进一步了解师母何玉春,一位对孩子无比关爱的慈祥老人。记得我担任北京博士后联谊会理事长后的第一个活动刚好在谷雨季节,我们计划举办北京博士后趣味运动会,不巧的是那天刚好下雨,师母一大早就打来电话关照:"今天可能要下雨,我有些不放心,你们办这个活动要注意安全,要有一个应急方案。"这个电话让我感到惊喜和温暖的同时,也体会到师母考虑问题的细致和周详。追随老师求学愈长便愈加体察到厉老师和师母对学生的殷切关怀。两位老人都一直把我这个学生当作自己的孩子来看待,有时是一句问候,有时是一语警醒,都能让我在略显繁忙与枯乏的工作中找回最本真的自我。

二、探索理论前沿

十年求索路,我跟随厉老师完成了博士期间的学习和博士后的相关工作,不懈努力,继续跟随老师学习而延续着我的学术路,工作期间始终不忘以学术为基,以自己所学、所见、所想为基础,坚持自己观点,探索理论前沿,不断思考中国经济改革方向。始终在内生力量调节市场、资源型社会规划、农业产业化发展与土地流转制度创新研究等方面坚持有实质性的进展。以下我将就最近研究的几个问题,提出一些浅薄的观点:

（一）内生力量调节市场

我国改革开放已历经三十余年，依靠宏观调控的外生力量来促进经济增长的状况没有发生根本性的改观，内生力量仍然不够足。为进一步推进中国经济社会的发展，健全和完善内生力量将是未来宏观体制改革的重点。在完善内生力量方面，应该注意以下三点：

第一，大力调动民间积极性。通过制度创新，调动民间积极性。让农民参与到改革中、参与到分配中、参与到经济发展中，才是未来实现经济和谐发展的根本所在。对于广大农村地区，特别是经济欠发达地区，制度创新的关键在于土地确权与农村房产"三权三证"的颁发，如此才能确保农民能够真正在土地市场中获得议价权，享受到改革所带来的红利。在这一点上，可以借鉴中国林业用地在集体林权制度改革之后的探索。

第二，积极转变政府职能。政府职能的转变是健全内生力量的重要因素。未来的政府既不应该是小政府，也不应是大政府或者是强政府，而应该是有效的政府。这就要求政府首先实现从"非可即禁"向"非禁即可"的理念转变，做政府应做的事，服务于社会。未来政府的职能应把重点放在平衡公共支出分配、增加社会保障、完善基础设施建设、健全投资机制等方面，同时还应注重加强对区域与民族品牌的扶持力度，以此增强所在区域企业的市场核心竞争力。

第三，构建广阔的市场平台。经过三十多年的改革，我国市场经济制度逐步完善，但民营企业与国有企业、小微企业与大型企业在市场中所处的不对等地位仍较为突出。在对国家利益不构成重大影响的经济领域，政府应构建一个相对平等的市场平台,实行统一的市场监管,清理、废除妨碍全国统一市场和公平竞争的各种规定与做法,反对地方保护,反对垄断和不正当竞争行为,使得民营企业与小微企业能够获得更大的发展空间,发挥更大的作用,进而与国有企业相得益彰,促进国有企业的深度改革。

(二)顶层设计改革路线

"中国的改革就像是骑自行车,如果停下来就会摔倒,只有不断地前进,才能保持稳定。"这辆"自行车"前进的动力来自内生力量,但是如果方向错误了,一切都将前功尽弃,方向的把握需要良好的顶层设计保证我国经济社会发展的正确道路以及可持续性。

第一,主动拓宽发展思路。习近平总书记在中关村的调研学习中指出:必须着力完善人才发展机制,深化教育改革,推进素质教育,创新教育方法,提高人才培养质量。因此,要实现我国经济的转型,各地区必须注重人力资本的积累,做好人才的引进、利用、培养工作,真正做到吸引人才、留住人才、用好人才,使人才资源优势在经济社会发展过程中发挥主导作用。例如,政府应进一步整合人力资源,统筹安排,为众多优秀的人才创造良好的就业条件,提供完善的后勤保障,使其能更好地在社会经济的各领域发挥中坚作用,消除后顾之忧;而对于一大批退休的专家学者,可以创造"资深专家创业"平台,探索以老带新的人才培养模式,创新思维灵活构建人才培养方式。

第二,努力转变能源消费结构。在世界经济低碳化的背景下,转变能源消费结构,降低化石能源消费比例,减少碳排放量,成为各国经济工作的题中之意。对于我国而言,在石油资源相对匮乏、可再生能源开发技术尚未全面推广的情况下,煤炭在我国能源消费中的主体地位在近期无法迅速改变,所以充分利用现有储备资源,探索新型煤炭利用模式,研发煤炭洁净转化技术,就成为未来一段时间内我国实现经济低碳化的重要途径。当然除此之外,我国必须重视新型能源资源的开发,如页岩气、太阳能、水利等,并且逐步以可再生能源替代化石能源等不可再生资源,逐渐实现经济低碳化的目标。

第三,积极调整经济结构。在一国经济发展过程中,经济总量固然重要,但仍不可忽视经济结构的重要性。对于当前的中国经济而言,调整经济结构应是未来经济改革的重点。政府应该通过顶层设计,引导民间资本投资技术创新等相关领域活力的迸发,同时加大农村基础设施投入,为经济的长远发展做好相应准备。只有实现投资与消费均衡建设,共同拉动经济增长,我国才能稳步从以消费为主导的经济增长模式过渡到内生增长模式。

(三)合理规划资源型社会发展

21世纪初,我国煤炭市场呈现出了空前的繁荣景象,鄂尔多斯作为我国昔日贫困地区的崛起典范,其经验被誉为"鄂尔多斯现象"在全国范围内掀起了研究热潮,在博士论文的基础上我继续研究如何合理规划资源型社会发展。并且在此基础上预言了鄂尔多斯在繁荣背后的困境,并且不幸成真,同时我也提出如果资源型城市能够有效地规划,就可以避免"鄂尔多斯病"的出现。并提出如下合理规划资源型社会发展的对策以供参考:

第一,资源繁荣与工业化。资源充裕的国家和地区,在资源繁荣的前提下,工业发展和工业化政策的选择容易受到"荷兰病"的影响而产生扭曲,从而影响工业化的健康发展和经济的可持续增长。但如果资源型社会以新型工业化发展为指导,形成合理的工业结构,确保重化工企业和项目规模适度,严控小规模企业立项,同时从客观实际出发,寻求劳动密集型产业发展新出路,力求在解决劳动力就业的同时实现产业升级转型,则可以在很大程度上避免工业化发展扭曲的状况出现。

第二,资源繁荣与人力资本的形成与配置。资源繁荣社会可能出现,由于政府收入的增加从而通过公共教育支出的提高来降低人力资本投资成本的现象,但资源繁荣会由于多种机制的相互作用,导致中等教育水平回报率偏低,高等教育水平回报率高但需求有限,最终影响学校教育质量,不利于人力资本的建设。资源繁荣地区只有坚持"劳动-技术"需求扩张型道路,合理降低过高的工资溢价,增加教育投入,才有可能规避人力资本形成困难的风险。

(四)农业产业化发展与农地流转制度创新

农业产业化和农地流转一直是学术界讨论的热点问题,相关研究也是汗牛充栋。不过绝大多数研究将二者割裂开来进行分析,或者将二者定义为从属关系。在我博士后期间的专著《农业产业化发展与农地流转制度创新的研究》2012年由商务印书馆出版,本书从促进农业产业化发展的角度讨论土地流转制度创新问题,构建了一个涉及农业产业化契约安排和农地流转相互关系的理论分析框架,并纳入行业特征、区域经济和文化结构以及国家制度安排等因素。而且根据区域差异,分析了分布于我国东部、中部、西北、西南四个地区的多个典型案例。建立在理论研究和案例分析基础上的政策建议对农业产业化组织关系形式选择和农地流转制度创新具有积极的指导意义。并从中央政府、地方政府以及涉及具体农地流转形式的细节问题这三方面出发，提出相应的对策思路。

三、思想创新

厉老师一直推崇思想和理论创新，作为其学生我始终以此为鞭策，不断思考中国经济的热点问题，着力提升自己的理论素养，不断进行思想创新，跟随厉老师进行一系列事关中国道路发展的思考。这些思考主要涉及新型城镇化、混合经济、新常态下国有企业混合所有制改革以及蓝领中产阶层等方面。

（一）探索符合中国国情的新城镇化模式

我国的城镇化道路不能照搬西方的模式，需走具有中国特色的城镇化道路。通过加快构建新型农业经营体系，实现我国农村的就地城镇化，同时完善城镇化健康发展的体制与机制，以推动我国城镇化更好更快发展。

第一，加快推进常住人口市民化进程。人的市民化是推进新型城镇化的关键，同时也是未来衡量我国各地区城镇化质量的重要依据。在既存的城乡二元户籍制度下，我国各地区往往将教育、医疗等公共资源与户籍捆绑在一起，政府可以试点公共资源与户籍制度部分脱钩的模式，每年对外提供一定数量的公办学位、居民基本医保指标和入户名额，并根据个人情况进行打分。要求按积分排名获取相应的资格，享受城市公共服务资源。同时，为有效地缓解政府所承担的财政压力，施行差异化的转移支付与财政分担体系，即公共服务支付由政府承担，而社会保障支出则由企业与个人承担主要责任，政府辅助的过渡体制。

第二,探索小城镇建设的经典模式。如何实现农村城镇化,将成为影响未来经济发展的重要因素。由于我国地理区域性差异较大,对不同地区的农村而言,小城镇的建设应该坚持因地制宜、就地城镇化的原则,应根据其自身特点规划新型小城镇。与此同时,还应由政府引导,通过"路网工程"和"撤村建居",寻找适宜的产业做支撑,以建立健全完善的教育、医疗、交通体系,促进我国农村信息化的进程。作为国家城镇化道路"大中小城市＋小城镇"的重要组成部门,小城镇的建设除引入以上所述完善的公共服务设施外,也应该注重新型能源技术的推广,将绿色能源、绿色经济、绿色生态与小城镇的建设紧紧结合,在设计的初期就做好能源低碳化工作,节约资源,将小城镇建设成为宜居城镇,成为"绿色中国、生态中国"最主要的组成部分。

(二)探求中国跨越"中等收入陷阱"之道

"中等收入陷阱",指在一些发展中国家由低收入国家行列进入中等收入国家(人均 GDP4000—5000 美元)行列之后,经济长期停滞不前,总是在人均 GDP4000—5000 美元间徘徊,难以质变。而世界银行当初之所以提出"中等收入陷阱"概念,正是20 世纪后半期以来一些已经落入"中等收入陷阱"国家的教训的总结。其实际上包含三个"陷阱":发展的制度陷阱、社会危机陷阱和技术陷阱。

首先,"中等收入陷阱"中的第一个"陷阱"是"发展的制度陷阱",要靠深化改革来避免。在中国经济发展的现阶段,如果遇到发展的制度障碍,该怎么对待?是继续推进改革,清除这些制度障碍(如城乡二元制度、市场的不公平竞争、环境等),还是犹豫不决,不敢或不打算采取有效措施,或者认为这些方面的障碍在现阶段的格局不可能阻碍中国经济的继续前进？如果采取第一种对策,即下定决心,大力推进相关的改革,那就可以绕开或越过发展的制度障碍而不至于因此落入"中等收入陷阱"。

其次,"中等收入陷阱"中的第二个"陷阱"是"社会危机陷阱",要靠缩小贫富差距、缩小城乡收入差距、地区收入差距以及社会管理创新来避免。要对中国现阶段和在经济继续发展过程中的社会冲突的状况和趋势做出实事求是的估计,正确对待已经露头的社会不和谐的迹象,既不能视而不见或听之任之,也不要惊慌失措。正确认识,正确评价,正确对待,是最重要的。"祸患长积于忽微,智勇多困于所溺。"如果认为贫富差距、城乡收入差距、地区收入差距等问题已经到了必须正视而不忽略的程度,那么我们就必须采取相应的制度创新和管理措施,这样才能够防微杜渐。

再次,"中等收入陷阱"中的第三个"陷阱"是"技术陷阱",要靠技术创新和资本市场创新来解决。在中国今后经济发展过程中,如果绕不过"技术陷阱",不能在自主创新、产业升级、新兴产业壮大和尖端技术方面有重大突破,如果中国资本市场仍没有发挥出在促进技术创新中的应有作用,资本市场依旧是不完善、不完整的体系,技术创新因此得不到资本市场有力支撑,也即中国的产品不能以"中国创造"代替"中国制造",那么即使人均GDP到了10000美元,那也会停留在中等收入阶段,而不能迈入高收入阶段。

(三) 支持并鼓励混合所有制经济的建立和发展

支持并鼓励混合所有制经济的建立和发展是中国社会主义经济理论的重大创新,从经济学理论与中国经济改革实践的角度论述了资源配置效率的迫切性。在此基础上,提出建立和发展混合所有制经济的途径是:鼓励现有国有企业走向混合所有制经济、鼓励发展非公有资本控股或参股的混合所有制企业、员工持股的规范化、界定不同行业的国有企业功能以便针对不同行业特点提出改革措施等。同时,澄清调研中发现的对混合所有制经济一些有失偏颇的认识。建立和发展混合所有制经济的途径很多,但基本上可以归纳为以下几条:

首先,鼓励现有的国有企业走向混合所有制,鼓励现有的国有企业走向混合所有制,包括容许非国有资本参股国有企业,使国有企业由全资国有转为多种所有制合营。

其次,鼓励发展非公有资本控股或参股的混合所有制企业。在鼓励发展非公有资本控股或参股的混合所有制企业方面,应采取自愿原则,即民营企业或民间资本是否参股于国有企业,是否愿意同国有资本共建一个混合所有制企业,完全听其自愿,不采取硬性规定,不摊派,不强制。

再次,加强员工持股的规范化。无论是国有企业还是民营企业,如果愿意实行员工持股制,由它们自行决定,实现对员工持股制的有政策可依,但应当规范化,这样才能避免出现种种后遗症。

(四)深入探索国有资本制度改革模式

在三十多年的改革开放历程中,民营经济的发展虽然在一定程度上填补了我国所有制方面的不足,但整体而言,国有企业与民营企业在各个方面仍存在着众多矛盾。为缓解二者之间的矛盾,应以企业制度改革为基础,以国有企业的体制创新为重点,积极发展混合所有制经济。

第一,试点国有资本体制改革路线,完善国有企业治理结构。就国有资本体制改革而言,作为国有企业监管机关的国有资产监督管理委员会,可以对国有资本、集体资本、非公有资本等进行交叉持股,相互融合,积极发展混合所有制经济。各级政府在处理国有资产时,需分类别区别对待各产业中的国有资产,对于可以由社会资本控股的国有企业,应采取国有参股形式或者退出。在国有企业出让相应股权时,国家可以挂牌成立国有资产交易中心,在得到第三方公证、评估的前提下,通过规范的法律程序,实现相关部门对交易过程的严格审计监察,谨防国有资产流失,确保市场的公平、公正、公开,实现国有资本的保值增值。

虽然通过国有企业体制改革,现有的多数国有企业表面上已拥有完善的法人治理结构,但实际上许多企业名不副实,改革需要进一步深化。为使国有企业成为真正独立自主的经营主体,企业必须严格按照规范的治理结构对国有企业进行全方位的改造,引入职业经理人机制,实现股东大会对企业的制约,建立长效激励约束机制,探索推进国有企业财务预算等重大信息公开,强化国有企业经营投资责任追究。在完善治理结构的过程中,各级管理部门可以逐步探索员工持股机制,调动国有企业员工积极性,实现国有企业效率的飞跃式提升。

第二,实现国企与民企合作共赢,树立"国企实力+民企活力=中国企业竞争力"的新理念。在当前的世界经济形势下,只有国企的实力加上民企的活力才等于中国企业的竞争力。通过发展混合所有制经济,利用国有企业的实力与民营企业的活力,实现国企与民企在技术、资金、人力等方面的融合,换取市场的竞争力与企业的抗风险能力,使得国企与民企之间实现产业互补,取得双赢的局面。国有企业与民营企业需通过纵向、横向与国家项目共同参与的全方位立体化合作,实现工业化与信息化相融合、制造业与服务业相融合的技术创新。此外,有条件的国企与民企应该将"走出去"战略作为未来制造业发展的根本战略,逐步打开国际市场。同时,政府应加大对民营企业的扶持力度,着力打造世界知名品牌。

(五)新常态下国有企业混合所有制改革

当前我国的国有企业改革,其实质是在双重转型的背景下的一次市场经济微观主体的重塑。而这一工作延续了最初放权让利、承包制、股份制以来的改革思路。可以说,这么多年来,我们已经在国有企业的治理机制的改革方面取得了很大成绩,公司治理虽然存在很多不完善的地方,但也在朝着规范化的方向努力。但国有企业固存的所有者缺位问题依然没有解决。这个问题也是政企不分的根源所在:因为缺乏真正的所有者,所以国企要被各级政府管起来;因为缺乏真正的所有者,为了防止内部人控制,我们需要进行一大堆的机制设计来规避,包括董事会、监事会、工会、党委、纪委等,但依然存在很多问题。中央巡视组巡视的结果表明,国企的腐败问题还相当严重。因此,启动新的改革来改善国有企业的治理问题迫在眉睫。

另一方面,尽管现在国企在中国经济总量的比重低于民企,但分布的领域相对重要,尤其是在工业领域,国企的存量和比重不低(比重数据)。而我国正处于工业化、城镇化的关键阶段,简单的私有化并不能立即提升我们的产业竞争力。十八届三中全会提出的发展混合所有制经济则为我们改善国企治理、盘活国企存量资产提供了一条非常重要而有效的途径。通过混合所有制的改革,引入民营资本后可以有效改善企业的治理结构,引导企业决策者和管理者真正实现经营活动的市场化。但是,治理机制真正有效可能需要国企让渡部分控制权,但如果让渡了控制权,又会产生另外一种委托-代理问题或者叫内部人控制问题,会导致国有资本流失的风险。因此,推动这些混改后的企业上市则成为必然选择。上市后,一方面,借助资本市场,可以提高国有资本、民营资本的可流动性,解决国资和民资的双向套牢问题;另一方面,可以通过资本市场的价值发现功能为企业家进行定价,从而对民营资本形成正向激励,鼓励其将总盘子做大,在企业价值最大化的过程中,国资也实现了保值增值。因此,新一轮国企改革就是要通过引入混合所有制、对接资本市场,实现对微观主体的重塑。让微观经济的决策主体真正遵循市场经济规律来决策,从而真正有助于盘活国资存量,提高我们的产业竞争力。

同时,国有企业的改革应该以混合所有制为方向,借力民资,推动国有资本运营体制改革与国有企业公司化改造。在混合所有制企业的改革过程中,党委必须在改革中起到主导作用,必须围绕企业经营开展工作,并且参与企业的重大问题决策。通过党委会在公司治理中的特殊地位,确保我国国有资产保值、增值,并且通过混合所有制经济的发展,加强党委参与公司治理的广度、深度与层次的整体性、立体性、丰富性。特别是做好以下几点:

首先,政治思想领导。党组织在企业管理中,最重要的职能就是在思想上统一公司的经营目标、方针路线以及经营管理,即在政治、思想和组织上领导国有企业或者是未来的混合所有制企业,以保证中央和国家的指导方针在企业层面得以贯彻落实。当然这也要求企业党组织更具掌握企业现状和未来的眼界,因地制宜落实措施。

其次,监督职能。目前我国的国有企业都普遍存在内外监督乏力的现象,因此企业单位就有义务依法发挥监督职能,做好内部人控、外部监管的工作,以弥补企业管理制度的不足。当然党组织的工作应该围绕企业的日常经营开展,保护各方面利益,并且调动企业的积极性、主动性,促使企业更好更快发展。

再次,党管干部。党管干部是我国国有企业中党组织作用的重要体现,贯穿了企业经营的整体,也在经济激励角度确保了企业与中央的指导方针一致,这就要求企业在人事工作方面坚持党的领导,避免政出多门,同时依法由各级党组织行使决定任免权。

(六)净化蓝领中产阶层的成长环境

社会流动是社会结构调节的机制之一。社会流动会引起社会阶层结构的分化,而社会阶层结构的分化也会推进社会流动,形成双向互动。社会流动的状况反映出社会经济发展水平和社会开放的程度,一个公平、正义的社会,应当具备合理的社会流动机制,使下层的人有机会进入上层。从效率的维度而言,如果一个社会的垂直社会流动性低,激励度不足,那些有才能但处于社会下层的人员的积极性会受挫,个人的专业技能、创新才能无法发挥,经济发展的潜力挖掘力度不够,以致增速下降甚至停滞。从公平的维度而言,如果社会的垂直社会流动性低,大部分人对前途感到绝望,很有可能造成经济运行缺乏稳定的环境,引发社会动荡。在中国经济转型的现阶段应该净化中国蓝领中产阶层成长环境：

1. 强化蓝领阶层职业教育

助力我国蓝领中产阶层的产生，最重要的是要强化我国职业教育，加大我国职业教育的投入，使更多的蓝领受到职业教育培训，提高蓝领的教育水平以及技术技能。可以借鉴发达国家的"双元制"培养方式，构建社会、学校和企业共同培养的方式，充分发挥学校和企业的双重作用并借助政府和社会的力量。加强职业学校跟企业之间的沟通与合作，将职业教育与岗位开发紧密结合，使培训与企业的需求相结合。职业教育不应以学历为导向而应该以职业资格证书的教育为导向，使不同的资格证书标准化和规范化，激发蓝领提高自己职业技能的动力，提高他们的学习兴趣，使一部分努力、勤奋、上进考取证书的蓝领有更多的机会获取高收入、高待遇的工作。

2. 重视蓝领阶层成长

社会对蓝领的偏见将不利于蓝领阶层的发展，如果社会加大对蓝领的关注，并改善他们的收入水平、居住状况以及子女教育等问题，将大大促进蓝领阶层的发展，使更多拥有高技术、高学历的人愿意加入蓝领阶层，提高蓝领的社会地位。蓝领阶层对壮大我国中产阶层队伍、提高我国内需起着举足轻重的作用。我们应该给予蓝领阶层应有的社会重视，提高蓝领的社会地位，在促进蓝领阶层发展的同时也会使社会更加和谐、公平。

3. 保障蓝领阶层权益

蓝领阶层作为拥有共同利益的集团，他们彼此有着共同的或基本一致的政治经济利益，有共同的或基本一致的主张、愿望或政策建议,蓝领作为城市中的弱势群体,需要强有力的组织来为其争取权益,提出诉求。未来应该加强工会的力量,使其拥有足够的力量来为蓝领阶层争取更多的利益,提高蓝领阶层的社会福利,改善居住条件,解决其子女教育问题,改善工作环境,提高工作待遇,更重要的是提高社会对蓝领的重视,增加职业教育投入,加强对蓝领阶层的培训,使更多的蓝领能够有机会进入中产阶层。

十年沧桑,弹指挥间,我跟随厉老师已达十年之久,始终在厉老师的指导下,独立思考,持续关注中国经济发展社会进步问题及其动向,寻求理论水平的不断突破。作为一名央企的工作人员,我不断变动工作岗位,承担各有侧重的工作责任,为投身民族崛起人民幸福的事业积累实践经验,而无论怎样百务缠身,心无余暇,我始终坚持一丝不苟做学问,积极追求自身价值,守身为大。追随厉老师的脚步(厉以宁曾兼任中国博士后科学基金会第二届理事会理事),我在工作之余兼任中国博士后科学基金会理事,而且我还当选为中国行为法学会理事,北京大学光华管理学院博士后联合会主席,北京大学光华管理学院兼职教授、博士生导师等职务,而且我在北京大学光华管理学院担任"欧洲经济史"和"经济运行与管理实践专题"这两门课的授课,通过为国家发展培养有用之才来完善自身,教书育人,修学培德,积极服务社会,贡献自己。我的导师厉以宁老师对我而言始终是"高山仰止"。他的胸怀像广博的大海,我只能采撷海中的一朵浪花;他的思想像一部精深的书,我就像一个小学生,踮着脚尖,仅仅掀开书的一角。厉老师是我前进路上的一盏明灯。无论世事如何变化,我都会追随厉老师继续我无涯的学术之路,将思想创新与理论突破相结合,将修身与齐家相并而论,在实践探索与理论研究相互结合的过程中不断革故鼎新、稳步前进。

吴联生:

程主任刚才讲的,我们国有企业改革,为什么改革,路径在哪里,机制怎么形成,以及怎么发挥强化我们党对国有企业领导人管理的重大问题,以他自己的具体理论研究和实践经验给大家做了精彩演讲,谢谢!

下面我们有请国家能源局电力司副司长童光毅先生发表他的演讲。

童光毅:

尊敬的各位老师、同学们,下午好!非常高兴有机会,在这里和大家做一个交流。今天是我们厉老师从教60周年,还有85岁的生日,我非常荣幸能在这里通过和大家的交流,表达我对尊敬的厉老师的钦佩。

我今天和大家交流的内容,主要是在和厉老师学习的过程当中,做了一些思考和探索。2012年我在跟厉老师做博士后研究,当时我们开展的研究是关于新一轮经济体制改革的探索。今天我交流的是新一轮电力体制改革的思路,主要是三个内容。一个就是中国电力工业现状,第二是我国电力体制改革的基本历程,第三是新一轮电力体制改革的思路。

中国电力工业在改革开放以来,经过30多年的高速发展,已经有了长足的进步。到目前为止,我们国家的发电装机总容量超过了美国,成为世界第一位,2014年年底装机容量13.6亿千瓦。我们的发电量也是世界第一位,"十五"到"十一五"一直保持两位数的增长,到"十二五"前三年,仍保持高速增长,一直到 2014 年速度才逐步慢下来。2014 年我国全年的发电量是 5.65 万亿千瓦时。

目前我们国家的电网形成了东北、华北、华东、华中、西北、南方、西藏这样 7 个相对独立的区域性网络,但相互之间也有线路的交换。这样广泛的电网为我们国家实现资源广泛大范围的优化配置提供了条件。目前我国电网 22 千瓦以上的线路达到 57.2 万千米,这也是居世界首位的,和我们国家装机容量差不多的电网。接近 10 年来,我们一直注重节能和减排发展。2002—2014 年每度电煤耗有明显下降,从 338 克一直下降到去年的 318 克,每一度电发的燃煤水平有大幅度的下降。

我们科技装备水平已经在世界上处于领先和一流的水平。一个是特高压交流输电,在世界处于领先地位,特高压直流输电在世界上也是处于领先地位,特高压直流线的技术已经在走出去的过程中。我们的水电技术也是世界领先,目前这是我们锦屏电站。核电站是新一代的核电技术。火电技术也有了长足的发展。一个有玉环的百万机组,天津 IGCC 项目,四川白马循环流化床的项目等。这一系列的技术成果,都是过去多少年来,我们不断创造和努力创新的结果。实际上这种电力装备技术的领先,也是我们制度优越最终的结果。

全社会用电量 5.52 万亿千瓦时,发电装机 13.6 亿千瓦世界第一,煤电装机 8.25 亿千瓦世界第一,水电装机 3 亿千瓦世界第一,风电装机容量已经超过 1.1 亿千瓦。在建的核电 28 台机组,三千多万千瓦也是世界第一。我们看这些数字,心里就有另外一种感觉,从人均的用电量来看,我国人均用电量是 4060 千瓦时,低于发达国家的水平,是美国的三分之一。我们人均装机容量是一千瓦,不足美国的三分之一。再一个就是人均生活用电,平均的生活中,每个人要用的电量,人均生活用电是 509 度,美国是 4374 度,差距非常大,差不多只有人家的九分之一。大家感觉我们已经是电气化,但是我们离电气化还有很大的距离。去年中央财经领导小组第六次会议,习主席提出四个革命,其中就有电力的消费革命,增加电力在能源终端消费的比例。为什么推电动汽车,为什么推电采暖?很大的原因就是,目前我们的电力消费结构,很大程度上是和现在生活不太相适应的。这是我讲的第一个内容。

这部分主要有几个特色,一个是中国的电力已经到了世界的领先水平,但是和发达国家相比,还是有一定的差距。第二个主题,我介绍一下电力体制改革的基本历程。

从阶段来看,中国的电力体制改革,从 70 年代末期,改革开放以来可以分成两个部分,第一个就是从 80 年代到 90 年代中期,这一轮改革主要是投融资体制改革,就是说放开管制,让更多的投资者进入电力行业。第二个部分,就是从 90 年代的后期,一直到现在,这就是市场化改革。通过一段时间的电力投资体制改革以后,我们电力得到了充足发展,电力装机相对能满足系统要求的同时,我们也在追求市场化。在追求市场化的过程当中,主要目的就是要提高电力系统的每一个环节的劳动生产效率。

改革后面的第二部分的历程,又可以分成三大块,第一个就是 20 世纪 90 年代到 2002 年政企分开的过程,把裁判员和运动员,把政府的职能和企业的职能分开。1998年国家成立国家电力公司,国家经贸委设立电力司。我也是那个时候从省里的电力企业转到了省经贸委。从2002年开始,厂网分开,在这个过程中,我们做的主要工作,把发电厂和电网企业分开,让发电企业有可以竞争的空间,逐步形成市场主体。一直到2013年,这部分就是新一轮的电力体制改革,政企分开、厂网分开、竞价上网等。

从2013年开始,我们酝酿新一轮电力体制改革,这次主要思考前面的改革,电力市场并没有建立起来。我们思考前一阶段的电力市场改革有什么问题。简单总结起来有三条,一个是市场的结构不够合理,因为当时竞价上网的模式,所有的发电企业都把电卖给电网公司。电网公司在交易中间,作为垄断环节,在用户和发电企业中间,这种市场结构不利于最终市场的形成。第二,市场机制不够健全,前一段时间的改革过程中,我们的电价一直是由国家控制的,我们的电量也是由各级政府部门协调的,这样的市场结构很难形成有效的市场。第三,市场主体有待完善,尽管市场有发电企业,但是大部分都是国企,对价格敏感程度很有限,用户可能对价格敏感,但是这些用户没有一个有实力可以和发电企业、和电网企业或者和市场主体讲电价,就是开展竞争,没有真正形成有效的市场主体。

新一轮的电力体制改革如何开展?针对这样几个存在的问题,新一轮电力体制改革的主要目的是建立有效的电力市场。我们采取了这样三个措施,实际上是"三一三"的策略。一个思路,主要的思路,把垄断环节从市场中的环节变成市场交易平台;让垄断的电网企业不再是电力市场交易的一个必经的主体,而是作为电力市场买卖、实时交易的交易平台；让发电企业和用户等对价格敏感的主体，可以在平台进行自由的交易。在政策上配套放开价格，放开计划，最后培育形成以市场为主体、有效的市场。这就是我们讲的新一轮电力体制改革的"三一三"的思路，放开竞争性的售电环节，形成独立的市场交易平台。首先建立一个独立的市场交易平台，同时放开电价，放开售电环节，放开计划。在这样的基础上，在这样的交易平台上，这样的市场结构，相信市场能够有效形成。另外"一个三"，就是改革的保障体系，加强监管，加强规划和加强安全。这就是我们这一轮改革的主要思路。

这一轮改革有几个重要的任务。第一，有序推进电力价格的改革，也就是说将来，发电和售电之间的价格是由买卖双方形成的，而国家只管垄断环节的输配电价格。第二，推进交易市场体制和交易机制的完善。我们建立独立的交易平台的同时，不断培育市场主体，让市场的交易平台完善，形成有效的市场交易机制。第三，建立交易平台、交易机构。第四，放开计划用电。因为在过去的历程中，很长一段时间，我们的发电计划还是由各级政府根据实际情况来制订。这次改革基本上全部放开用电计划，逐步走向市场。第五，稳步推进售电侧的改革，培育市场主体，我们不断监管售电公司，让很多的企业能形成独立的价格自主的售电公司。发电侧的主体已经形成了，不断建设培育售电主体，最终形成有效的市场。这就是新一轮改革的思路。

总结起来，新一轮的改革，主要的目标就是要形成有效的电力市场。主要的手段就是将垄断环节，从市场交易的主体中变成市场交易的平台，让有效的市场主体不断形成，放开价格，制度相配合,这就是我们这一轮改革的主要思路。谢谢各位!

吴联生:

谢谢童司长,他专门就电力改革发表了看法,前一段改革是市场化,下一段改革是怎么落实到实处。按照童司长的演讲,市场化是我们电力改革发展的重要方向,当然这也引发我们更多的思考。下面我们请重庆渝富集团副总经理李波先生发表演讲。

李波:

谢谢主持人。各位专家,老师们、同学们,下午好!我是长期从事国企改革工作的,来之前,也到民营企业进行了调查、座谈。今天非常高兴,把我在国企工作里面的改革体会和到民营企业调查研究的情况跟大家一起分享。我今天发言的题目是"国企改革与民企转型混合、整合、结合、融合"。主要从以下三方面进行阐述。国企、民企都是经济发展的重要基础,国企亟待改革,亟待增强内在活力、市场竞争力和发展引领力。但是民营企业,从我们地方了解的情况来看,目前存在融资难、销售难、赢利难的"三难"处境。一方面是由于生产程度高,积压库存高,税费高;另一方面由于管理水平低、科技含量低、附加价值低,导致民企内外忧患,少数企业关门走人。民企亟待转型,不能坐等观望。

大家知道,国企和民企的问题,实际上都是结构性问题,都需要改革和创新,新的三驾马车解决生存和发展。十一届三中全会以来,从党的顶层设计在改革开放创新方面,出台的制度安排和释放的改革利好来看，国企、民企都处于改革转型的战略机遇期和重要窗口期。我们梳理改革开放以来顶层设计的脉络，可以看出，国有企业改革，从放权让利、政企放开、现代企业制度到股份制改革，民营企业的改革从共同发展基本经济制度和两个毫不动摇，目前终于走到一起，就是基本经济制度的重要实现形式——混合所有制。全面深化改革当中，国企改革具有突破性的关键环节，推进国企改革当中，混改对国企改革具有示范突破带动作用，混改是改革的牛鼻子。

推动混合所有制改革当中，我们发现存在着信息不对称、未来不确定、地位不平衡等方面的困惑。导致这方面困惑的原因，主要由于国企地位强势，形势主动，处于主导，在地方调研当中，民企主要有五个方面的担心，担心国企和政府的诚信问题，担心市场竞争不对等的问题，担心混改项目虚化项目，混改失去话语权的问题等。国企和民企共有的心态是既怕混，又想混。国企通过混改在转换机制、放大资本、提高效率、实现发展方面，达成四重目标。民营企业也可以通过混改，放大机制，突破天花板等。只有混合所有制这样的形式，才能把在国企里面的资源、资产、资本表达出来的硬实力和民企的软实力进行取长补短。

混改的本质就是混、整、结、融，通过混改达到"1+1大于2"的目的，我们可以从内涵和外延两个方面来理解。从内涵来讲，从资本、资源、体制、机制的混合、整合、结合、融合，我们可以把它进化发展到合作、配置、优势协同的深化、优化、强化、进化。我们从规范公司法人治理、完善现代企业制度、形成市场机制、提高资本运营效率四个方面着力，最后达成股权结构多元、业务运行高效的目标。

混改的路径到底怎么选择？从目前出台的顶层设计来看，它主要是通过形式和原则两个方面来进行阐述的。从形式来讲，民企投国企，主要是收购股权、股权置换等方式，国企投民企，投资入股、联合投资、并购重组。在原则上是坚持"三个三"，就是我们说的"三因"、"三宜"、"三不"。不搞全覆盖，不设时间表。在现实过程当中，没有有效地解决好三个问题：机制融合性的问题、资本流动性的问题、操作高效性的问题。混改总体的特征表现在两个方面，在政策方面，以国资流失为底线；在操作层面，国企并不是"靓女先嫁"，整体推进，低于市场运行。

要做好混改工作，需要兼顾主导企业、参改企业等方面的目的、利益、诉求，还要融合资源资本、体制机制等方面的因素。资产的资本化证券化是最有效的途径。为什么这样讲？因为只有资本化、证券化才能改变内部人说了算，到市场说了算，市场才能够在社会资源配置中发挥决定性作用，也能在混合所有制企业当中，真正实现市场化的治理、决策、团队、机制和分配。资本化和证券化，要做好的话，也只有从产产资源的结合、产融资本的融合，把产业链、供应链、价值链等形成流动增值有效的闭环。

混改推进的模式是什么？混改推进的模式，关键的问题，要突破四大环节。达成混改的共识最重要，国有企业、民营企业价值要趋同才能扬长避短。第二，谋划混改的路径，结合国企改革当中的资本投资运营，要结合金融改革当中的建立健全多层次资本市场，只有这样的话，才能以资本为中心实现产融结合。第三，构建混合机制，转换我们的思维模式，从建立健全现代企业制度入手，做好公司制、股份制的改革工作。最后，放大混合资本，达成改制上市和整体上市。

推进混改的策略是什么？简单来讲，三分实施。

第一分区，一地一策，我们可以把发展水平较高、较落后、极发达和发达地区划分三个分区，除了遵循市场的基本原则，可以采取政府放权、政府引导、政府培育的模式。在路径上，要利用多层次的资本市场，根据不同的地区，采取充分利用、有效利用、合理利用这样的形式。

第二分类，一类一策，根据国家对国有企业准确的功能定位。对公益类企业，就是引导规范。我们混改主要的范围应该放在竞争类，应该稳妥推进，通过上市，把企业真正建设成为合格的市场主体。

第三分层，一企一策，把市场竞争比较充分、层级相对比较低、成立时间比较短、规模体量比较小、历史遗留问题比较少的这类企业，首先拿出混改的范围，通过改制、剥离等方式达到目的。

混改以后通过三级提升，达到共同体。从第一层次的资本的混合组成利益共同体，提升到中层次的资源整合、体制的结合，形成责任共同体。再提升到高层次的机制的融合，实现命运共同体。怎么实现命运共同体？要实现命运共同体，就要实现三个转变。

第一个转变就是经营载体的转变，主要解决经营什么的问题。要把过去固定低效的资产，转变成流动增值的资产。转变的方式有两种，一种既可以流转运动增值，以资本为纽带，加快流转防范风险实现增值。第二，积极推动股东和价值管理，以价值为核心，改善治理优化决策，提升业绩。

第二个转变，领导身份的转变，就是说解决谁来经营的问题。

要把混改以前的企业领导人经营管理者的身份,转变为混改以后的职业经理人和企业家队伍。要做到这一点的话,首先要做好用完全的市场化的选人,转换身份通道,市场化原则决定薪酬,加快建立退出机制,抓住这几点,建立健全职业经理人的队伍。还要以聘任制、契约制、任期制的形式解决选用人的问题。

最后就是管理模式的转变,解决怎么经营的问题。从过去资产的经营管理,转变到资本的投资运营。要做好这一点的话,我们认为主要做好四方面的工作。第一,在层级上,在管理机构、两类公司、实体企业里面做好监督和考核、投资与运营、经营与管理。在授权方面,做到"职权责利监"五个结合。通过管理规范化、规范制度化、制度流程化、流程信息化提高管理的高效性。要做好混合所有制改革工作,需要从混改理论的转变,引领混改方式的转变,从混改方式的转变,推动混改质量和效益的提高。谢谢大家!

吴联生:

混合所有制改革到底怎么改?大家还在摸索过程当中,李总对混合所有制改革,各个方面,多层次、多角度地进行了论述,给我们很深的思考,谢谢李总!关于国有企业改革到底怎么做?刚才我们三位嘉宾,从他们实际的经验角度来理解,光华管理学院的教授在这方面有什么独到的思考吗?下面请北京大学光华管理学院周黎安教授进行演讲。

周黎安:

今天是庆祝厉老师从教 60 周年的日子,我不是厉老师的正式弟子，但是 20 世纪 80 年代，我在经济学院读本科的时候，厉老师的所有课程都听过，从国民经济管理到经济史的课程都听过，我应该是厉老师的铁杆粉丝。

今天我跟大家分享的是关于混合所有制改革的思考。我自己的研究不侧重在国企改革，虽然我一直很关注这个问题，我觉得今天是一个很好的场合，跟大家一起交流一下。在过去 30 多年的时间里，国企改革的主线，80 年代是承包制改革，90 年代中后期"抓大放小"，很多国有企业退出竞争性领域。2003 年以后，国资委成立，代表所有者监督和管理国有企业。建立国有企业现代法人治理结构是一个重要目标，很多国有企业通过上市，借助董事会治理达到改善治理的效果，这是从国企改革来讲。

从政府和非国有企业关系来讲，过去长时间更多的是以招商引资的方式，包括 BOT（建设-运营-转让）这样的方式推动两者的合作。不管是招商引资，还是 BOT，你会发现政府和非国有企业，更多的一个是合作共赢，地方政府可以吸引民营企业来投资，增加产值和税收；民营企业通过融资和经营，给自己创造了更好的经营业绩，这是合作共赢。合作共赢当中，两方是相互独立的，双方都有退出权，BOT 也是这样的。基础设施的建设，政府以特许经营权换来民营企业投资、运营和管理，这也是一种相对独立合作。

应该说在以前，我们也是有混合所有制的，但它不是主流，不管在公共领域，还是在竞争领域。我们仍然看到这些国企和民企相互持股，但这不是主流，国企和民企更多的是在市场竞争。在石油、电力、军工都是国企垄断，在基础设施、公共事业，像城市的基建项目，也是政府通过投融资平台自己建设和运营，民企参与有限,这是混改之前它们相互关系的主线。

混改将带来什么变化?我们会看到有越来越多的经营领域向民企开放,会有大规模的国有资本和民营资本的融合。但是这里的融合最关键的是产权融合。如果我们说以前,就像刚才我说的,不管政府怎么吸引民营企业投资,那个模式更像恋爱模式,双方的地位比较独立,双方都可以退出。而通过以产权为基点的混合,意味着是结婚的模式。从经济学角度来讲,从竞争性的合作关系过渡到了双方锁定的、有点像双寡头垄断谈判的关系结构。

这样一来的话,我觉得从理想方面来讲,会带来一些好的东西,比如说国企,我们知道在中国这样一个特定的环境下,它享有很多政策、资源的优势,比如说融资,国有企业贷款通常不需要抵押,享受的利率还低,民企首先要有抵押品,利率还比较高。这样国企和民企之间有很多实力上的差别,国企在中国特殊的情况下享受了所谓资源的实力。我们知道民企在经营机制上非常灵活,代理人问题相对比较少,这样一来民企有经营优势。混改的意义在于把国企的实力跟民企的活力结合起来,这句话是中国建材的董事长宋志平先生说的。

因为有这种混改,国有企业的改革,可以由原来的管人、管事、管资产全面综合的管理,慢慢向管资产转型,国有企业借助民企做大增值。这样的话,可以不用参与到企业的具体管理,这带来了很重要的便利。

我觉得在混合所有制的发展过程当中,还带来了另外一个重要的转变。过去我们一直争论国企、民企的区别,争论是国进民退,还是民进国退。在国家法律架构当中,我们一直有关于国企和民企的意识形态标签。当混合所有制成为主体形态的话，从法律意义就不存在国企和民企，就是混合所有制。以公司治理、以股权的比例定义公司的特征，跟是民企还是国企没有关系。从意识形态角度来讲，从法律定义来讲，我认为这个可能代表了一个非常大的进步。国企职工特有的身份也不存在了。国有企业的职工身份问题，享受的铁饭碗，即使到现在也是存在的。民营企业跟国企合作的时候，在改制过程当中，并购国企最头痛的问题就是国企职工的身份怎么确定。混合所有制建立起来，职工的身份问题就消失了，对提高企业的经营效率也是很重要的。

混改当中最重要的就是PPP模式，这个为地方政府减轻债务负担，提高公共产品的提供效率，都是有很大的改善机会。如果把民企吸引过来的话，混改进行顺利的话，按照预想路线图推行会带来很多积极的变化。

混改也会留下很多问题和隐患，值得注意。李波先生提到了民企对混改存有很多疑惑，最根本的一点，因为在中国这么一个特殊的政策或者法律环境下，政府或者国有资本跟非国有资本是不对称的。不管从权力，从威慑力，从任何方面来讲都是不对称的，政府和国有企业处在强势，民企处在弱势，这个跟企业持股比例是不对称的。政府背后有很多隐性的对民企形成的压力，比如说公检法系统，对民企是很害怕的东西。不对称性的权力或者地位，为什么原来不是那么大的问题，是因为原来政府和企业的关系，或者国有资本和非国有资本的关系是竞争性的，双方可以各自退出。恋爱的时候双方不满意，大家就可以不谈了。现在是结婚模式，双方的退出就不容易了，政府这边的权力滥用会带来很大的威胁,会带来很多事后企业管理的问题,包括事前民营企业可能不愿意参加混改,这是非常大的问题。

还有一个控制权的争夺问题。国企和民企虽然所有制是不一样的,但是基本上都是一股独大。这些企业领导习惯一元化的领导,他们都是企业的绝对权威,这两个强势领导人怎么合作,双方都想控制这个企业。我的担忧是,混改当中非常重要的PPP模式可能会把地方政府的各种各样的问题放大。比如说政府在面对民企、面对社会资本的时候,它们的信用问题,承诺的可信度问题。因为政府权力很大,如果不给民企提供信用和承诺的话,对民企来讲,合作起来就非常困难。当年谈的合同,当年的承诺都不兑现,政府换届很频繁,前一届领导答应的事,后一届领导不认账。这种情况以后可能会经常发生。

政府关注很多目标,当这些目标冲突的时候,政府可能会牺牲企业的利益。PPP模式使一个公共工程可能跟政府多个部门合作,这里面有协调问题,部门间利益冲突的问题。PPP模式经营不好的话,政府各种官僚主义、形式主义、相互扯皮问题都会放大,比没有采取PPP模式的结果更差。以结婚的模式作为一个比喻,幸福的家庭是相似的,不幸的家庭各有各的不幸,这是需要我们考虑的。

怎么解决这个问题?在这个过程当中,给定政府的强势和民企的弱势,让国企的实力和民企的活力结合起来是当务之急。最关键的是怎么建立健全产权的保护,而且这里面更重要的是怎么做到同股同权,怎么保护各类投资者的合法权益。这对依法治国是一个检验也是一个推动。如果我们还是延续原来的政策或者法律的环境，我想混合所有制的改革可能会遇到很大的困难。

还给定政府的强势和民营企业的弱势，有一种可能的安排对双方都有利。在商业领域，不属于国家的垄断行业，或者不关系到国计民生或者战略意义的行业，国有资本可以采用优先股，让国有资本保值增值，或者扮演财务投资者的角色，这样可以和民营企业实现稳定而且有效的合作。

最后还是要打破行业的垄断，引入更多的竞争。国企改革的核心就是怎么让国企和民企在一个竞争环境当中建立一种建设性的合作关系。我就讲到这里，谢谢大家！

吴联生：

谢谢周老师。周老师给我们讲，混合所有制的改革，好在哪里？国企的实力加上民企的活力，但是如果没有达到这样的目标的话，可能我们在混合所有制改革过程当中，也会存在很多的问题，周老师在这方面有很多的担忧，包括怎么解决，也有他独到的思考，谢谢周老师给我们带来的精彩演讲。国有企业改革的问题到底怎么改革，仍然是很大的问题，接下来希望大家和四位嘉宾共同研讨我们怎么推进国有企业改革，下面请四位嘉宾上台就座，进行圆桌讨论。

我先替大家问一个问题，听听他们的意见，接下来大家有问题，可以进行发问。刚才我们提到国有企业改革，实际上无非就是原来我们要做市场化，混合所有制改革。实际上无论怎么改革，我觉得我们有一个点是最基础的，我们国有企业为什么改革，就是因为效率不高，所以采用市场化的方式，混合所有制的方式,希望把民企的活力加入到我们国企当中,提高我们国有企业的经营效率。如果是这样的话,就很大了,我们把所有国有企业都民营化就行了,但是为什么还要有国有企业,显然国有企业肩负着它的历史责任。在关乎国计民生的行业当中,一定要有国有企业,没有国有企业,都是私有企业的话,我们公益性的东西由谁提供?我们国有企业需要解决的问题,怎么解决公益性和效率之间的矛盾问题。就这个问题,听听我们四位嘉宾的意见。混合所有制、市场化都是采取某种具体的方式,后面怎么解决公益性和效率的问题。

程志强:

我认为国有企业改革的核心内容要激发它的活力,让资产进入资本市场,真正实现市场化的价值。更主要的国有企业的改革激发每一位在岗人员的活力,这是国有企业改革里面重点研究的问题。第二,国有企业改革里面,要做好创新意识的改革,这个和人是有紧密相关的。在创新理念环境下,如何提高国有企业在岗人员的活力,这是国有企业改革当中的主要内容。现在很多央企存在着一种大锅饭的现象,甚至个别央企出现一些政府病或者是央企病的现象。每一名员工都按照固定的动作去维护好日常的工作。但是在企业和发展战略转型过程当中,企业的员工想得少,为什么呢?因为有风险,一旦有风险,怎么办?没有一种合理的规避风险的保障机制,这里面有一种可能,我们国有企业领导说了算,甚至有一些员工,没有参与企业的发展战略的制定等。上下的信息也不对称,这都是在国有企业改革当中的一些风险问题。

我也感觉，国有企业重点的问题是要把改革的战略和创新的战略与人员的激励机制有机结合起来，就是要推行市场化的职业经理人。战略制定和职业经理团队分两级，上级是政府任命监督管理，下级是市场运作监督管理。

我们举一个例子，我们国家电网公司，我去的时间不长，也在学习的阶段。现在推出全球能源互联网的概念，这是电网公司在多少年正常工作下，提出了转型的新的战略机遇。按照全球能源互联网9月26日，习主席在联合国峰会上倡导和建议，我们迅速要抓好落实。国家电网伟大的战略是一种国家使命，我们国家电网的高端技术水平进入了世界，我们国家电网在新的环境下，按照世界规律再造一到两个国家电网规模。在这种情况下，国家电网人员积极向上的进取，对资产的经营、企业的管理制度都有了新的理念和撞击的火花。国家电网上上下下全体员工，要高度认识改革当中对电力行业带来的活力。

我们利用这种理念和机制也是在改革当中的一个重要的砝码。全球能源互联网是以特高压技术和智能化的手段洁净能源的输出，有一千公里，两千公里，甚至到五千公里送电的技术，我们把北极的风电、赤道的水电都可以送到全世界各地。将来我们可用的资源，80％是绿色资源，是用绿色能源发出来的电，我们的灯泡都是"绿"的。换句话来说，全球的互联网，把我们全球人变成互联村，全球能源互联网，把全世界变成亮亮堂堂的互联网村，这就为世界的和平、为世界能源革命带来一次伟大的变革，切合习近平提出的四个革命理念，包括十八届五中全会提出的五个发展方向的理念，和谐、绿色、协调、共享等。关键是创新！在改革当中，只要国有企业或者民营企业把创新理念抓住，我想我们中国企业，一定能够走在世界企业发展的前列，我们的技术和装备能在世界上得到全球人类的共享，这也是为我们社会做贡献。

吴联生：

最重要的是解决已有体制下，怎样让我们员工都能参与到我们整个管理当中，或者让员工拥有一定的股权，有了股权以后，就有积极性创新了。有股权以后，效率真的会有提高吗？我不知道，可能真有所提高。

童光毅：

我还是结合我们行业谈一下我的思路。其实刚才我介绍的时候已经讲过了，电力行业或者能源行业更多地要走市场化的道路，市场化道路的目的，就是要提高相对垄断的系统里面，各个环节的效率。如何能够走到市场化这条道路上去呢？我们这个环节里面很多的企业，都是国有企业，而且我们的机制也和市场的机制有很多不适应的地方。比如说价格，它是由国家定的，比如说企业，都是国有的。我们的用户可能对价格敏感，但是他又没有办法和市场叫板谈价格。这些问题都说明我们环节里面没有市场化会带来很多问题。一旦改革推进以后，市场化形成的过程中，最要紧的就是让市场主体能够有效形成。市场主体如何有效形成？那就是对国有企业进行改革，要培育对价格信号敏感的市场主体，这也就是说，我觉得在这个系统里面要进行混合所有制改革，要培育更多的私营企业进入到这个领域里来。让这个环节里面的这些企业，都有以家谋国的情怀和担当。

也就是说对自己产品的成本要有敏感性,对自己的价格应该有真正的感受,真正能为社会提供一个清洁、高效、廉价的能源和电力。只有这样的企业,才能够为我们国家未来的发展,提供更加强劲的动力。我觉得混合所有制更强调在国有企业里面的股权和股份,让这些企业对市场的价格更加敏感,这应该是我们改革的主要方向。

吴联生:

市场化,国有股份要降低,这样活力才会更强。

李波:

谢谢主持人。我想从两方面来讲国企改革。实际上国企改革一直在改。我们这次国企改革叫进一步改革,或者叫全面深化改革。怎么理解这个问题?实际上这一轮国企改革达到的目的就一个,就是使国有企业真正成为市场主体,因为市场主体有三个层级:合格的市场主体、优秀的市场主体、卓越的市场主体。这一次只是要求国有企业达到最低级,真正成为一个合格的市场主体,怎么做到这一点?国企所有的问题归结到一点是两大问题:活力问题、效率问题。也就是说这次提出解决这些问题的根本点,也在两个方面,第一个是对内建立健全现代企业制度,对外要进一步做好市场化的经营机制方面的工作,这是我想讲的第一点。

第二点,这次国企改革怎么改?国企改革是系统工程。简单来讲,我们除了改善和加强党对国有企业的领导以外,真正地着力四个点。第一,建立不同国有企业的功能定位,把国有企业功能定位出来,哪些是公益类的,哪些是功能类的,哪些是竞争类的,赋予它不同的改革方向和策略。第二,建立健全现代企业制度,就是说做好两制工作,一个是公司制改革,二是股份制改革。第三,一定要改变企业领导人员的管理方式。过去国有企业叫领导人员,最后有了一定的进步,公司制以后简称为经营管理者。下一步,这次提出来一个新的词叫职业经理人,但是最后又说了职业经理人一定要向企业家队伍发展。第四,积极发展混合所有制,就是刚才我给大家汇报的内容。最后一点要改变或者有效加强国有资产的监管体制,在这一点上,这一轮国企改革当中,把国有企业的体制,以管人管事管资产,转变成管资本为主。整个国企的体制,核心的内容是两句话,第一句话就是我们现在由国有企业的监管体制有两个层级,发展为三个层级,原来是国资委、国有企业,现在是国资委、国有资本投资国有企业或者说运营公司,我们渝富集团就是国有资本投资运营公司的试点单位。第二讲的是经营性国有资产全覆盖,不管国有资产是在国资委的,是在财政部门的,是在宣传口的,是在文化口的,是其他产业部门的,最后要达到国有资产全覆盖。因此国企改革是系统工程,要做好这个工作,还有很艰巨的路要走。谢谢!

周黎安:

关于国有企业跟民营企业效率差距,其实这不是中国面临的问题,这应该是全世界的难题。因为这个很好理解,因为民营企业委托人可以监督代理人,但是国有企业没有委托,全是代理人。国资委也是代理人,这样的话,代理人监督代理人,委托人的利益在哪里,这是很简单的问题。从这个意义来讲,国企改革改成民企一样的活力是不可能的，国企的设置本身就是弱激励的体制，民企是强激励的体制。为什么国企存在？因为不仅仅是公益领域，还有长期的基础设施。我们中国的基础设施，不管是高速公路也好，还是电力能源也好，港口、机场，这些都是优先经济发展之前就打造的基础设施，这些基础设施投资收益非常漫长，你让民营企业进入这个领域它们是不愿意的，因为弱激励，在乎社会收益，不在乎经济利益。从这个意义来讲，国企还是有它的功能在里面的。

现在不管怎么样，国企的低效率一直是它的问题。怎么解决这个问题？我觉得一个办法就是说，怎么尽可能把国企，确实把它缩小到不断退出竞争性领域，把它缩小到纯公益的项目，或者纯基础性的带有很长的投资收益的领域，或者真的涉及国家重大战略的领域。因为我们知道它是低效率，弱激励放在带着国家长期发展战略的领域。在石油、电力、军工还有很多领域可以变成竞争领域，它并不是公益性或者真正影响国家战略的领域，这些方面我们还有很多工作。国企工作相当一部分要打破行业垄断。

国企要占据主导，我们要引入民企，尤其是政府还有很多公共工程，以前是国企直接经营效率比较低，现在引入社会资本进来，这时候还有一些怎么提高运营效率的问题，这个可以通过竞争性的招标，要提出更加有效的方案，谁的方案有效就选择谁，这块还是有它的余地的。

刚才讲的政府和民企怎么在股权结合上形成真正的共赢，这个里面对政府提出了很多的要求，对我们的法律政策提出了很多的要求，我觉得这里面还有很多改革的空间。

吴联生：

我听了四位嘉宾的演讲，我得到了一个初步结论，国企改革怎么改？就像我们讲的公益性或者重大基础设施，这里面如果都让民营做，是提供不出来这样的东西，我们需要让国企做。但是由于国企的机制，本来就是这样的机制，不可能像民营那样有那么多的活力和激励所以那么高效率。国有企业改革，很重要的一步，不属于国有经营范围就让它效率最高，应该属于国有企业经营范围的，比如说关乎国计民生的，基础设施的，像这些我们国有化。国有的企业在这块领域当中到底怎么做？就像刚才各位讲到的，我们要引入我们管理层也参与整个管理过程当中，我们用创新带动我们国有企业的发展。所以我想，这个问题可以分为两个层次来理解，这可以算是我们今天讨论的结果。

提问：

我想问一下，淡马锡的改革适合我国国企改革吗？

李波：

渝富集团就简称重庆的中金、中汇、淡马锡。现在网上讲，这轮国企改革的方案，实际上就是按照淡马锡的模式推进的。应该这样讲，这轮国企改革的方案有一些思维、有一些思路，是参照或者借用了淡马锡的一些理念、一些运行的模式。但是也有一些结合中国实际不相同的地方。淡马锡的核心内容是什么呢？简单来讲，它是如何把政府的主权基金，通过市场化的方式，把它真正发挥到最大的效率，是解决这个问题。渝富集团作为重庆地方最大的投资平台，现在出资企业55户，自己本部资产 1750 亿，管理资产超过 1 万亿的这样一家特大型的国有企业，实际上简单来讲，也是在履行重庆市委、市政府重大的发展战略。在履行实施这些重大战略过程当中，尽量多地赋予它市场化的手段，也就是说，把政府交办的任务怎么转换成市场化的经营业务，在这一点上下功夫。

提问：

我们知道去年有一个很大的混改的事件，就是中石化销售，30%引入民营企业，包括腾讯，大概有 25 家成为了中石化销售的股东。我想请问专家们，你们觉得这个混改是成功的还是不成功的，这是第一个问题。第二个问题，虽然引入了 30%，但是还是控制了 70%，你们觉得我们国企还是会以国有控制为主，还是说将来有可能会退到 50% 以下？

程志强：

国有企业改革，刚才我在前面报告里面讲了，不是说所有的企业一混就能好的，一改就能好的。去年石化有这么一个典型案例，我也很关注，我希望这个案例肯定能成功，但是在这个过程当中，它是根据企业的发展战略，根据中央的有关法律和政策来制定的目前的混改路径。国有企业改革的股权比例，或者股权方式，它只是在企业改革过程当中的一种路径，至于多与少，首先要根据企业的发展战略确定。在这个前提下，我感觉引进了民营战略投资者，实际上更主要的是引进了民间资本的灵活度。在这种前提下，要解决一股独大的问题。

我在国有企业改革研究过程当中，还提出一个理念，我们的央企更主要的是内部一股独大的问题,一个人、一个股东说了算的问题。这样的话,我们也创造国有企业和国有企业之间相互参股。像渝富集团的模式,它们控制好多集团公司,或者下属行业企业,不是说它就是绝对控股,它是第一大股东,它参与或者主导企业的发展。这样民营企业在这个过程当中,不会受到排挤,或者民营企业进入这个行业不会受到利益的转移风险。国有企业引入民营企业,就是利用民营企业的机制和灵活度。民营企业需要国有企业的品牌、资金优势、设备影响力,它的科技和人才,这是民营企业需要吸纳的。我相信国有企业改革过程当中,股比关系,不是国有企业改革的障碍,而是一种润滑剂。通过股比的融合,使理念、资本按市场化的规律,实现产品的社会效益最大化,这也是我们改革的初衷。

提问:

第一个问题,刚才您讲电力体制改革,是不是有一个时间表?第二个问题,新能源这块占比越来越大,弃光、弃电、补贴,强调3年到位,这个可能影响投资方的利益?

童光毅:

我介绍一下"三一三",它就是中央9号文件,已经出台了。文件的执行正在编制配套文件,也会比较快地出台。电力体制改革,市场化的进程是不可逆转的,是必然要实施的。第二个,你提到的新能源,目前有弃风、弃光的现象,因素有很多,大部分都以为是电网配套不完善,有这样的原因。现在新能源的建设,技术的发展,新能源建设的速度比较快,项目一审批大概两三个月,风机就可以装起来了,最多半年内就出来了。但是大家都知道,我们电网的建设可能相对滞后,从现在来看,电输不出去。

实际上也有更深层次的原因,比如说今天上午,我们看到用电量增长的速度,比预计要慢很多,市场没有客观的需要,这也是一个原因。再一个就是有一些点,比如说风能和太阳能比较丰富的地方,用电需求反而比较少,而真正需要用电的,像江浙、华东、南方一带,用电量比较多的地方,新能源并不是很多。但是广东没有发生弃风、弃光的原因。我们正在结合"十三五"规划,对这一系列因素做系统的调整。至于说补贴,因为发展速度比较快,补贴肯定有,但是迟早都是要补贴到位的。

蔡剑:

周老师提到关于委托代理机制问题。国有企业的三权监督不是完善的监督,所有权、监督权、经营权,这个问题没有解决的话,这是国有企业改革当中不可回避的问题。

周黎安:

我们希望有一个国资的监管机构,底下有资本投资运营的平台。我们希望国有企业,包括在投资平台引入更多的市场化的机制来操作,但是国资监管机构怎么考核这些投资的收益,是不是完全按照像淡马锡那种做得比较好?他们更多地侧重在经济上的指标,严格上来说是按职业化、市场化的管理,包括人才的选聘。我觉得中国的问题,国资企业跟政府在一起,国资委虽然代表国企的所有者,但是也是一个行政机构,国资委对国企的改革,对国企的监督,跟以前政府对国企的监督,我觉得干预程度并不逊色,我想这就是中国改革的难度。国企改革跟政府改革是连在一起的,国企嵌在政府的部门,所以委托、监督、代理很困难。这次改革的目的,我要把国企的层面,把投资层尽可能引入市场化,从管人、管事、管资产到管资本,就是最大限度避免国企改革的传统弊端,管人、管事、管资产,国有企业的低效率就来了。这次改革想把最终的控制放在最高的层面,而不是直接涉及企业经营、运作的效益,在经营和运作上尽可能市场化。这个问题没有办法从根本上解决,只能怎么避开它带来的负面的影响,而让国有资本和国有资产尽可能增值、保值。

吴联生:

没效率就是没效率,但是把没效率控制在一定的范围内。这个阶段圆桌对话到此结束,谢谢四位嘉宾。接下来我们进行第二阶段的讨论。我们主要关注的是民营企业怎么转型,怎么发展的问题,同时我们也请来了四位嘉宾。首先我们有请综艺股份有限公司董事长陈义先生发表他的演讲。

陈义:

各位大家好!刚才几位,有来自国家领导部门的,有地方领导部门的,还有我们专家教授,国企改革讲得很丰富精彩,把握精准到位。我来自民营企业,我在北大十来年,在央企十来年,一开始进入央企的核心决策层,现在在民企十来年。现在我们的公司也有跟国企合作的,现在叫混合所有制,其实很多年以前我们就有,由我自己控股的,也有我们参股的,是国有企业,是控股股东的。搞了这么多年,谈谈我们民营企业的想法。

第一个不好玩儿,第二个后面尽量不玩儿,这是我们民营企业的心态或者想法。我觉得我们四兄弟非常有智慧,所以未来的国企改革,在混合所有制这方面,总体来讲,我觉得是比较艰难的,但是刚才四兄弟想了很多办法,在国企自身内部进行改革,我觉得这是比较好的。

我今天讲的题目是"民营企业转型的实践与思考"。我把我十多年在民营企业干的东西跟大家做一个汇报。我离开北大的时候,我基本上就是一个书生,我在北大出版社工作,编书,我在光华管理学院开课教书,我自己也写书,在厉老师的指导下前前后后出了十几本书,写了将近两百万的字。到了企业,第一不写东西,第二不上台讲话。祸从口出,讲多了很容易出问题。

今天是厉老师从教 60 周年的庆祝活动,我不得不来,因为 10 年以前,厉老师从教 50 周年搞过一次活动,当时厉老师找不到我,给我们筹备组打了 3 个电话,一定让他们找到我过来。上次厉老师 80 大寿的时候,一些师兄弟一起出了一本书庆祝老师 80 大寿。老师让我写一篇东西,我帮你改。我是老师里面很不成器的学生,因为自己觉得不好意思。实事求是讲,学无所成,亦无所就。老师说我为了你的文章,把整个书推到生日前一个多礼拜才付印,搞得我无地自容。这次筹委会又让我来讲一下。我把我自己的东西,跟各位学长,师弟师妹,和我自己的工作经历及想法跟大家做一个汇报。

刚才我讲了,工作分三个阶段,现在我工作的企业就是一个乡村企业,叫江苏综艺集团,是 1987 年成立的,当时村里面,书记把农民家里缝纫机搞起来的,我从北大搞到央企,然后又到村里了。这个企业争议非常大,大家去网上搜一下是争议比较大的企业。1989年我加盟这个企业,它是中国改革开放30多年的典型岁月,第二综艺的过去是中国的未来。

讲这个公司从一个村办企业,发展到现在国际性的、以高科技为主的投资集团,从一个几台农民自己家的缝纫机,到几百亿净资产规模的企业。这个过程,而且是一个非常精彩的过程,不仅仅是资产规模扩大了,更重要的是这个企业在中国的土地上创造了若干个第一。它是中国第一个上市的乡村企业,1993年开始做上市公司,1996年上市,我们代码是600770。它是中国第一个真正的互联网企业,8848。中国的互联网,主要讲互联网历史绝对离不开8848,中国互联网第一批优秀人才都是从8848里面出来的,这是我们的子公司。中国最大的正版软件销售企业也是这个公司的,以前是联邦软件,现在没有了,因为软件销售全部网络化了。

中国人的第一颗芯片,也是我们这个公司设计出来的,叫龙芯。现在我们有4家集成电路企业,都是在国家各个领域里相对比较领先的。它也创造了世界投资史上比较大的奇迹,是不是最好的奇迹,你们再去研究。洋河,投资了1800万左右,最高的利润市值,现在我们还没有完全套现,达到350亿的收益。现在国内最大的绿色食品牛奶企业叫辉山也是我们投资的。另外我们在主板里面、在创业板里面、在中小板里面有10家公司成功上市。应该来讲,包括现在世界上,比如说最大的电站,美国最大的光伏电站都是我们公司所有的。现在我们投资了一些生物医药,包括辉瑞的前总裁,克林顿班子的负责人,都是我们两家生物医药公司的总裁。这个公司,虽然说是一个乡村企业,但是经过不断发展,创造了很多很多第一。包括我们创始人、董事长，十六大的时候，全国四个民营企业家代表之一，中央电视台唯一一个以现代企业家为原型拍了电视剧，在中央电视台放了。

哈佛大学研究过这个案例，我想光华也应该研究一下我们的案例，作为案例研究是很有意思的事。这个企业像一个大杂烩，为什么像大杂烩，就跟转型有关。这就是跟我们第二句话有关，为什么说综艺的过去就是中国的未来。很重要的一条就是说，综艺这个企业之所以发展到今天的规模，就是靠它不断转型。最初的时候，是一个农民服装加工企业，当时规模很大，一万多工人，一年出口八百多万套服装。第一次转型的时候，要上市，因为服装企业不能上市，你是缝纫机，讲故事都不好讲。我们搞了集装箱底板，高新技术，我们国家不能生产，所以用外汇购买。为了上市，我们当地市委、市政府领导亲自挂帅，6个月整个工厂转起来。实际上是传统的乡村，纯粹的农民企业，向现代化流水企业第一次转型过渡。

第二次转型，从上市以后，这个老板就感觉到，我们凭什么制胜，我们每年服装几百万进入外国世界，我们的集装箱板质量也是很好的，国内有很少有钱的人买它，因为比国内的产品贵很多。我们靠劳动力便宜、水电等各种原材料便宜，还有政府的政策，但是这个是不可靠的，没有核心竞争力，所以就转型。所以到北京投资信息产业软件企业，第一次收购了联邦软件，《人民日报》发了一篇文章，这个企业当初的村叫黄金村，所以有一篇是从黄金村到中关村，第二次转型向信息产业转型。信息产业转型以后，在北京一共部署投资了10多家信息产业的企业，基本上形成了从信息技术、信息服务、信息应用到信息终端产品的信息产业链，刚刚讲的联邦软件、龙芯，包括我们超导，包括高科技的军工的东西,都是在这个领域里慢慢布下来的。

布下这个以后,第三次转型,第三次转型过程当中,就遇到了非常大的困难,尽管在这个过程当中,它投资的企业有 10 家公司上市了,10 家公司上市套的钱再投入到高科技企业里面,但是高科技是什么样的概念,好多同学觉得高科技是好东西,确实是好东西,对国家来讲,对民族来讲,对我们每个人来讲都是好东西,但是对企业来讲高科技是非常痛苦的东西。不赚钱的就是高新技术,真正赚钱的技术,一定是成熟技术,只有成熟的技术才能赚钱,高新技术是不断投入,不断培育,然后在某一天突然成功了,你可能获得巨大的收益。但是高新技术投资失败率是非常高的,百分之六七十、百分之七八十失败了,全世界这么多做高新技术,就你成功,不那么容易的。

我 1989 年想加入这个公司,这个公司遇到了严重的困难,这个企业也是九死一生才到今天的位置。为了九死一生,就是因为投资高新技术。为了这个,我们再次转型,就转到太阳能。2008 年的时候,往太阳能方向转。当时是市场最大的,当时我们在欧洲做光伏电站,基本上做一瓦达到 5 欧元的净利润。这时候又转型到光伏,但是光伏地面我们没有赚到应该赚的钱,因为大家都知道光伏市场发生的变化。

前两年的时候,我们觉得光伏是重资产的东西,不适合我们产业发展,跟我们企业经营不一致,我们再次转型,转型到移动互联网。我们从去年开始搞了 4 个彩票公司,收购的 4 个彩票公司,我们变成全国最大的互联网彩票企业。我们收购了手游公司,我们从这块出发,但是这块受到国家政策的影响,第二我们中途在企业内部,思想观念上有非常大的分歧,我们做移动互联网的时候，全中国还没有动静，全世界刚刚开始，到现在移动互联网基本上没有机会了，我们想做平台，这是我们第四次转型。

现在应该是我们这代人最后一次转型，想往跨国投资公司集团方向转型，这可能是我们最后的一次转型。我们的投资方向，信息产业，以集成电路设计为主的信息产业、生物医药、绿色食品、清洁能源、金融投资，基本上是五大板块。都是现在比较时髦的东西，但是这些东西在若干年以前，我们都已经进入到了这个领域了。所以很多人都讲，因为我们还有上市公司，上市公司很多股东讲，综艺做什么，市场什么东西时髦，你就干什么？我说你错了，综艺做什么，过几年市场就会时髦流行什么，这点大家可以研究。之所以成功，也是取决于战略规划能力，新人办公。这是公司的大概的基本情况。

下面我简单讲几点体会。第一点就是转型，现在大家都在讲转型升级，人人都在讲，但是转型和升级是完全不一样的东西。转型是遇到危机的情况下，不得已的情况下，被迫做的一次行为。转型是企业发展当中的一次飞跃，是非常危险的、高难度的动作，也可以说是一种革命性的东西。转型完了以后企业就要升级了，但是对原有企业产业来讲完全是不一样的。升级这块，主要是在原有基础上不断提高就可以了。从国家来讲，我们觉得就是说，中国的未来取决于我们未来5—10年里面。全民，或者全国的企业有多大程度上能够实现转型升级，不一定所有的都转型，大部分是升级，但是一部分，你这个行业遇到危机了，企业核心竞争力丢失了怎么办？只能转型，你就转型去。

如果说我们这次转型过程当中，我们国家转型升级已经提倡 20 多年了,一直没有成功,为什么?我们对转型升级的认识是不清晰的,从上到下都不清晰。国家决策层不清晰,我们企业也不清晰,所以搞搞就变了,我认为一直在摇摆。

第二,民营企业转型的特殊性。民营企业和国企,国企也可以转型,但是国企转型比民营企业更难,为什么民营企业转型相对容易呢?第一,民营企业对市场的变化是最敏感的,第二,民营企业的机制是最灵活的,第三,民营企业自主性很强,老板一个人说了算,效率非常高。但是民营企业有一个问题,控制系统、决策系统,相对来讲也是最系统化的,变来变去,这么变也容易,那么变也容易。

民企现在已经遍布中国大半壁江山了,无论是就业也好,还是 GDP 来讲,从实际经济增长能力来讲,民企的转型升级实际上对中国经济拉动,我认为比国企拉动影响更大。民企更有动力、更有能力进行转型。

第三,转型不好玩儿,基因很重要,条件很苛刻,成功不容易。现在大家都看到,哎哟这个企业一转型很漂亮,叫华丽转身,但是华丽转身的背后叫凤凰涅槃,雄鹰再升,是非常艰难的,对企业基因要求是非常高的,不是每个企业都能转型成功的。民营企业的基因基本上是老板的基因,老板的基因里面,包括老板的性格,你的智慧,智慧来源于知识和实践,来源于胸怀、境界、战略规划能力等,这些东西对企业转型都是非常重要的。因为我经过几十年的实践,我以前在北大曾经想开一个组织行为学,或者叫管理行为学,所以我对心理学、行为学进行研究,我也试图通过我的努力改变老板的个性。经过长期实践证明,人的性格是不可改变的。从条件来看,一个是基因,第二个是你要有很好的战略规划能力,你比别人看得更远,你才能提前发现危机,你要有很好的战略眼光和战略规划能力。你要把握好这个方向,哪个方向有前途,转错了就转到陷阱里面去了。要选择很好的路径,同时进入时点也很好,快人一步就死掉,快人半步就是领先。有一定的经济实力支撑,转型过程传统企业会往下走,会不赚钱。要有自己的核心竞争力,一定是你自己非常懂得的地方。我们以前说只做对的,做懂的,不能说这个东西不懂,这个事是很好,我们说集成电路很好,但是如果你一点不懂就投你肯定死掉。

考虑好公司文化是不是适合转型,转型过程当中,会遇到哪些利益冲突。转型就是一种革命,原有企业这条组织和人马,基本上都要更新或者要作废,这里遇到的阻力是非常大的,如果不考虑这个因素,直接转型,尽管提的东西很好,但是你还是会被这些阻力淹没。

第四,转型的方式,转型最好的方式是另起炉灶,逐步嫁接平移。

第五,资本市场是企业转型的重要阵地。因为转型的时候,需要大量的资金支撑,同时转型也是一次革命、一种冒险,而且是巨大的冒险。冒险的资本在哪里?资本市场,资本市场是最爱冒险的。转型没有资本市场支撑,靠原有的东西转型是非常困难的。我有一个企业,现在能赚 10 个亿的利润,我拿出 2 个亿可以。但是这种转型,对你整个企业的发展,没有太大的补助,不能实现整个企业的转型。

时间关系,我就给大家介绍这么多,大家有时间、有机会的时候,欢迎大家到公司来,说得不对的地方,请大家批评指正。

吴联生：

我觉得咱们陈总特别的谦虚，如果大家都能把乡村企业做成上市企业，我觉得咱们也就可以了。他一路走过来，就像他自己说的一样，背后都是很苦的，每一次的转型，都经历了很多的挑战，也有很多的经验心得，由于今天时间非常有限，陈总没有展开来论述，如果大家对这方面有兴趣，等一下接着问陈总问题，你会有机会到综艺股份看一下。下面我们请泰康人寿助理总裁宋宏谋先生发表演讲。

宋宏谋：

尊敬的吴联生院长，各位老师，亲爱的同学、朋友们，大家下午好！首先再次祝福我们亲爱的厉以宁老师和何师母身体健康，幸福如意！今天上午我们在美丽的北大校园聆听厉老师和各位老师的精彩演讲，实际上是又一次的思想盛宴。根据分论坛的要求，我在这儿跟大家分享三方面的内容，第一是关于中国保险业发展近况，第二是保险业在推进我国医疗养老事业发展方面最新的发展，第三我跟大家简单汇报一下泰康人寿做的一些工作。

我们国家保险业近几年迎来大的发展机遇期，去年国务院出台《关于加快发展现代保险服务业的若干意见》，为保险业创造了前所未有的大好的政策环境，在去年发展的良好基础上，今年前三季度，我们国家的保险业应该说又取得了更好的骄人成绩，保持了大好的发展势头。前三季度保险业收入同比大涨近两成，同期预计的利润同比涨幅接近100%，实现保险保费收入19041亿元，同比增长将近20%。保险业资产总量已经达到

115780亿,比年初增长14%,预计的利润前三季度2440亿元,同比增长95.5%,涨幅将近一倍,健康险同比增长45.7%。保险业随着政策环境的优化,保险公司不断开拓新业务。我们民生类的业务发展态势非常良好,保险业创新渠道的业务保持了高速增长,整体的收益率水平明显提升。同时保险公司的资金运用也是不断调整结构。截止到三季度末资金余额达到103935亿元,比年初增长11.4%,保险业处于快速发展的黄金机遇期。去年以来我们保险公司,特别是寿险备受瞩目,泰康人寿、平安保险、安邦、浅海人寿,很多民营保险公司不断创新,在国内和国际频频亮相,取得了很好的业绩。

大家都知道,昨天晚上恒大踢球的时候,突然打出恒大人寿的球衣,我们看到微信圈里有一些小的纠纷事件。但是不管怎么样,这也彰显了我们保险业的热度,这是我给大家汇报的第一个内容,保险业的发展概况。

第二,我结合学习"十三五"规划建议,简单就保险业下一步的支持,我们国家经济社会发展,特别是在医疗养老这个方面,我跟大家分享一些我的看法。党中央、国务院确实非常重视我们国家的保险医疗养老事业的发展。我们都知道,十八届三中全会通过重大问题决定,对推进医疗、养老保险事业都做出了重大的制度性安排。习总书记在去年视察养老机构的时候,也曾经强调要让中国所有的老年人,老有所养,老有所依,老有所乐,老有所居。国务院出台的《关于加快发展现代保险服务业的若干意见》等,明确提出支持保险机构投资养老服务产业,支持保险机构参与健康服务业的产业政策,设计医疗机构和参与公立医院的改制。五中全会推进健康中国的建设,应对人口老龄化的行动，通过购买服务等方式支持各类市场主体增加养老服务和产品供给。

11月10日习总书记在中央财经领导小组会上强调，适度扩大总需求的同时着力加强供给侧结构性改革，11日李克强总理在国务院常务会议决定推进医疗卫生和养老服务的结合，更好保障老有所依、老有所养，强调了医养对接，鼓励社会力量办养老机构。

现在我们有两组数，一个就是随着社会发展，我们国家的老龄化是我们面对的巨大的挑战，预计到2020年，我们国家60岁以及60岁以上的老人数量将超过2.5亿，就是说，占我们总人口的比重将近20%。另一方面，我们家庭的结构趋于小型化，"421"的形式。老年人的养老需求日益多元化，社会养老服务需求预计进一步地分化和升级。第二个数，以养老的床位来说，截止到2014年年底，我们国家各类养老机构的床位数是577.8万张，但是距离到2020年，我们国家社会养老床位数达到每千名老人有35—40张床位的目标，我们还有多大的缺口？我们还有273万—392万张床位的缺口。应该说需要进一步放开养老市场，加快建设一批高质量的养老机构和服务设施。所以这个对机构养老提出了很高的要求。

我结合这个简单报告一下。机构养老现在是我们养老人依托社会专业机构养老的一种养老方式，具有专业化的优势，尤其是中高端养老是满足改善性养老需求的有效方式，机构养老通过专业化、规范化，虽然它直接服务的对象数量不多、比例不大，但是示范引领、专业培训、功能事业、品牌输出的作用更加突出，设施、人员技术上更具突出。

医养融合的大环境下，保险公司，特别是人寿保险，始终在关注人的生老病死，通过投资可以形成保险加医疗加养老的产业链。随着我国经济进入新常态，针对解决医疗结构不合理，养老资源严重不足，以及医养服务巨大缺口的问题，需要政府、企业和社会各界共同努力，努力提升服务效率和实现资源的节约，扎扎实实推进医养融合的崭新服务模式，全力推进我国经济转型升级、养老和现代服务业的发展。

第三，我跟大家报告一下，我们泰康人寿在近期取得的重大成就。泰康人寿是我国第四大寿险专业的金融服务集团，我们管理的资产现在已经超过 8000 亿，我们服务的人口，我们的客户已经超过了 1 亿。我们管理的企业资产已经达到 1200 亿元。公司始终坚持走专业化道路，深耕寿险产业链，现在有三大业务板块，一个是保险，第二个是资管，第三是医养。总之是致力于服务，为我们日益增长的中产阶层人群和家庭提供持续一生的健康和财富的管理与服务。我们总公司旗下有 5 家子公司，泰康资产、泰康养老、泰康之家、泰康健康管理，还有我们在 18 日刚刚开张的泰康在线，就是我们的互联网财产险公司。

我们都在全面推进活力养老、高端医疗、卓越理财、终极关怀的四位一体的大系统工程。着力实践医养结合，在连锁养老、社区建设、养老康复和长期护理服务、参与公立医院改革、建设我们泰康医疗体系等方面，已经取得了一些成果，下面我汇报一下。

第一，关于养老社区，今天上午陈东升董事长在峰会上跟大家做了分享，公司经过 8 年的努力，在全面布局。目前拿了 9 块地。我们在全国有 7 个地方，北京、上海、广州、武汉、成都、三亚、苏州，都已经布局了我们的养老社区，这是医养融合的养老社区。我们在北京昌平新城建立燕园养老社区6月开张，入住的老人已经有一百五六十位，平均老人年龄，随着入住老人的年龄是动态发展的。昨天统计的数，平均年龄是78岁。大家都知道我们北大著名教授钱理群老先生，他现在就住在我们燕园养老社区。最近我们几次去看钱老和他夫人。二老过得非常幸福。我及时把这方面跟厉以宁老师和曹凤岐老师做了汇报分享。我很高兴，厉老和何师母、曹老师他们都表示浓厚的兴趣，他们表示至少看一下，我从我的角度和董事长都希望我们的长辈，希望我们敬爱的老师和家人们、长者到我们燕园养老社区入住，体验各个方面良好优质的敬老服务。

应该说，我们通过七大地方的养老社区，可提供1.3万户养老单元，可以为我们将近2万名老人提供高品质的养老康复护理服务。我们上海的申园在2016年6月份就可以开园，广东粤园2016年年底就会开园。我期盼2018年左右，我们这几个社区都可以向我们老人开放，提供候鸟式、连锁式的养老服务。

最近中国保监会的主席、国家发改委的梁副主任、河南常务副省长等各位领导到我们燕园养老社区参观过。我们北大的国发院、IBMA的商学院近70位老师和学生也做了参观。

第二，我分享一下，我们同时也在积极布局医疗产业，关注我们泰康人寿的朋友也会知道，我们在9月29日，我们泰康人寿和南京仙林医院结盟，我们将近80%的控股，成为三甲医院的股东。通过我们的保险，特别是寿险服务链接医疗养老，为南京地区，特别是江苏以及长三角地区民众提供我们的服务。同时我们泰康在上周跟天津天使翼集团设立发起50亿元的大健康产业基金。我们跟山东国投、中粮我买网的 C 轮融资，我们推动国企改革，推动国家经济的发展。我们支持国家大民生工程的建设，充分发挥保险服务业的优势，不断加强对医疗养老服务业基础设施的投资建设，这部分是重资产的投资建设。同时我们积极提供优质高效的医疗养老等现代服务业的服务和管理，这是我们轻资产的服务，致力于成为我国大民生工程、大健康产业的商业旗舰。我们泰康非常注重创新，始终把创新作为我们公司发展的第一动力。今天上午我们董事长也跟大家做了分享。最后我诚挚邀请大家，欢迎大家百忙中到昌平燕园参观。希望大家体验一下，观察一下，我们共同为我们国家的保险、医疗、养老事业服务，做出我们应有的贡献。最后我祝福我们北大更加辉煌，祝福大家健康吉祥，谢谢大家！

吴联生：

　　保险行业处于竞争非常激烈的态势，各大集团都出了它们自己的保险品种，甚至保险公司。但是宋总也讲了，我们泰康人寿能做到今天的成绩，我相信应该有他们自己独到的心得和经验。宋总也给我们介绍了一些经验，如果大家还有问题，可以继续向宋总提问。下面我们掌声有请北京大学蔡剑教授发表他的演讲。

蔡剑：

　　各位老师、各位同学，大家下午好！首先庆贺我们敬爱的厉老师八十五寿诞，对厉老师六十年桃李满天下致以最诚挚的敬意与感谢！

我汇报一下对现在国企改革与民营企业创新的一些理解，题目就叫"改革之路与创新之道"。谈起国有企业的改革与民营企业的转型，厉老师有很多著作与学术思想值得我们学习。厉老师也是一位诗人，经常能将深奥的经济学道理用诗的语言让学生领悟。我在准备这个讲演之前在思考哪首诗最能反映我们当前的经济发展状态。"沉舟侧畔千帆过，病树前头万木春"这句颇像今天的中国经济转型。在经济转型当中，面临去产能甚至破产的国企就像沉舟，而万众创新的新创企业就像万木春。混合所有制就像是连接"沉舟"与"万木"的锁链，是否能解决我们面对的问题？沉船和快艇绑在一起，是不是能解决经济转型的问题？混合所有制本身不是根本问题，它是企业治理的一种手段。有的国有企业失去了生命力，混合所有制也很难实现其改革，必须从协同创新方面研究中国企业转型。

为什么中国企业这个时候遇到转型问题？为什么国企遇到的障碍问题，民营企业也遇到了？过去中国经济发展三个主要的生命力，或者是三个经济发展动力，一为出口，一为土地，一为劳动力。这三个生命力都是价格路线，都是廉价优势。如今，中国价格的驱动力已经耗尽了。企业再依靠中国价格的思维方式和经营模式已经不能延续下去了。同时我们中国经济现在并不是缺能源资源，能源和资源目前相对来讲是过剩的。我们在这样相互之间纠缠的体系中，经济转型是多目标、多手段、多路径的复杂巨系统的优化。实际上这是中国在过去从未经历过的。这三个经济发展动力衰竭背后的原因是什么？中国的经济发展模式对中国的人口特殊结构高度依赖，这在全世界很特殊，与很多国家都不同。中国的人口结构 1950 年是金字塔结构，1982

年的时候出生的小朋友特别少,因为计划生育已经开始了,而且1982年的时候,20出头的人特别少,因为有1960年前后三年"自然灾害"。之后中国人口结构出现了畸形。古今中外,就中国13亿人口的结构分配出现了奇怪的形状:树状结构。就在两个月以前中国宣布放开计划生育政策,鼓励生育二胎。实际上未来二十年改变不了已经形成的人口结构,因为这是历史遗留问题。

  人口结构的不均衡强化了整个经济的不均衡。厉老师讲过不均衡经济当中的改革是难点。中国未来的不均衡会更加严重。这样的环境当中,就出现了很多前所未有的问题与挑战。比如说现在的中国的"互联网泡沫"。在中关村创业者当中很多"80后"、"90后"选择互联网行业。甚至教育部都组织互联网创业大赛。一个前所未有的创业的大潮,结果不出几个月的时间,现在中关村大量互联网创业企业横尸遍野,出现了不少"伪创新"。实际上有些打着互联网创业旗号的人是在撒谎,讲的东西自己都不信。为什么还有人投资?因为急于转型的民营企业与金融资本想投资,但找不到真正好的项目。"80后"、"90后"本身人数相对少,投资人认为创业者是名牌大学毕业的,还有一点成功可能,就投这些项目。其实互联网泡沫不是首次,2001年我在硅谷工作的时候,把我积攒的奖学金就扔到股市泡沫里面了。对比2015年中国创业板指数与纳斯达克指数曲线非常像,当时我就讲中国已经出现了跟美国类似的互联网泡沫,背后都是类似原因,就是说有人说了谎话。美国互联网泡沫之后,"电子商务"被资本界认为是脏话,说如果还是电子商务公司创业融资,是在蔑视投资人的智商。过一段时间,在中关村再谈"互联网创业"的时候,很可能成为不受人尊重的行业了。同时,中国还有资源能源浪费与环境生态恶化问题。所以中国今天即使强化最极端的环境资源法规政策,我们的环境污染还在加速。这是国际上根据我们的环境评价测算的。

未来的大浪还没有到来,其中一个是环境资源的问题,一个是人口结构的问题。这两个问题必须通过改革开放和转型解决。我们要从文化、体制、管理、技术等要素分层解决,不能单靠从企业来改革转型。虽然企业是创新的主体,但是企业创新所依赖的制度环境与创新生态还没有形成。我们应该先把整个大的系统基础构建,尤其是把立法的工作做好。实际上未来发展必须要靠环境的生态、人才资本以及法治建设。这是未来中国改革开放发展必需的三个生命力。如果我们的理论思想没有创新,依然沿用过去经济学的理论来判断我们今天的改革的话,就会出现让马跑的时候还勒着缰绳的情况。经济管理理论本身也需要创新。在过去会计学里有一个经典产品盈利公式:企业盈利=(价格-变动成本)×销售数量-固定成本。这个公式各国大学里教了几十年了,但是我们证明了其错误。这个公式强调价格是唯一能保证盈利的要素,引起人们很大的误解。为什么国企管得这么差,就是这种操控价格思维引起的。"聪明"的学生就知道,跟国家发改委价格司搞好关系,中石油、中石化这些垄断企业不可能亏损。不管国际油价如何变,国家发改委始终涨价就不可能亏损。国家发改委价格司 5 名局部干部被收监 6 名,还加上一个退休的。错误的理论误导了很多的管理者,没有把企业作为创造客户价值的主体。这个公式也不是完全不对,在小微企业和少量客户情况下可以用。然而我们的大企业、互联网企业、平台型服务业里面就不能用这个公式评价了。例如，滴滴打车这样的公司，没有任何产品，就靠互助服务共享经济实现高速发展，为什么亏损时还有几百个亿市值？领先的互联网公司早就放弃了产品盈利公式，而是用网络价值公式。网络价值＝每次互动服务的盈利×互动时间密度×用户数量平方。互动时间密度就是经济的热度。网络价值公式基础是量子力学或者用物理学的相对论的思想，任何企业的价值都是相对的。

企业价值中最重要的是客户和用户，而不是生产中的固定成本或者变动成本。过去我们教学生经济管理的时候用制造业的产品盈利公式，就出来福特这样的公司。今天的腾讯已经是完全互联网化的平台公司，平台公司和制造业的生产公司背后的逻辑是不一样的。过去用产品盈利公式来看，中国公司大部分是在微笑曲线的中间，国有企业与民营企业转型非常难。研发也不够强，营销也不够强，融资成本高，怎么做？只能等死。但是如果按我们新的网络价值公式来看，实际上中国很多的民营企业有大量的已有的用户，如果把它转化成互动服务、个性化服务，转化成共享经济商业模式，就可以再造一个新的高价值企业。

经济的本质是人与人的互动，这是厉老师学术思想里面已经有的思想。实际上人们过去关注市场和关注政府，往往忽视了第三方的作用，就是我这里讲的互动。人与人之间为什么相互服务？为什么要交易？不光是商品价格低，还有服务的体验价值，还有亲情友爱。人的积极性和创造性充分发挥。要做到这一点，道德力量的作用不可忽视。道德力量作用之下，人的诚信强化了，人的能力与作用充分发挥了，人的积极性和创造性充分发挥了,效率与效果将会大大提高。在国有企业改革和民营企业转型当中,能真正把产权和经营打通的,实际上还是人。如果人打不通,一方面是经营权混乱,一方面是产权不清,最终的效益是发挥不出来的。企业改革的成功和创新的成功是基于人的创新。

互联网提供了加快人的创新的平台。因为互联网本身演化的方式,既有类市场性组织,也有类政府性组织,更基础的是分布式互动组织。互联网是计算机与计算机的关系,也是人与人之间的关系。从互联网演变发展进化过程中找出规律。从最早的电路硬件公司、数据公司、信息公司,到信用公司。互联网每一次打通一个系统之间关联的协议的时候就出现一家伟大的公司。Intel 之上是 Oracle,然后才有 Google、Facebook。每个层次都要有基础层次做支撑,如果没有华为与中国移动也没有腾讯微信。到了微信时代,每个用户都在一个平台上互动了。那么在微信之后有什么样的领域会超越微信呢?这就是未来的趋势。很明显互联网发展从信号到信息,到信用,到信任,到信仰,它是一个网络进化的过程。它就是一个人的进化过程。人跟动物的区别就是脱离了简单的信号进化到信仰。微信解决了社交信息的问题,但是还有很多问题没有解决,比如人与人的尊重问题没有解决,人的自我实现问题没有解决。未来养老、教育都需要靠新的互联网平台解决。企业要发展,就要把人的创新与发展研究透。互动学习与协同创新平台是未来的趋势。

中国企业并不是没有创新,我们有很多的实践创新案例,通过我这些年大量走访企业,和企业家一起研讨甚至并肩战斗,这个时候我们发现中国企业在多个层面都有特别出彩的案例。第一个,华为的技术创新、研发创新,现在绝对是全世界第一流的。我们要学习创新的时候即使到乔布斯的苹果公司学习,他们也不会告诉你创新的诀窍。我们完全可以到华为学习。我们正在与华为谈联合开发创新课程,北大的创新理论导师加上华为创新实践导师。在创新人才领域,我们研发实施了互联网众创平台,是一种管理模式与服务模式的创新。源自北大、立足中关村的"创新学堂平台"就是互联网与教育体系的全面创新。中国的体制改革是最大的创新。我们有土地的确权,还权赋能,城镇化(包括人的城镇化、城乡的教育和文化)。这些东西都是体制层面的创新。中国不断推进各个层面改革,所有的源泉来自草根创新与文化创新。

文化的创新根本依靠教育。过去,很多学校认为学生是成本,尽快把学生知识填满让他走向市场。然而教育的效果越来越差,很多学校的学生上课睡觉、手机没收。我在北大光华管理学院创立了"协同行动创新"教育体系与4G教学方法。我们光华管理学院开互联网创新创业课的时候必须拿手机,学生要学会用手机开展互联网众创。我们的课堂就是互动创新的空间。这种方式,就把每个人的创新活力激发出来了。最后一定少数人适合去创业,但是每个人的生命都没有被荒废掉。我们的厉老师60年勤勤恳恳培育了我们,我辈年轻人应该感恩与自觉,要向厉老师那样善于学习、乐于学习、热爱真理,不断提升创新素质与能力。

最后跟大家分享一下厉老师曾经给我传授的创新之道。厉老师在我创办北京大学创新研究院的时候题了一首诗:"野无人迹非无路,村有溪流必有桥"。这首创新之诗讲创新要敢于开拓,没有前者的时候,自己就是开路人,自己要开拓进取。但是创新不能盲目,需要尊重科学,尊重规律,也就是将北大的"科学民主,自由包容"与清华的"自强不息,厚德载物"精神结合起来。希望我们一起努力,在厉老师的思想指引下砥砺学习,继承厉老师的思想,创新理论与实践,为中国和世界做出真正的贡献。

吴联生：

蔡剑老师从理论逻辑上给我们阐释创新和转型背后的逻辑是什么,这样我们才知道转型创新的方向在哪里,否则出现了一转型就转错了,有了理论指导,我相信我们的转型一定会成功,我们的创新就更加有效。

下面请北京大学光华管理学院副教授王咏梅老师跟大家做分享。

王咏梅：

尊敬的各位来宾,各位朋友,各位老师,各位同学,大家下午好!非常高兴今天有机会在这儿跟大家分享民营经济转型和升级的问题。今天是 11 月 22 日,是一个非常特殊的日子,今天是厉以宁老师 85 岁生日,作为他的学生和部下,此时此刻充满了特殊的感受。古人说三尺讲台,三寸笔墨,三千桃李。这个话,非常好地刻画出了厉老师数十年把自己的心血、汗水和智慧投入到北大的学术追求上,投入到北大师生,投入到他的理想和追求当中。在课堂上,聆听老师的话语,阅读老师的著作仿佛跟一颗高贵的灵魂交流对话。能有机会接近高贵的灵魂,跟高贵的思想交流,这是一个人一生最大的幸运。所以我想在这儿,发自内心地说一声厉老师生日快乐，何师母生日快乐！祝你们两位身体健康，万事如意，平安吉祥！这是我作为学生和下属今天最想说的一段话。

接下来想跟大家分享的话题是中国民营企业正在步入转型升级的黄金时代，破茧成蝶，浴火重生。转型和升级在当今充满革命、爆炸、信息的背景下扑面而来，规则的大破坏和大建立，这样的背景下，是每个人都不得不面对的革命性、颠覆性的一种挑战。对一个人来讲，我们说修身齐家治国平天下，对一个企业来讲，我们说修企富国治理天下。它所要走的这样的道路，实际上逻辑上是一样的，这种转型升级，就像是蝴蝶破茧而出，就像凤凰涅槃重生，一定是经过痛苦的磨炼才得到的结果。

我们分析成功的转型案例有五条道路可供选择：股份化转型升级，并购化转型升级，网络化转型升级，技术化转型升级，以及协同化转型升级。

中国民营企业30年的成长历程我们可以看到，一点一点地从一棵小草，长成了不可忽视的参天大树。现在中国注册等级的民营企业和个体工商户已经接近6000万户，民营企业吸纳城镇就业80%，每年新增就业吸纳90%。这组数据铿锵有力，证明民营企业和民营经济是中国的中流砥柱，是中国的脊梁。

从2008年开始，中国民营企业步入了相对低位运行阶段，从那时起，大量的民营企业家就在苦苦思索如何破茧成蝶。数据显示，用工成本上升，高端人力资源的缺乏，税费负担加重，资金成本上升，原材料价格上涨，融资困难，节能减排绿色环保的压力增大，这都是近些年影响民营企业发展的重要障碍。

在艰难时刻，我们国家涌现一批领军企业，它们抓住了全球科技发展的领先的潮流和力量,脱颖而出,率先突出重围,成为转型升级成功的榜样。榜样的力量是无穷的,很多企业在它们的引领、撼动和影响下,纷纷做出自己的选择。

转型升级是企业迈向更高端产业、更先进商业模式的过程,也是从盈利能力较弱的劳动密集、资本密集走向技术密集和创新密集的过程。企业的转型就是企业在价值组织形式、技术组织行为各方面发生革命性的变化,让组织具备高度的弹性,以应对外界突然发生的不时而需的变化。企业面临日益增长的竞争压力的时候,只能选择工艺流程升级、产品升级、功能升级和跨产业的升级。

胜兵先胜而后求战,败兵先战而后求胜。成败来源于事先对竞争形势的观察和思考,前瞻、详细的分析规划战略的制定,对瞬息万变的竞争策略做出及时调整,等等。中国民营企业要赢得转型升级,就必须拥有理论上能胜利的竞争策略,积累竞争资本,对竞争对手和竞争环境做深入的了解,只有这样才能增大自己成功的机会。

借鉴民营企业成功转型的领先经验,我们从股份化、并购化等五条道路上进行探索。

股份化,只有民营企业的投资者懂得了家族经营局限性的时候,才会走向投资管理。工商联的数据99％的民营企业还停留在家族手工作坊式管理的阶段。低端、简陋,用家族的裙带关系维系,简单、粗暴,用本能、经验、直觉管理,拒绝科学、系列、规范化的管理体系。有人这样来形容沉迷于家族企业经营的企业家,说他们非常像哥伦布,他们和哥伦布有什么共同点?哥伦布航海出发之前,不知道自己要去哪里,到了一个地方不知道自己在哪儿,回来以后不知道自己去过哪儿。出发前、出发中、出发后对自己的状态一无所知,所有的事情都是在混沌、懵懂当中,靠自己的感知和感受判断的。

为什么这样一种不科学、不规范的管理制度在中国的民营企业中会如此广泛而普遍?我们知道中国是一个缺乏信用的社会,中国是一个浓厚的人情社会,人情是最硬的。在做生意的时候,在建立商业信用的时候,最初的时候,它是一个最硬的资源。在中国,如果我们把信用按等级排序的话,第一等级是血缘,第二是亲缘,第三是乡缘,第四是地缘,第五是业缘。血缘就是直系三代以内最密切的亲属。亲缘就是三代以外的,就是旁系较远的亲属。乡缘村落左邻右舍,同一个村,距离相对较近的乡里乡亲。地缘,同一个城市,我们是老乡,乡缘。业缘,我们曾经做过同事,我们曾经是同学、师兄弟,我们有过比较近的合作和人际关系。

依靠五个层次的都是依赖于人和人之间的脆弱的信任关系凝结起来的生意场,大家可以想是多么脆弱不堪。这样的企业要发展壮大,尤其是跨国经营的时候,这些关系,在国内还行得通,走到国际上的时候,就完全不符合国际规则。双方不在同一个话语权的平台上交流和对话,这样的生意是注定做不长久的。

因此股份化转型升级,从产权上彻底明晰,引进多元的治理主体,淡化家族成员的色彩,抛弃裙带关系的管理,引进职业经理人,引进股权激励,让真正有能力的人用自己的实力掌管企业,这是民营企业从根本上自我革命、自我颠覆、自我创新的第一步。

并购化转型升级,在当今"一带一路"和亚投行的战略背景下,给中国民营企业海外并购提供了千载难逢的历史机遇,"一带一路"和亚投行是中国重新构建国际政治文化新经济的大动作,希望在地理上,在政治上,在经济上,在文化上,增加中国的话语权、影响力,提高自己在国际秩序上发言的重要性和影响。在这样的背景下,中国的经济经历了引进来和走出去并重的重大改变,市场、资源、能源、投资,都要对外实行深度融合,这个过程并不是国家队的专利,实际上民营企业可以在里面扮演非常重要的角色。因为民企本身的色彩,民企本身具有的特性,跟国家、跟政府之间没有过多的瓜葛,没有过多的联系,这就使得它参与这一战略的时候,非常自由、轻松,无牵无挂,在这里面有很大的空间。

"一带一路"地区最大的需求是高铁、电力、通信、水泥、建材等与基础设施相关的产业,这些产业,恰恰是我国产能过剩的产业,也恰恰是民营企业大量集中的产业。所以如果我们把自己过剩的产能、富余的产能和"一带一路"很好地契合,发挥各自的比较优势,就会实现"一带一路"战略的国际共赢,这是当前的背景给民营企业提供的并购化的机会。

网络化的转型升级,中国互联网的本土企业近些年成为耀眼新星,国际舞台频频有出彩动作出现,我们深刻分析一下原因,有一个不可忽视的地方,我们有后发优势,我们可以用最先进的设备和设施,对接一流的国际平台,用最高端的人才直接赶超最领先的技术。所以这样的互联网疾速变化的浪潮,不自觉把自己推到起跑线的前端,给了我们一个发挥后发优势赶超先进国家的机会。

值得注意的一个趋势是,目前在中国,消费互联网大势已去，产业互联网机会到来。消费互联网是眼球经济，消费互联网集中在电子商务，集中在社交，集中在搜索，它利用眼球经济的原理，靠提供个性化和娱乐化的服务制造流量，最终把流量变现成盈利和价值。但是大家要注意，消费互联网本身，不触及一个国家最本质的经济、高端制造和国家整体国力的提高，消费互联网不可能是国家的经济支柱。目前中国的消费互联网已经发展了20多年，消费互联网的格局，已经非常系统和成熟，已经没有太多的空间，再跟创新创业的人挖掘。剩下我们需要做的是什么？把大量的资源、眼光和视野投向产业互联网，让传统的制造，传统的医疗，传统的教育，传统的交通，传统的各个行业与互联网进行融合。

比如说生产制造行业，可以把研发设计，充分与消费者、与粉丝进行互动和交流。在最早的时间，在最源头的地方，把消费者的最深层次的需求挖掘出来，整合到研发阶段，可以提高研发的效率，减少研发的成本，而且会缩短产品投放到市场生命周期更新迭代的风险。

因此网络在改造传统制造业的方面，在提高它的周转速度，在提高创新速度方面有着不可替代和磨灭的价值。在交通、医疗等涉及公共服务的领域，互联网可以通过高新的设备、技术、信息的交流，迅速改变传统的面貌，让我们有更好的、更人性化的、更舒适的、更随意和自由的体验，这都是传统行业与互联网相互融合过程当中，我们可以看得到的，能够直接让我们感受非常深刻的变革所在。这是互联网给中国民营企业提供的历史机遇。

互联网转型升级，它真正实现了要素和投资驱动的经济模式转变为创新驱动的经济模式。这是互联网商业模式对我们整个经济发展的意义。

技术化转型升级，做优。现在我们的民营企业在做技术创新的时候，主要体现在照搬照抄的拿来主义，少量在进行低端简单模仿，很少有高端的自主研发。有人说，我们去观察民营企业技术开发的历史，就是一部充满血泪的屈辱史。因为我们的企业常年集中在全球价值链的最低端，做着最辛苦、最劳累、最没有尊严的工作，拿着最少的报酬，同时维持着这个链条的低成本的运转。

我们在几十年的对外开放当中，我们能够感受到的一个很深刻的体会就是落后一定会挨打，核心技术是买不来的，合作不来的，求不来的，一定要靠自主研发得来的。无论研发这条路风险多大，无论它多么深不可测，充满多么不可确定性，这也是我们的必经之路。这也是民营经济转型的途径之一。

协同化转型升级，民营企业当中，中小微企业占比超过99%，是经济转型的生力军。现在我们提出这样的一个趋势，中小微企业应该从单兵作战，转向抱团共赢。把碎片化的、分散的、各自为战、军阀割据的混合局面，整合成一个大格局，协同作战。民营企业协同化发展过程当中，可以采用在海外联合投资，建设科技园区，全球研发服务外包，国际联合研发重大项目，等等，参与全球产业链的重新布局。

现在是一个制定规则的时代，我们说，末流的企业卖产品，四流的企业卖服务，三流的企业卖技术，二流的企业卖品牌，一流的企业卖规则。也就是说，你要想在价值链里面做龙头老大的话，你想在价值链上拥有最强的控制权的话，必须深处在规则制定者的团队当中,而不是被动地去做规则的服从者、规则的遵守者。所以现在是民营企业去参与全球价值链重新布局的一个大好机会,去参与规则制定者的集团当中,发挥自己的话语权,发出自己的声音,让自己的影响力传播到全球的产业分布当中。

民营企业的协同化发展,有助于民营企业出现国际性产品生产基地、价格的形成中心、信息与知识的流转中心和研发的创新中心。协同化发展也能提高抵御风险的能力,降低交易费用和成本,共同快速实现经济转型。民营企业如下,大型、中型、小型企业,盈利企业和亏损企业,力量过度不均衡的话,很难实现民营企业整体共同发展,如何缩小民营企业内部结构差距,也是协同化作战、协同化发展的重要目标。

最后我们说蜕变的过程是非常艰难的,民营企业成长的过程也是如此,在成功之前,一定会有大量的在黑暗当中的摸索,在黑暗当中的不断尝试失败,再尝试再失败,如此反复很多次,一直坚持到成功的那一刻。民营企业不能受制于国际风云变幻的影响,也不能在市场经济旋涡里面失去主动控制的权力。我们能做的是一点点积累自己的实力,不断完善和调整发展壮大自身,等待有机会出现的时候,一跃而起,千万不要让市场竞争的良机擦肩而过。让我们共同祝福我国民营企业,能早日破茧成蝶,浴火重生,在国际竞争舞台上取得辉煌的成果。谢谢大家。

吴联生:

咱们现在民营企业的转型有多种方式,而且现在外在给了我们很好的机会,我们具体应该怎么转型,有怎么样的途径,我们得到了很多的启发,谢谢王咏梅老师。接下来关于民营企业怎么转型,怎么改革,我们再进行深度的讨论,有请四位嘉宾上台。

提问:

我想问陈义老师,做企业,从小做大的过程当中,走向国际有什么好的经验总结和教训,对国有企业和民营企业转型来说有什么值得借鉴的?

陈义:

企业从小做到大,是非常难的过程,我们国家企业,企业在经济繁荣的时候,企业平均寿命是五年,经济稍微差一点的时候,大概两三年,也就是说百分之六七十的企业在两三年之内都会关门。一个企业是不是成功,在于企业的老板。有的企业做不好,是因为没有固定的老板,老板的战略眼光非常重要。首先你能不能看到一个好的行业。刚才说一个好的行业进去了,但是还要选一个好的时机,好时机选择好了,还要有好的路径。同时要有一个基本的、必备的、必需的要素资源,比如说人才、技术,或者有社会关系也可以,也是社会资源。不管怎么样,你要有核心竞争力,我有的东西别人没有。如果你没有这个东西,请你不要去做。至于说怎么做大,如果把前面的东西选好了,做大是非常容易的。我们大家都是学管理的,都是北大出来的,水平都很高,要关注资本市场,资本市场是加速器。

吴联生:

最核心的,你要有别人没有的东西,你有核心竞争力。

提问：

各位嘉宾，各位老师好，我想问宋总一个问题，中国老龄化的速度逐步扩大，2020年中国老龄人口据统计达到17％，已经进入老龄社会，2025年就更大了。咱们周边国家，韩国、日本进入老龄社会比较早，有没有好的模式？关于健康养老的产业的盈利模式，我对这块比较感兴趣，也有一些研究，主要是通过保险的模式增加收入，这是一部分。第二通过养老地产的形式实现养老收益。第三医养结合。无论是通过保险业务增加收益实现养老，还是地产的模式，目前形势下，很难实现可持续性。泰康人寿关于中国养老产业是怎么布局的？第二，我们盈利模式将来会朝哪个方向走？

宋宏谋：

刚才我发言的时候也分享了，到2020年，我们国家的养老，老龄化的浪潮给我们社会带来了巨大的挑战，但是同时我们也要看到，应该说这里面蕴藏着巨大的机遇。银色经济实际上对未来，无论是我们的国有企业，还是民营企业，都有巨大的商机。一个方面，我们也要看到，投资做养老产业，实际上不是想象中的暴利行业。服务老人和服务老人事业，我们也要看前一阵清华杨教授有一个"双十"的理论，第一个"十"，投资做养老地产、养老机构，基本上要有十年左右，才能达到真正的盈亏平衡，才可以到盈利，前期是巨大的投资、投入。这个在很多的民营企业、社会资本在投资的时候，确实要认识到这一点，这是中长期的投入，或者大量的投入。第二个"十"，十年以后，未来的利润率就是10％左右。这是我回答的第一个问题。

第二个问题,泰康目前已经在九个中心城市做养老产业的布局,我们打造的理念是医养融合,真正地为社会、为我们的老年人能够提供高品质的医养融合型的养老社区的服务。我最近去了燕园二十几次,陪领导和同事去看,我和老人接触我有一个感触,第一说是养老社区,说是老年人,我们是活力养老。在那里的有50多的,也有90多的,他们都是洋溢着青春的气息,非常开朗,非常阳光。就像敬老节,92岁的老奶奶,唱革命人永远年轻。第二,老人们普遍的感受,燕园养老社区确实好。我觉得他们最质朴的语言,"我不用担心做饭的时候,干锅,年纪大了,忘记锅拿开了,还有火。第二不用担心吃剩菜剩饭。第三不用为明天做什么早餐买什么菜犯愁了"。钱理群教授就跟小孩儿一样,我们去他的房间去看,坐了一会儿把我们拉到楼道里。给保监会的尚主席介绍,这么宽的楼道,每天面对北边4公里的邙山,我是面朝大山专心写作。钱老师把家搬过去了,那里就是家了。在养老社区里,一万多平方米的综合功能服务区,有游泳池、高尔夫,你会看到老人们在那里搓麻将,打扑克牌,下棋,还有老年大学的课堂,等等。我感觉老人在养老社区,通过机构养老,他们是幸福的,传统的养儿防老的理念正在进行转变。老年进入养老社区最大的感受,孩子都在忙事业,出差,出国,还是在养老社区,基本上两三个老人是一个服务人员盯着,完全现代化、高品质的敬老设施。老人在那里吃得好,睡得好,学得好,生活非常好。

提问:

我想问陈义老师。我是做HR的,我来自浙江宁波,宁波有很多民营企业，很多甚至是微小型的民营企业，它们实力并不是特别强，每年过年以后招工情况越来越差，很多工人回家以后就不再回来了。而且国家有很多福利保险，五险一金需要企业承担，企业负担越来越多。有的企业尝试引进新的设备，降低企业劳动力的密集程度，但是出现新的情况，掌握这些机械的技工，在同行业会互相挖墙脚，这些技工管理的时候非常困难，因为他掌握了这个技术，可以随时跳到其他的企业。请陈老师给出一些建议，希望给我们民营企业的企业者解决一下他们的难题。

陈义：

我不可能解决你说的民营企业遇到的难题。王咏梅教授说了，现在是民营企业转型升级的黄金时期，什么叫黄金时期？反过来说，这是我们地狱的时期。实际上转型是什么概念？我们遇到危机才转型。我企业办得好好的为什么转型，我企业很有核心竞争力，很有成长能力我不需要转型，这是一个。第二个，现在大量传统型的中小企业遇到了极大的困难，这是不可避免的。我们国家产业转型升级过程当中，一定是大量的传统的企业，不仅是小的，大的企业一定会被淘汰。如果说，我这个企业再想转型，当然转型的东西，往哪儿转？要根据企业自身情况来看。第一，老板适合干什么？我是北大毕业的，和一个初中生，苦打苦拼搞出来的，老板选的模式是不一样的，因为你的资源不一样，能力也不一样，你要根据自己的东西。第二，你要看到未来的发展，到底哪个地方有机会。其实刚才很多人说，人口红利已经过去了，其实我上次在成都，我们 EMBA 聚会开会的时候我讲，这个观念是错的，中国的人口红利才刚刚开始，如果我们把人口简单地认为是一种生产要素，低价廉价的劳动力红利过去了，但是十三四亿的人口，统一的文化，统一的法律制度，统一的语言，在这种情况下，形成一个巨大的市场，这里面的机会是巨大的。浙江人，宁波人，在这方面是天才。你在这里面找机会，刚才说医疗服务，养老服务，我们健康保健服务，包括绿色食品，你要找到适合你做的，你有这方面资源的，你有核心竞争力，你有的是别人没有的。否则的话，大量的企业会破产。

现在我们提倡"双创"，这是我们总理提出来的，"双创"是好事，某种程度是转移国家成本的过程。我们国家解决不了大量的年轻人就业的问题，你就"双创"，和我们上山下乡是类似的。"双创"这个东西，国家要好好引导，如果不好好引导，"双创"会变成"三创"，创伤，会洗劫大量的中产阶层的财富。很多子女大学毕业了，大量的大学无法解决就业，大家就都创业了。年轻人心高气傲，当老板是很成功的，成功是万一的。最后能生存下来的，真正能当老板的人，一定是少数。社区里面也有很多服务，如果你从这里面找机会，对中小企业来讲还是有机会的。关键还是自己发现机会。如果在传统里面，你刚才说的，搞机械，我进口很多高精尖的设备进来，但是没有很好的技工。为什么转型非常艰难？所有的条件你要具备了可能就成功了，否则的话，转型都是要交学费的，都是一个陷阱。

吴联生：

现在我们民营企业转型过来以后，竞争特别激烈，大家都在这里挖相关的东西，这就造成了过度竞争，这种竞争可能是以牺牲未来的发展为代价的。竞争可以出效率，但是过度竞争可以损害未来,不知道王咏梅老师对这方面有没有什么想法?

王咏梅:

谢谢主持人,您的意思是说,觉得中国的民营经济现在已经到了过度竞争的阶段了吗?您是说类似阿里巴巴电商之间的价格大战,比较低端的,自相残杀式的,大家在红海里面厮杀,没有把精力放在创造蓝海上。吴老师提的很深刻,命中了现在经济的要害。目前整个中国的商业环境,充满浮躁、急功近利,想要一夜暴富,投机取巧,用最小的代价在最短的时间获得最大的效益,这种心态绵延于中国每一个角落,大家能挣快钱不会挣慢钱,能挣大钱绝不会挣小钱,能挣眼前的钱,绝不会挣未来的钱。大家已经心照不宣了,大家已经不用讨论了,它是实实在在的规则。我们回归到理性,我们抛开利益的话,这把双刃剑已经开始伤害我们自己了。我们看到"双十一"狂欢的假面被撕裂,大量的退换货,大量的投诉,大量的实体消费发生在海外,没有发生在国内。"双十一"掩盖了很多真相,这个真相并不是对民营经济发展壮大有利的。我们光华管理学院的老师和在座的学者嘉宾会就这个问题讨论下去,但是我赞同吴老师说的,在中国的经济出现不健康苗头的时候,当大家用金钱的规则衡量一切,正直、诚信、道德、良心被抛诸脑海外的时候,这种经济就危险了,我们应该踩刹车,调整我们的方向步伐,让它往更健康、更持久的方向去走。

提问:

陈老师您好,我是来自深圳的一个民营企业家,也是我们光华的学生。我今天要问的问题是,民营企业的转型最好的方法是另起炉灶,实际上我觉得我非常认同这一点。我想问的是,另起炉灶以后,我们如何平衡资源的再分配和精力的再分配。我觉得作为我,我自己创业十几年,又在海外做了好几年,自己在再学习的能力上一直在思考,对我们资源再分配如何平衡和平衡自己的资源、精力。

第二个问蔡剑老师,刚刚这位同学提的问题,关于人才的问题,我想请问一下蔡剑老师讲的创业学堂的问题,我非常有感受,我希望请蔡剑老师讲讲关于创业学堂的问题,像我们二次创业的企业家如何提升二次创业的能力。

陈义:

为什么转型难呢?根据我们五次转型的经验,利用原有的组织构架进行转型,遇到最大的问题就是,首先你的资源分配,包括你的组织构架,包括人,特别是管理人,包括工人,或者基层员工。你指望这些人转换难度是非常大的,因为什么叫转型,我们不是升级,升级的时候我可以培训提高员工的能力。转型的概念就是做一个完全不同的东西。这个里面就涉及资源平衡的问题,是刚才我讲的经济实力的支撑,到底有多少资源做转型。一种方式我彻底切割关掉,一种方式,我还得维持一段时间,虽然我可能不赚钱,但是我维持公司的存在感、过去的市场的影响力,这个时候又需要拿出一部分资源去做新的东西,这是非常难的。大企业相对来讲,影响力也好,资源调配能力也好,相对来讲比较大,余地大一点。如果没有资本市场,转型成功的概率,我认为至少下降一半以上。一定要借助资本市场进行转型,因为转型是非常艰难的,革命性的飞跃,这种飞跃是一种巨大的冒险,这个冒险最具有冒险精神的资本就在资本市场。资本市场股票市场大幅下跌,现在还有多少人投资?没有了。前段时间狂热是不对的,但是正常的资本市场,提供一种正常的资本支持是我们未来转型升级的一个基础。所以中国的资本市场,现在到了从来没有的战略高度,从习李开始高度关注资本市场,跟这个是有关系的。

蔡剑:

民营企业转型必须做三件事:第一找到对的方向,第二找到对的团队,第三管理好这个团队。实际上对过去的企业家,这三个方向都是特别难。第一要突破战略难关。过去是白手起家,开辟业务的时候,只要进到市场就会存在市场,进去以后,也没有现在这么惨烈。现在好的方向都被大的企业垄断,例如,阿里巴巴现在实质上是网络零售的垄断企业。民营企业想进去特别难,而中国的《反垄断法》执行不力。第二要突破人才难关。一方面企业老的团队精力跟不上,观念转不动,一方面很多"80后"、"90后"没有经过系统创新创业教育,目前的能力相对于"70后",执行力更低不是更高。但是他们思想有开放的优点,易于接受新鲜事物。第三要突破管理难关。知识型创新型团队管理需要制度加艺术。过去管理工厂的方式是不能管理"80后"、"90后"的。企业在创新领域从 0 到 1 需要赤手双拳打天下,需要放下之前积累的包袱和资源,重新和"80后"、"90后"竞争,甚至是跟过去的下属竞争,企业家与管理者心态的转换是最难的。北大光华管理学院应该开这样的项目帮助企业转型创新辅导，不管转型是不是成功，但是可以把心态调整过来。北大的文化与厉老师的思想可以帮助我们真正放空和放下。放下以后才能真正实现二次创业的成功。所以常回北大看一看、学一学、练一练，对企业创新转型发展是大有益处的。

吴联生：

由于时间关系，咱们这个阶段的讨论到此为止，大家如果还有什么问题，需要问我们嘉宾的话，大家可以抓住他们继续讨论、继续请教，谢谢四位嘉宾。各位朋友，今天我们相聚在这里，共同庆祝厉以宁教授从教 60 周年，共同就国有企业改革与民营企业转型问题进行讨论，深刻思考得出初步结论，大家可以在此基础上继续思考，继续实践，感谢各位嘉宾发表精彩的演讲，感谢各位朋友积极参与，分论坛"国有企业改革与民营企业转型"到此结束，再见，谢谢大家！

分论坛三:城镇化可持续发展

时间:2015 年 11 月 22 日(下午)

地点:202 会议室

嘉宾:

 宋军继 山东省聊城市代市长

 田惠敏 国家开发银行研究院副研究员

 章　铮 北京大学光华管理学院荣休教授

 陈玉宇 北京大学光华管理学院教授

 吴文庆 水利部财务司司长

 吴　华 国家扶贫办开发司副司长

 罗来军 中国人民大学经济学院副教授

 雷　明 北京大学光华管理学院教授

主持人:

 滕　飞 北京大学光华管理学院党委副书记

滕飞：

各位来宾，各位同学，我们研讨会第三场分论坛现在开始。不再等了，今天有很多嘉宾，因为大雪堵在路上。首先，非常欢迎大家来到我们的分论坛，关于城镇化与可持续发展的问题。我觉得这个主题非常有味道，一句话来说，这个主题是上管天，下管地，中间管空气。为什么这样说？因为我们在讨论城镇化的问题，就关乎中国大地上老百姓安居乐业的问题，还有城市如何发展如何布局的问题。另外，讨论可持续发展的问题，就是关乎现在经济的发展。除了从经济指标上面来看，可持续发展更是跟我们的人、自然、经济，更好地和谐匹配的一个过程。总之，城镇化与可持续发展都是中国经济发展的重点问题和热点问题。所以，我也是相信根据今天在座各位嘉宾和老师的对话与主题发言，大家一定可以从分论坛三获得很多的智慧和借鉴。介绍一下现在到场的主题嘉宾：

宋军继先生

吴文庆先生

吴华先生

田惠敏先生

罗来军先生

章铮老师

陈玉宇老师

雷明教授。

今天的分论坛这样安排，因为有两个主题，先讨论城镇化的问题，再讨论可持续发展的问题。每一个部分都有 4 位演讲嘉宾跟大家先用 15 分钟左右的时间对自己的一些核心的观点、最近研究的一些兴趣点进行一个陈述。然后,再半个小时的时间,前面陈述完的嘉宾进行圆桌论坛,每一个环节都是这样开展。因为时间的原因,给各位嘉宾一个小小的请求,尤其是在观点陈述的时候,15分钟的时间,大家把自己最想表达的核心观点给我们听众分享。

第一部分讨论城镇化问题。2011年时候中国城镇化率已经达到51.27%,超过50%,这意味着中国在5000年历史上首次城镇的人口超过农村人口,所以,中国在经历一场变革。这个变革过程当中,中国的城市化、中国城镇化如何走得更好、走得更稳,实现人的城镇化最终目标值得我们探讨。首先有请宋军继先生进行15分钟的演讲。有请。

宋军继:

各位老师,各位同学,下午好。外面大雪纷飞,有一点冷,但我们心里面感觉到很温暖。为什么?因为有幸参加这个研讨会,感觉到非常地荣幸。我来自基层,在座的都是学者、老师、同学。我在县里面工作过,在市里面工作过,在省里面工作过。感觉到对我出的题目有意义,也是一个挑战。我是在操作层面,不是在制定政策层面。我有一个体会,城镇化是一个大问题,关系到小康社会可以不可以实现,也是关乎城镇化发展质量和水平的问题。刚刚闭幕的十八届五中全会提出提高户籍城镇化率。2013年11月份国家城镇化会议开始阶段提出了什么?提高户籍城镇化率,经过几年实践,人口城镇化率不可以客观反映这个地方的发展。所以,这一次十八届五中全会决议提出来提高户籍城镇化率,基于三个方面。

第一,全面建成小康社会的内在要求;关键是有2亿多人口在大中小城市,包括城镇,有1亿人口是农民工,没有他们的小康,很难实现全面的发展。他们的户籍都是在本地,而没有在城市。

第二,落实共享发展理念的具体体现。为什么这样说?在城镇的农民工没有享受一些公共服务的需求,包括教育、医疗、卫生等。时间关系,就不仔细说了。

第三,保持经济健康发展的现实需要。1亿人口在城镇落户,可以提高劳动力资源,还可以带动建设。国家做出重大决策为了突出这个重点是有原因的。

户籍城镇化率低于常住人口城镇化率,但是,户籍城镇化率是36.3%,差了18.5个百分点。从1978年开始,人口城镇化率增长了。这个是一个特点。

第二个特点就是沿海地区的户籍人口城镇化率明显提高,最高是北京、上海、天津三个直辖市。有一个比较特殊的:浙江。浙江反过来了,人口城镇化率很高,但是户籍城镇化率比较低,差距很大。

第三个特点是局部地区户籍率高于人口城镇化率。一个是浙江的问题,第二个山东青岛和潍坊市。行政区划改革,很多市变成区,区变成农村;还有统计口径的问题。

户籍人口城镇化率低带来的问题。四个方面:第一,非户籍人口不可以完全享受城市公共服务,比如说社保,参加职工医保农民工人数仅占18.7%。第二,就业。第三,农民工子女的教育比例。因为没有人管,农村教育比例低,特别是北上广深,农民工子女就学条件总体来说比较差。第四,医疗。

还表现为非户籍人口消费潜力未能够充分释放。第一,流动人口缺乏城市居留的长久预期,消费模式存在保守倾向,他觉得时间待不长,很多人在城市待10年,20年,但是觉得最终还是要回去,就是消费能力比较差。第二个方面,流动性消费,这个表示更明显。住不下,成本很高,不可以消费,就住地下室、廉租房。

非户籍人口处于半城市化的尴尬状态。表现为"三低一高"弱势阶层分布状况。他们,一个是低文化程度,低经济收入,低社会地位,他们高密度聚集,聚集在城市边缘地带,或是地下室。大量低收入流动人口在城市聚集,往往受到当地居民的歧视和排斥,容易产生各种各样的矛盾。目前,在大城市、中等城市,农民工就是受到了不平等的待遇。

户籍人口城镇化率滞后的原因有四点。第一,体制改革相对滞后,包括四个方面。首先,户籍制度,确实是存在这个现象,北上广深大型的这样模式。县城好一点,乡镇基本上是放开的。但是,大量农民工就是中等城市。一个集体建设用地的产权流走。其次,宅基地。再次,反向考核指标。我在省里面工作,现在国家有四十几个指标,对于城镇化的考核是反向的。如果是城镇的人口它的标准统一,农村标准不统一。包括我在内,客观上不愿意提高城镇化率。为什么?考核是法定的,各种各样的标准,各种各样的社保,等等,这个是目前出现的情况,国家政策导向出现的问题。最后就是政策落实,农业转移人口纳入教育、社保、住房等基本公共服务体系,但是实际操作中相关保障政策没有全面落实。不同的城市,特别是大城市,比如说,保障房的建设。但是,经济适用房他住不了。但是,没有城市现在开始试点,因为成本很高。

第二,政府公共服务保障不到位。表现三个方面:一是现有财政体制的制约,二是现有城市服务设施严重不足,三是住房保障程度偏低。这些都是需要政府来付出、来投入的。

第三,城市综合承载能力不足。基础设施不足,宜居水平不高。

第四,部分农业转移人口落户意愿不强。也是一个特点,特别是在大城市城中村,占小部分,他享受集体的收入的分配权,又享受城市公共服务,特别是设施带来的这种便利。他不愿意来。

加快研究提高户籍人口城镇化率的对策。前面讲了现状、原因,对策归纳起来有五点。

第一点,最重要的,加快推进户籍制度改革。第一,就是科学制定落户的标准,这个落户的标准,对于大中城市来讲。北京还没有出来,天津、上海、青岛已经出来了。这个里面有四个指标放前面。第一,年龄。第二,学历。第三,职称。第四,社保。这个条件,农民工很难在城市落下来,最终还是回农村。大城市应该科学地调整这个指标。第二方面,放开落户条件,特别是小城镇,小城镇可以吸纳更多的农民工,特别是产业比较发达的地区。第三,有序推进农转居。特别是国家目前有这个方面的政策,可以把农民转成居民。所以,这个改革户籍是第一位的。

第二点,农村产权制度,提高农村转移进城能力。我有权了,下一步怎么办?是政府的事情,就可以抵押。怎么变成资产?国家也是在试点。可以把集体用地入市。农村财产可以抵押,每一个省大约有两个县。到明年这个有一定的进展。第一,优化城镇化布局,优化布局,为产业、人口聚集创造更好平台。第二,强化中心城市辐射带动功能。第三,推进县域城镇化。它跟农民比较近,成本也比较低。

第三点,提高城镇综合承载能力。第一,提高城镇基础设施和公共服务能力。第二,加强城市基础设施建设,提高城镇公共服务供给能力。第三,提高城镇宜居水平。第四,落实城镇住房制度改革。这个改革也是的。因为农民工进城,最重要就是住房。在北京最贵的就是房子,有房子住其他的都好办。

第四点,提高城镇的就业产业支撑。第一,可以推动产业转型升级。第二,专业化分工协作。第三,促进产城融合。现在在大中城市吸引农民工最多的就是新区,包括开发区,老城市已经不多了。所以,没有这个机会,我们户籍城镇化就没有落户的基础。这个还是一个基础条件。

第五点,就是完善工作推进机制。这个政府要做,个人要配合。首先,建立健全农业转移人口市民化成本分担机制和"三挂钩"机制,农民进城了,财政转移要到城镇来,现在做得不到位,做了一部分。其次,与城镇建设用地规模增加挂钩,推进农民进城,有户籍的是比较关心的。现在很多农村用地转到城市来,不管是挂钩还是建设用地。最后,就是与财政性基建资金挂钩。财政部给了很多地方基金,有产业的支持,这个也是希望通过户籍人口的转移能够分担一定的比例。这个事情是很艰难的。特别是提出到2020年要全面建成小康,关键是老乡。老乡问题解决不了,需要政府、企业、社会各个层面来配合。我今天15分钟的演讲结束了,谢谢大家。

滕飞：

谢谢。统计指标上城镇化和实质上户籍上享受城镇化是两回事，真正享受权利的城镇化如果可以实现，一方面是制度的约束，另外一个方面对于地方也是一个很大的考验，有没有钱的问题。今天上午主论坛一个高峰论坛老师提到，对于未来经济这也是一个经济学问题，福利化怎么走？金融化怎么办？都是涉及福利的问题、钱的问题，需要金融杠杆的问题。接下来邀请田惠敏老师分享一下他的思考。

田惠敏：

各位老师，各位同学们，下午好！很荣幸参加今天下午城镇化与可持续发展问题的讨论。我今天演讲的题目是"开发性金融与新型城镇化"，主要讲三个问题。

第一个问题：我国城镇化发展面临的突出问题。

我国新型城镇化发展过程中可能面临的问题，大致包括四个方面：

第一，大量农村转移人口难以融入城市社会，农民工市民化进程缓慢。受城乡户籍制度分割的影响，被统计的城镇的人口有两亿多农民工随迁家属来到城镇。但是，他们没有享受到与城市居民平等的公共服务，也没有完全融入城市生活。也就是说，他们就业在城市，户籍在农村，收入在城市，家庭在农村，生活在城市，根基在农村。处于半农半城状态，游离于城镇和乡村之间。

第二，城中村仍然没有解决，城市公共服务供给能力不足。国际经验表明，要加强保障型住房建设。在过去，我国在推进住房社会化过程当中有相当一段时间重视经济功能,而忽视了政府的保障的作用,因此造成了目前城镇住房体系不健全的现状,住房保障覆盖面比较散,部分群众出现住房难的问题。

第三,城镇空间布局、结构不合理。我国城镇化现在出现的一个特征是东部城镇化率高,而西部城镇化率低,并且小城镇数量多,规模普遍偏小,很多城镇人口不足5000人。城镇空间不合适和规模不合理导致了人口长距离、大规模地流动,资金大规模调动,不但增加社会成本,而且加剧了人口资源的环境矛盾。

第四,土地资源的配比和利用率需要进一步优化。当前土地城镇化快于人口城镇化,建设用地粗放低效,一些城市形成"摊大饼式"的发展模式。

第二个问题,推进新型城镇化需要解决的关键问题。

我们都知道,到2020年,我国城镇化要实现三个目标:一要解决一亿进城常住的农业转移人口落户城镇;二要解决一亿人口城中村改造;三要解决一亿人口在中西部城镇化。推进新型城镇化需要解决以下三个关键问题。

第一,有序地推进农业转移人口市民化,有效解决一亿农村转移人口难以融入城市和社会的问题,从而降低落户门槛,引导农业转移人口在城市落户选择,全面放开小城市落户限制,有序地放开中等城市落户限制,合理放宽大城市落户限制,对于特大城市人口规模仍要维持严格控制。另外,要推进城镇基本公共服务常住人口全覆盖,把进城落户农民完全纳入城镇和社会保障体系,加大在教育、医疗、保险等方面的投入。

第二,解决一亿人城中村改造,也是政府履行公共服务职能的内在要求。结合财政能力、土地资源的条件,要合理把握保障性住房建设、城中村改造的规模和节奏。

第三,解决一亿人口在中西部城镇化,优化城镇化的形态,逐步推进中西部地区的城镇化进程,促进增长和市场空间的由东向西、由南向北,推动区域协调发展的重要途径,也是新型城镇化的重点之一。

第三个问题,开发性金融助力新型城镇化。

主要讲三个方面的内容:

先讲第一个方面的内容。开发性金融与城镇化发展具有相适性。我们做过一个课题,发现开发性金融资金投入和我国新型城镇化发展具有相适性。要建设公共设施,提供公共产品,就要实现就业、教育、医疗、养老等基本公共服务的过程,这些具有一个明显的特点,即建设周期比较长、资金比较大、风险较为集中,商业银行及社会的资金不愿意去投资。而开发性金融作为一种金融形态,是以服务国家战略为宗旨,以中长期投融资为手段,并且依托国家的信用,通过市场化的运作来缓解经济社会发展的"瓶颈"问题,进而维护国家的经济稳定和金融安全。此外,开发性金融能够优化和运用政府的信用,以政府信用促进市场的建设和项目建设。在如今我国的市场,制度还有很多缺失,开发性金融机构可以达到连接政府与市场的作用,从而实现政府的一些战略性的任务。

第二个方面的内容,开发性金融拓宽城镇化建设融资渠道。现阶段,城镇化资金保障方面还存在一些问题,主要表现在资金缺口巨大,需要专项资金支持。融资渠道,可以通过低成本、中长期的原则推进产品创新。这里主要讲三个专项:第一个专项,发放专项贷款,集中引导社会资金解决农民工市民化、保障房和中西部地区建设资金缺口,提高资金使用效率。第二个专项,发行专项债券,解决城镇化重大建设资金不足的问题,确保城镇化建设资金的供给可持续性。第三个专项,建立专项的基金,通过投贷结合,引导商业银行、保险、社保等社会资金参与城镇化建设,并推动建立健全地方债券发行管理制度和评级制度,拓宽城市建设的融资渠道。可以由开发性金融机构发起设立并进行管理,也可以由国家来设立并纳入政府基金预算管理,开发性金融机构发挥协同作用,支持国企、民企、外资等各类市场主体以BT、BOT、PPT以及政府购买社会服务方式参与城镇化的项目建设。

最后讲第三个方面的内容,控制地方性政府性负债和金融风险。这个问题大家比较关注,当前地方政府的债务规模比较大,城镇化的融资能力是下降的,推进新型城镇化需要妥善解决地方债务问题,将债务风险控制在安全范围内。可以考虑由开发性金融机构或者通过招标选择一家银行进行统一评级、统一授信、统借统还,实现从总量结构上防止地方政府一哄而上。这里需要着重解释一下"三个统一"。首先,统一评级,对于各级地方政府的资金进行评级,动态调整,严格审查资产负债表,设立一个负债天花板。其次,统一授信,对于个人客户进行统一授信,控制债务融资额度,避免投融资总量失控。最后,统借统还,完善信用结构测算效率平衡,控制信贷风险。开行支持新农村的建设,并支持保障性安居工程,大家可能比较熟悉辽宁的改造。此外,还有一些扶贫开发,以及一些贷款,其中全国85%以上的贷款来自开行。此外,还有支持中小企业的发展,因为农民工进城后主要进入的是中小企业。此外,还有一块就是创业,开发性金融机构可以支持中小企业,等等。

好,我今天就简单讲到这里,大家有什么问题可以再谈。谢谢大家。

滕飞:

谢谢老师。我们说完了钱的问题,我们说一下人的事情。

章铮:

我的基本观点是,目前,劳动者在中国城镇劳动力二等市场上面能得到的收入,无法维持其全家正常的城镇生活支出。无论他是制造业员工也好,钟点工也好,靠那点生活费在城里面生活过不下来。这带来两个后果,第一,现在在二等市场上干活的外来农民工,没有全家定居城镇的经济能力,进城进不起。民工荒出现后,农民工在城里面工作的年限越来越长,可以算得上稳定就业;但农民工全家却无法在城镇稳定生活。第二,带来的后果就是压缩城镇人口的就业空间,因为工资太低,二等市场上的活儿只有农民工愿意干,城镇人口包括大学生不会去干这些活儿。这不是大学生不转变观念的问题,而是收入太低的问题。在美国,经济学教授税前年薪是5万多美元,修下水道的工人也是5万多美元。而在中国,后者也许是5千多美元。

我们看一个事实,城乡生活水平差异。统计资料表明,乡村人均消费支出大概是城镇的三分之一。另外,乡村盖房子,只需要支付建筑材料和人工成本,宅基地是集体分的,免费,就算现在要收钱也就是3000块钱。而城里面房价中包括地价、各种税费、房地产公司开支和利润。2012年乡村每平方米建房费用是城镇买房费用的六分之一。因为家庭用房在乡村,农民工在城镇工作时的人均消费支出是城镇户籍居民的二分之一。

生活水平差异带来的结果就是保留工资有差异,保留工资是指劳动者愿意接受的最低工资。城市生活水平高,全家生活在城镇的城镇户籍职工所要求的保留工资必然远远高于外来农民工。

由于农民工的保留工资低,城镇企业为了降低成本,大量使用农民工。结果,在建筑业、加工制造业、餐饮业当中,现在就业者以农民工为主。这些行业的工资标准主要跟着农民工的保留工资走。

与此同时,农民工相对收入水平逐步下降到大大低于城镇正式职工的水平,请看下图。

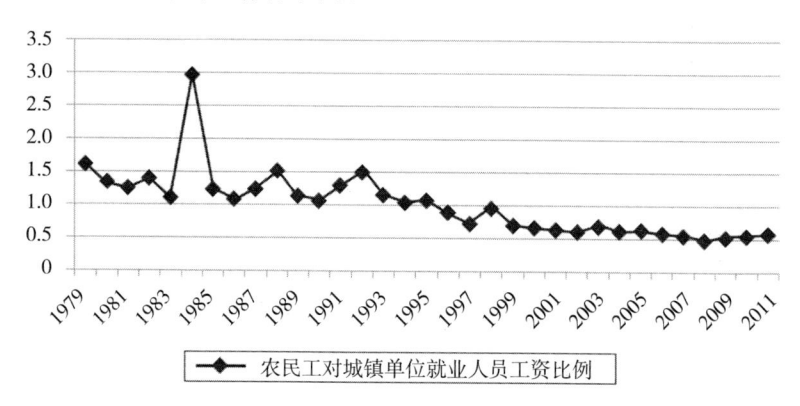

农民工对城镇单位就业人员工资比例

资料来源:卢锋,《中国农民工工资走势:1979—2010》;并根据孟捷、李怡乐《改革以来劳动力商品化和雇佣关系的发展》延展到2012年。

大家可以看一下,1995年以前,农民工的工资比城镇正式职工的工资还要高。(1988年,深圳农民工一个月能拿200,我当时是讲师,拿122。)因为农民工年纪轻,手脚快,刻苦。1995

年以后,农民工工资相对一步步下降,最近基本上稳定在相当于城镇正式职工60％这样一个水平上。

我们下面集中分析,为什么现在说城镇劳动力二级市场上的工资水平,会低到无论是谁、靠这份工资都在城里面活不下去。

农民工家庭中,老婆、孩子、老人,只要不能在城里面找到工作的,都留在农村,家庭用房也建在乡村。如前所述,农村生活开支大大低于城镇。因而农民工保留工资大大低于城镇职工。

保留工资低的好处,就是城镇企业愿意招聘农民工。因而在城镇劳动力二等市场上,农民工取代了城镇职工。

这种取代还表现为二等市场上决定工资的因素变了。从城镇职工的保留工资加福利,变成农民工的保留工资加福利。

农民工的保留工资比城镇职工低,进城后住的是宿舍或群租房。企业最多对他们包吃包住,作为福利支出,农民工享受的也低于城镇职工的水平。

再加上民工潮时期,农民工供过于求,企业可以专门使用青年农民工。青年农民工劳动生产率高,结果一方面把工资单价(工资率)压低了,另一方面农民工收入还可以达到保留工资的水平。由此带来的结果是:20世纪90年代,按不变价格计算,2000年城镇和乡村的人均消费水平分别是1990年的204.9％和172.4％,2000年城镇职工平均工资是1990年的188.3％,同期外出农民工实际工资整体来讲,似乎没有增长。如果硬要说增长,增长表现为农民工数量的增加,而不是单个农民工实际收入的提高。

2004年全国性民工荒爆发以后,农民工相对收入水平的下降趋势得到扭转，2003年到2012年农民工名义平均工资比2003年增加了272%，与同期城镇职工的名义平均工资273%的增长比例相当。现在有些人抱怨人工成本增长太快，企业活不下去。但与城镇职工相比，农民工工资还是处在相对来说的低水平上。同期，乡村居民的名义人均消费支出增加了241%，城镇居民的名义人均消费支出增加177%。收入增长比消费支出快，老百姓的日子是否好过呢？不好过。因为消费者价格指数中是不包括房价的。别的地方的房价变动我不清楚，就说北京，2003年到2012年房价涨多少倍？至少是五倍。

可见，到现在为止，农民工进城后买不起房、全家在城镇里面生活不下去的局面，没有改变。

工资低是好事情还是坏事情？

对于农民工进城打工来说是好事情。工资低，农民工才有竞争力，才能够取代城镇职工，在城镇找到工作。

对于农民全家城镇化来说是坏事情。全家进城后，如果像市民一样消费，则消费支出是原来的三倍。如果工资不上涨，多消费的钱从哪里来？

如果进城后消费水平不变，对农民工意味着什么？我们可以看下列数据：

2012年，占城镇居民5%的收入最低的困难户，年名义人均消费支出6366.78元，高于同年乡村居民名义人均生活消费支出5908.02元。而这个乡村的人均值高于60%的农民家庭支出水平。跑到城里来，这些农民如何生活？

同期，占城镇居民10%的最低收入户，名义人均现金消费支出为7301.37元，比乡村中等偏上户（收入次高的20%）的名义人均生活消费支出6924.19元高。

全家进城后收不抵支或生活水平显著下降,农民工不得不让子女、老人留在农村。农民工也好,原来的城镇职工也好,大学毕业生也好,想全家一辈子生活在城镇,就不可以长期依靠城镇劳动力二等市场上的收入为生。现在,在校大学生假期去餐馆打工的并不少见,但大学生毕业后,准备到餐馆干一辈子的很少,原因就是靠二等市场的收入全家在城镇活不下去。

于是,城镇劳动力二等市场因高劳动生产率的青壮年农民工短缺而出现民工荒,同时,大学毕业生因不能都在高收入的城镇劳动力头等市场上找到工作而就业难。

现在要推进农民工城镇化,农民工对此会怎么回答?我给农民工想了四个回应。第一,进不起城而放弃城镇化。现在很多农民都这么说。第二个回应正好反过来,叫我进城就进城,叫我迁户口就迁户口。等全家进城后无法生活,再以市民的身份坐在市政府门口,要求政府解决生活问题。第三个回应,去工资高的城镇如北上广工作,全家在生活支出低的城镇如家乡的县城定居。第四,节衣缩食让子女上大学,子女毕业后进入城镇劳动力头等市场,挣高工资,从而使全家能够在所工作城镇生活。

回应二会给农民工落户城镇的政府造成长期负担,上述地方政府必然想方设法阻止低收入的外来农民工大量进城落户。回应三不能从根本上解决农民工家属"留守"问题,只是改变了"留守"地点。回应四会加剧城镇劳动力头等市场上的就业难与二等市场上的民工荒,使之长期并存。

我的结论是:乡村的低生活支出导致农民工的低工资要求,进而导致了城镇劳动力二等市场低工资水平,这既造就了"中国制造"的竞争优势,同时又成为绝大多数农民工难以城镇化和大学毕业生就业难的原因。换句话说,现在出现问题不是因为我们过去的做法不成功,而恰恰是过去农民工"工作在城市、家庭在农村"的这一套做法太成功了。

现在看起来,只有改变城镇劳动力二等市场的工资严重偏低的局面,才能从根本上解决上述城镇化中的问题。我曾经按照农民工的现有工资水平,农民工一辈子在城市工作30年,加上政府补贴的公共服务算了一笔账。在农民工家庭全生命周期支出中的比例来看,政府的公共支出不到30%,而农民工自己挣的钱超过了70%。所以,不解决他们自身收入偏低这个大头,农民工还是没有条件城镇化。我就讲这么多。谢谢。

滕飞:

谢谢。劳动力二等市场,提出了这个概念。在我来看,不管是什么样的途径,最终就是两个字:就业。只有就业才可以解决问题。既然谈到就业,就涉及劳动力市场,接下来有请陈玉宇教授,分享一下对于城镇化和劳动力市场之间关系的理解。

陈玉宇:

向厉老师致敬,厉老师常常每一次讲课讲五点。这回学习他,我讲六点,我六点之间没有逻辑联系。

第一点,计划经济在城市化方面,是最无能的。市场力量,是城市化方面最大的推动者。劳动力市场是城市化的核心,是未来中国20年如何经济发展的核心。劳动力市场的发展完善了,就是中国可以平稳实现城市化的一个过程。计划经济最无能的事情就是实现城市化,1950年20%城市化率,到改革开放前期还是20%,这个在全世界绝无仅有。因为城市化意味着各种各样的政府方面的负担。计划者最不愿意干这事。计划经济思维也是今天实现良好城市化的一个思维。谈农民工福利待遇问题怎么解决？其实好像是给政府加压,其实是把权力交给政府手里,使得政府有机会哭诉没有条件推进城市化。本质上,农民工最需要的是能引导他们的高效率的劳动力市场。

第二个观点,劳动力市场是关系到中国的前途,中国有没有前途的问题。劳动力市场是无形的市场,是由根据和决定影响劳动力,决定在哪里工作,找什么工作,有关的那些制度、法律、法规。因为影响了我做什么。从这个意义上面来讲,就是发现什么呢？前30年我们做了一件了不起的事情。全世界经济学家都赞美中国有一个什么呢？农民工劳动力市场,我们在20年时间里面完成2.7亿农民工从农业领域转移到非农领域找到工作。虽然有这样那样的缺点,但是这20年当中很了不起。

第三个观点,我们未来劳动力市场要完成的配置资源功能是什么？劳动力资源,是各种资源中第一个重要的。劳动力市场在未来要完成几个任务。第一个是什么呢？就是继续完成转移剩余农业劳动力配置。经过这么多年发展依然有25%到30%的劳动力继续从事农业劳动。我们的农业产出占GDP的比重是9%,30%的劳动力生产出9%的GDP,所以还需要继续转移。靠什么转？靠计划部门的计划吗？靠产业的兴盛和劳动力市场！给大家一个感觉,美国1820年农业劳动力占80%,1890年占40%,1930年占23%,1980年占3.4%。这个是我们继续要完成的一个任务。

第四个观点,在产业间和地区间配置劳动力。伴随着快速发展,有些产业衰败,有些产业兴起。有些地区是人口流出地,有些地区是人口流入地。第一个层面就是企业和产业之间,我这个企业关闭了,到另外一个企业找工作。这个行业衰落了,到另外一个行业找工作。第二个层面,地理空间上,不同城市之间的,哪个城市发展快,工作机会多,就应该顺利到哪里找工作。这两个任务,是未来发展的重点。劳动力市场能不能根据产业变化的需要和地区发展的需要,非常有效地引导和配置劳动力资源?而且不仅仅是农民工。刚刚说了,影响劳动力市场的所有制度安排都是要被重新检讨、重新规划、重新思考的一个问题。有多重大的意义呢?

最近有一个教授做了一个研究,在美国的城市之间如果这个城市的潜力好,人们来这找的工作好。但是,因为某一些政策的原因,因为某一些房价的原因,我留在小城市没有转到大城市,这个就是劳动力资源的误配置。本来可以转到更有生产率的地方,带来更高的社会产出,因为交易成本高,你劳动力市场不够灵活。估计了一下,这影响了美国人均 GDP 的 25%。设想一下,中国地理空间上把人恰如其分地配置到他最想去的地方,可以跟他雇主最高质量匹配的地方,中国经济未来高质量发展核心的含义在这里,这个潜力是非常的大的。劳动力配置得有效率,会给中国经济增长带来巨大的动力。

第五个观点,我们应该跨越"中等收入陷阱",克服今天面临的经济困难,也要靠劳动力市场支撑。让我们从未来回头看。如果 20 年后,中国人均 GDP 到达今天韩国的水平。这个可能吗?我认为可能。如果实现这个目标,我们不仅要完成刚刚所说的农业到非农，还要完成地理空间上面的劳动力的重新配置，还要完成传统的产业向现代产业结构的转化。用美国做一个例子，美国的制造业过去60年所占的比重没有变，似乎可以说一下，制造业最多是一个工业减少一点的问题。错的，制造业内部跟计算机有关的制造业年增长速度是20%，连续高速增长20到30年。可是美国跟计算机没有关系的传统制造业增长速度是0.6%。在未来20年，如果中国需要有一个高质量、有活力的经济，就得面临着产业的生生死死，有的产业衰落，有的产业兴起。我们需要把劳动力快速、符合产业所需地完成产业之间的配置。第二个就是城市之间的配置。

其实就是意味着经济活动在哪里发生，人积聚在哪里。美国积聚成这个样子。所以，我们不知道应该积聚成什么样子。依赖于什么？依赖于政府构造那个，让人们根据自己的私人信息、亲戚朋友的信息、各种各样的市场信息完成这样的一个配置。计划经济在培植劳动力资源方面也是最无能的，因为计划经济甚至在配置金融资源方面也无能，因为还有一个规模经济的问题。劳动力资源就是一个人一个工作，一个人跟一个人雇主的问题。任何人想代替市场活动，我来做一个计划，我们解决一些问题，我做一个计划，我们解决每年700万的大学生问题，这种思路是不对的。

第六个观点，劳动力市场配置的核心对象是1990年后出生的新生代劳动力。我们现在那么多人关心农民工，未来20年农民工问题不是劳动力市场配置的主要问题，也不是城市化的主要问题。城市化问题主要是这一拨人：1990—2012年出生的4亿人，这4亿劳动力是中华民族最宝贵的、未来最核心的资源。

这些资源要配置好，不要设置各种各样的障碍，让他到希望的城市，让他可以灵活选择自己一辈子的发展路径。这4亿1990年到2012年出生的人，还有一个显著特点，那就是很多很多人受过或将要接受高等教育。1970年出生的人只有3％受过高等教育，1990年的就有25％受过高等教育。2000年出生的人，2018年上大学，将有50％受过高等教育，中国一夜之间变成了这样。劳动力市场被要求要更加有效率地配合这些劳动力资源，这个是很难的事情。劳动力市场的制度改革，只需要我们用非常前瞻性的眼光看这个事情。

用一个小例子说明未来劳动力市场要解决的问题是什么。举例有一对劳动力大学生夫妻，夫妻双方都是大学毕业，在美国1930年的时候，所有的大学生夫妻30％生活在10个大都市，到了1970年50％的大学生夫妻生活在十几个大都市，这意味着什么呢？说明了另外一个观点。我们4亿年轻人，他们找到两份高质量的工作更难。大城市可以提供这个优势和机会。因此大城市的发展和优势将是无可比拟的。这些东西的思考将是我们制定城市化战略、政府制定政策的依据。可是政府应该减压，应该制定一个更加有弹性的制度。我不是说取消劳动力市场，而是把这些制度变得有灵活性。

最后一个观点举一个例子。

比如说，把户籍取消了，或者把农民工老家里面的基础拔掉了，到东莞落户。会不会是好事情？不见得。一个农民工无论是农民工还是大学生到新的地方移民，一开始工资没有那么高，一开始工资面临着很大的不确定性，也许碰巧找到好的工作，很好安顿下来，另外50％可能性，在那儿失业了。这个时候在他老家,在他所出发的地方,他可以非常低成本再返回来。我们思考一下这个模型会发现:当这种到目的地找到工作的风险越大,(如果还有这个前提)可以返回老家的成本很低,就越是会移民。你想一下,因为老家条件是技术不变,抓彩票,抓到好工作机会就去了,没有好机会就回来了。这个时候说,我们制度改革,快回来,就在那儿待着。结论是,要给劳动力选择的自由,而不是换个地方把他们固定在当地。原来把农民固定在农村是错误政策,现在如果把他们固定在某个打工城市,也将是错误政策。

用这个例子说一下,搞劳动力市场的制度建设不像大家想象的那么容易。就是应该让我们的劳动力更有弹性,全国范围内更一体化,更有灵活性。我们政府不要再去忧虑我可以不可以养活得起你。我在哪些方面让你少一点麻烦,如果是这样,中国拥有了一个那么灵活的劳动力市场,将是一件了不起的事情。

去年美国有 4000 万—5000 万劳动力发生迁移和换工作。没有这种灵活性,就不会有配置效率的提高,就不会有高的经济增长。谢谢大家。这个是我的理解。

滕飞:

非常感谢以上四位嘉宾各自的核心观点。给大家一个分享。其实我来理解,厉老师的经济改革的思想有两条主线,一个是城市里面就是对企业的改革,这个名字家喻户晓。还有一块,对于城乡二元机制的改革,我觉得城镇化主题是对厉老师第二条主线的进一步解读。刚刚陈老师讲了观点,给我们一个思维上的很大冲击,拆除很多人在思维上面的一堵墙。现在有这样一个观点,比如说,现在政府提的城镇化是因果倒置,城镇化是经济发展、市场发展、工业化进程当中自然而然的一个结果,而并不是原因,而现在抓住原因不放,我要实现城镇化反倒是本末倒置这样一个观点。先给各位分享一下,我想问一下陈玉宇老师,对这个观点怎么应对?另外,多问一下,您时间毕竟有限,刚刚在讲城镇化或者劳动力市场放开过程当中提到美国一些案例,可以具体给我们说一下吗?

陈玉宇:

总体上也是不错。只不过说政府应该怎么做这个城市化?我们未来预期人口的地理空间上面的变化,没有人知道,市场也是在试错当中,政府也是在试错当中。因此,任何人特别武断地给予特别的一个想法很可能是错误的。所以,应该依赖于政府和市场的高度的合作、高度的互相探寻。这样尝试性一点一点往前走。如果一定要有一个结论性的话:前30年地方政府在工业化、在促进地方经济发展的方面扮演着非常重要的角色,这样角色的重点是什么呢?是需要依赖于更好的资源配置,更尊重市场规律的资源配置,因此,地方政府还延续原来的想法是不对的。如何配置好中国已有的劳动力,已有劳动力如何让他们更有流动性,找到更好的工作,配置未来几亿年轻人的工作……是很大的一个压力。需要地方政府探寻很多很多的新的方法。这个没有统一的答案。我是反对什么呢?就是把所有的制度取消就是自由,恰恰相反。如果总结一下,劳动力市场建设是要尊重和保护劳动力现有的权利和自由。他已经获得了权利,你不能够因为新的规划取消掉。最后,我再说一句话,这的确对于市场是一个挑战。但是,对于地方政府和我们社会管理是更大的挑战。中国有600多个城市,但是,以我做城市化研究的主观一个见解,有希望的城市就是100个或者150个。有四分之三的市长,越努力对于历史来讲越反动。而那150个有前途的城市,所有的努力,更大的城市建设,更多的招商引资,所有的努力都是使明天变得更美好的行为。

滕飞:

这个问题很尖锐,宋市长做过淄博的领导,现在又在聊城,刚刚说了努力。宋市长做过什么努力?

宋军继:

刚刚陈老师讲了一个核心观点,这个观点我是非常赞同的,作为地方政府也是这样的。现在有一个问题,现在经济发展是城镇化的一个过程,真正发展是发展就业机会,很多民工到大城市来了,到县城来了。现在来了以后呢,中央、国务院关心什么?他们到城市里面来了,没有享受到市民的待遇。还要回到老家去,考核的指标就是人口城镇化。所以,应该提高户籍城镇化率。希望经济发展以后,刚刚老师讲了,人口转移到城市来了,可以享受市民的待遇。具有高素质的劳动力留在城市一块儿生活,城镇化是一个自然的过程。对于大城市、中等城市是一个方面,包括户籍,还有产权制度改革,等等。为什么呢?城市压力很大,对基础设施、公共服务要求很高。还有一个,很多是吸引劳动力就业,成本比较低,让他们不愿意离开。江西、湖北外出打工提高城镇化率。各个省份、区域不一样,应该因地制宜。

滕飞：

谢谢宋市长。淄博也好，聊城也好，都是属于中等城市。我们城市和城市也是不一样的。我们生活在北京特大城市，我关注一个问题。北京这半年来提倡一个问题，就是城市化问题，人口疏散的问题，一个反城市化运动。想问一下章铮老师，老师是说进城务工人员产生一个二等市场。我们把这些人疏散出去，采取的方法就是什么呢？例如把相对便宜的农贸市场清理了。跟二等市场劳动力不是特别匹配的一个市场，是正确的么？想问一下章铮老师。

章铮：

说一句老实话，对这个方面的材料是看了一些，但是了解不够多。但政府的人口目标可以成功吗？我表示怀疑，我上大学时北京市政府就提出到 2000 年把北京人口控制在 1000 万，成功了吗？20 世纪 80 年代初期到现在，北京的人口控制计划没有一次成功过。原因很简单，政府每一次又想把人口迁出去，又非要把那些好工作留在北京。如果是美国，经济类工作可以迁到纽约去，我相信华盛顿是不会搞成 2000 万人的大城市的。所以，现在的问题是，到底北京的城市定位是什么。

滕飞：

谢谢章铮老师。章铮从另外一个角度阐述了陈玉宇老师的一个观点，计划体制在城镇化上如何。但是，反过来讲，从 2000 年的到现在的数据不变。这个确实对于我们来说是很大的一个挑战，谈到挑战我想到另外一个挑战，想问一下田惠敏老师。演讲当中也是提了开发银行在城镇化工作方面做了一些努力。但是,金融这个东西是好东西,它的好更多体现在锦上添花上,不是雪中送炭。提到政府问题,有户籍问题,等等。在雪中送炭或者破旧立新过程当中,金融有哪些切入点?请您分享一下。

田惠敏:

据中国社科院测算,目前我国农业转移人口市民化的人均公共成本约为 13 万元,要完成中央提出的"促进约一亿农业转移人口落户城镇"就需要 13 万亿。为此,需要进行金融创新,构建多元化的中长期投融资体制机制,为城镇化发展提供有力的金融支撑。推进新型城镇化需要发挥金融的支撑作用。应共同推动形成财政资金引导、政策性金融支持、社会资本广泛参与的多元化融资模式,为新常态下推进新型城镇化建设提供可持续的资金保障。

目前看来,城镇化投融资"瓶颈"呼唤金融支持与创新,我们作为我国中长期投融资主力银行,给出了自己的答案。

作为政府的开发性金融机构,我们一直将支持新型城镇化作为服务国家战略的重点。早在 1998 年,我们在芜湖把城投公司改造为规范的融资平台,创造出一种新的地方政府融资模式,为打通城市基础设施建设领域的资金"瓶颈"开辟出一条新的路径,由此开始了支持城市基础设施建设乃至我国城镇化发展的脚步。

滕飞:

谢谢。我们聊的过程当中再补充。四位嘉宾,作为主持人有一个特权,我这边问一个选答题。台下的各位同学如果感兴趣也是给大家回答的权利。今天是老师60周年的一个活动,主题是关于经济学的高峰的对话和研讨。谈到经济学,经济学说白了,作为学生,向老师们交交作业,就是一种供给和需求。供给和需求,我们谈到生产与生产的各个要素。从计划向市场的改革,我个人认为就是各个生产要素一个松绑的过程。只有松绑才可以真正形成一个价格机制,有了价格机制才可能真正实现最优化的一个配置。哪一个要素?人,劳动力,土地,资本,等等。今天讨论城镇化的问题,这个涉及的东西还是比较的多元化。但是,我作为学生我有一个困惑点。市场转型过程当中给人松绑,给土地松绑,今天也是谈到了土地交易问题。但是,这有没有一个逻辑的过程?有没有一个先后的顺序?刚刚说了试错。作为学者可以试错。但是,对于宋军继市长,不敢用自己的事业来去试错。一个开放性的问题,我在要素的松绑过程中,有没有一个逻辑的可能的关系?不是一个没有标准答案的。我想抛给四位嘉宾。

陈玉宇:

我们需要想象力,需要新观念。20年以前,如果我们请教国家发改委任何一个同志,能否在未来20年转移2.7亿农民工。答案一定是否定的,因为计划者没有市场有想象力!今天提到所有的困难,困难与否取决于你相信不相信市场的力量。每一个人找工作,就是所有人都动员起来了。劳动局安排工作就是按照几个公务人员拍脑袋。尊重市场,相信不相信市场的力量。最近还有一个错误观点,中国的基数很大。主要意思是说,GDP 变大了,再增长就变难了。同样一个百分点,基数小的时候和基数大的时候,差别很大。因此基数大了,就增长不快了。这个观点是明显的逻辑错误。全国的 GDP 是 30 个省的数加起来的。全国的 GDP 数很大,各省的 GDP 相对而言数很小,我们能说,GDP 数字很小的各省增长速度一定快于数字很大的全国那个 GDP 吗?每一个省的速度要比全国速度慢还是快?每一个省不是 100 个县加起来的吗?县的基数小,加起来全国的增长速度慢了吗?同样道理。

这些糊涂的观念有时候干扰我们。有人说,给地方政府自主权太多,一放就是乱。其实未必。国家大,给予充分自由度不会乱。另外一个地方补充了,其实你是一个优势和劣势。第三,中国的地方政府看似在中央。给他们制定各种考核办法,甚至不相信他们个人品质。给你权力就是乱花钱,给你权力就是乱征税,这个是中央和官员们的思考。地方政府在这个情形下蛮有历史感、责任感。城市化,需要逐渐地给予地方政府更大的管理和建设城市的权力。

滕飞:

河南省委书记肯定不敢采纳。

宋军继:

第一,应该放开人力资源,通过发展,赢得有序移动。第二,放开资本市场,资本市场是为经济发展添砖加瓦,开发银行,包括农发行在为中国经济做贡献。我们的改造,开发银行做了很大的贡献,花了不少的钱,还有东部地区、西部地区。东部地区和发达城市很那个,开发银行也是做贡献了。最近还通过农发行给地方政府很多的支持,就是城市基础设施建设。还有很多水利工程,等等。现在最重要的生产要素就是什么呢?农民赖以生存的,政府发展经济支撑。一个是农村宅基地的问题,和我们现在国有土地抵押贷款,为什么这样说?因为我们现在所有的国有土地上面的房屋和资产都是可以抵押贷款,可以拿着买房子,可以做买卖。这个资产是活的,农村宅基地不可以。集体用地也是。如果是国有土地,这样就可以流转起来,也可以为农民提供很重要的作用。其他的办证都是没有问题。关键是资产资本化,其他的要素比这个轻多了,怎么制定政策就是相互配套。

滕飞:

章铮老师对这个话题有补充的吗?

章铮:

其实我觉得这个问题好解决。什么资源误配造成的问题最严重,地方上就会自发地起来调整这个资源,计划经济条件下也是如此。我问一个问题大家可以回答吗?苏南乡镇企业兴起的年份是哪一年?如果我告诉你们,它兴起的标志性年份是"文化大革命"中的1970年;如果告诉你们,它兴起的结果是被坚持计划经济的上级所接受,甚至被"四人帮"的"原创性""帮刊"(上海《学习与批判》杂志)所认可,你们能相信吗?乡镇企业肯定不是根据计划经济的安排办起来的。但到了"四人帮""帮刊"嘴里,乡镇企业被说成是"群众运动的产物",我这样说你们相信吗?

"文化大革命"中,乡村劳动力积压,干农活没有收入的问题十分严重。逼到一定的程度,苏南乡镇企业就自发起来了。所以,只要问题严重到一定程度,除非领导不想老百姓有饭吃。只要想吃饭,最后就不能不根据资源扭曲问题的严重程度,把该办的事情办起来。

当时苏南的情况,下面一方面大办乡镇企业,另一方面弄一些形式主义的办法糊弄上面。而当地的地方政府对实际情况心里有数,但搞假官僚主义,装着看不见。如果地方政府的上级来问责,地方政府就说自己官僚主义,不了解情况。实际上是把下面的积极性放出来了。

滕飞:

给了很好的一个启发。最早城市里面改革都是在计划下面做的试点,田惠敏老师。

田惠敏:

2014年国家出台新型城镇化规划指出,金融机构应在国家和地方城镇化规划的基础上统筹考虑各地的发展条件、政府负债、资金供给等因素,编制配套融资规划,并突出中西部地区基础设施产城结合、城乡一体化、保障性安居工程等服务重点,落实资金保障,推进金融创新,增强城镇化融资的可操作性和可持续性。

目前,我们在编制应对新型城镇化融资的顶层设计,以更好地满足城镇化的资金需求。此次融资规划是为配合《国家新型城镇化规划(2014—2020年)》进行编制的中长期规划,是新型城镇化融资的顶层设计方案。其目的是测算需求、分析供给端融资渠道,并实现二者之间的平衡,更好更有效地满足城镇化相应的资金需求。

2014年年底,国家发改委等11个部委在系统内部联合印发《国家新型城镇化综合试点方案》,提出将江苏、安徽两省和宁波等62个城市(镇)列为国家新型城镇化综合试点地区。根据《试点方案》,各试点要在2014年年底前开始试点,并根据情况不断完善方案,到2017年各试点取得阶段性成果,形成可复制、可推广的经验;2018—2020年,逐步在全国范围内推广试点地区的成果经验。其中,安徽作为我们在全国第一个金融支持城镇化试点省份,在基础设施和公共服务设施建设、开发园区产城一体化、现代农业、保障性住房、土地整治和土地储备等领域开展合作。

滕飞:

谢谢。我建议我们先进行完这个规定的动作。有问题先留着,整个环节结束完以后再进行。大家针对某一位嘉宾的观点进行提问。感谢四位嘉宾。现在开始聊聊可持续发展的问题,我刚刚也提到了,我们邀请到了另外四位嘉宾。他们是:

罗来军副教授

吴文庆司长

吴华

雷明。

首先有请吴文庆给我们做分享。

吴文庆：

各位嘉宾,老师们,同学们,下午好!

今天非常高兴有机会参加厉老师从教60周年的学术研讨活动。上半段四位嘉宾都谈了很多关于城镇化发展的问题,城镇化问题是人类社会一个发展的趋势,也是一个客观的规律。在城镇化发展的过程中会不会侵害子孙后代发展需求的能力,这个就是可持续的问题。实际上城镇化可持续发展就是如何处理好城镇化进程与资源环境的协调的问题。今天论坛主题分为城镇化、可持续发展两个板块。下面,我把二者结合起来,从城镇化的可持续发展角度来谈一点思考,跟大家共同探讨。

城镇化可持续发展就是处理好城镇化与资源环境的关系问题。对于我们国家的国情而言,最重要的资源环境问题就是水的问题。因为我们国家处在特殊的地理位置,人均水资源占有量仅相当于世界平均水平的四分之一,在全世界排在109位,属于缺水国家。由于特殊的季风气候,我国水资源分布时空不均。南方来的同学很清楚,一到夏天家乡就经常发大水,现在好多了,因为近年防洪工程建设发挥了重要作用。然而,北方一直很干燥,因为每年都是很少的时间降水,大部分时间就是干燥,像今天这个天气对于我们来说是很幸福的。水对于中国来讲是非常特殊的。因此,2014年习近平总书记就水安全问题发表重要讲话,提出了"节水优先、空间均衡、系统治理、两手发力"的16字治水方针。而且,特别讲到城镇化进程当中要以水定城、以水定地。这个实际上也是给城镇化发展提出了一个明确的要求。

所以,今天我就从城镇化与水安全保障的角度向大家做一个介绍。主要有以下三个部分。

第一部分，推进新型城镇化面临的严峻形势。主要是三个方面的挑战。

第一个挑战，城镇供水保障压力。城镇用水和农村用水要求和标准完全不同。按目前最新的统计，城镇居民年均综合用水量每天213升，农村居民少一些。所以，城镇化进程当中需要很多的水，这就带来供水的压力问题。目前，全国650多个设市城市中有400多个存在不同程度的供水不足，其中130多个严重缺水。即便是在供水保障较好的城市，也还存在一部分供水区域和受益人口面临水质改善的问题。

第二个挑战，城镇化进程当中防洪排涝能力明显不足。刚刚介绍了，我们国家的降水非常不均匀。所以，防洪任务特别的严重。各位老师经常出国，到欧洲几乎感受不到防洪。我去过几次莱茵河流域，一年四季降水很均匀，河岸离水面很近，以至于担心水会漫出来，实际上不会。我们到长江上面走走，从长江堤防往下看，水面离我们很远，就是因为水位涨落变幅大，堤防需要建得很高。所以，我们国家防洪任务特别的重，每年洪涝灾害损失也是非常大，有一些具体数据不介绍了。城市排涝是面临的一个重要的问题。"7·21"北京特大暴雨，全国人民都跟着提心吊胆，那次给大家敲响了警钟。北京这样基础设施能力最强的城市，都发生了那么大的灾害，这从一个方面印证了我们国家的水情是非常的特殊。

第三个挑战，生态环境的问题。国家整体水环境是堪忧的，南方同学回到家里面可以看看，现在周边的水质和十年以前是明显不一样的。一个是水环境质量差，现在总体上全国水功能区水质达标率51.8%，这个是很低的。还有一个很重要的水生态环境的问题,地下水超采。我们所在的华北地区,地下水位每年都是以 1 米左右的速度在下降,部分地区持续发生地面沉降和海水入侵等环境地质问题。所以,现在在集中精力采取措施遏制地下水下降的趋势。这是大概的一些情况,由于时间关系就不详细介绍了。

第二部分,新型城镇化水安全保障的思路。既然城镇化发展面临着如此严峻的水安全挑战,怎么面对这个问题?谈谈初步的思考。总的思路就是贯彻 16 字方针。

第一个措施,加强城镇化水安全保障顶层设计。特别需要强调的是重点加强新型城镇化规划与主体功能区规划、水资源综合规划等的衔接。城镇化发展要与当地水资源、水环境承载能力紧密地结合起来,而不是说像现在有的地方,要建新区了发现水资源不够,怎么办?所以就提出来调水。我们就是要通过加强顶层设计,避免被动支付这种水资源大跨度调用的高昂经济社会成本。

第二个措施,加快提升城镇供水的保障能力。就是要把水利作为基础设施网络之首,加快完善水利基础设施网络,提高城镇供水保障率。大家都知道南水北调是一个最大的水资源配置工程。同时,全国各地还有一批区域性的水资源配置工程等正在建成。在加强水资源配置能力同时,也是要用好中水等,多方面保障水安全的问题。

第三个措施,就是着力提高农村供水安全水平。推进农村供水工程由分散化向规模化集中转化,有条件的地方由城市供水管网向小城镇、农村延伸,进一步提高农村饮水的水质标准,真正实现农村饮水城市化。

第四个措施,切实完善城镇防洪保安体系。总的思路就是按照人水和谐、科学防控、依法防控理念,合理谋划城镇洪水出路,科学地搞好城镇防洪和洪水资源利用。从2015年开始,按照中央的要求,现在几个部门在推进"海绵城市"建设,也是充分体现了人与自然和谐的理念。

第五个措施,不断强化水土资源环境保护。积极发展绿色城镇化,尽量减少对于自然的干扰和损害。通过连通江河湖库水系,实现城市水生态系统的良性循环。同时,推广清洁生产技术,将"绿色生产"的理念贯穿于生产全过程,替代过去的先污染后治理的老路。2015年一个比较大的事情是"水十条"出台,水污染防治行动计划已经开始实施了。

第六个措施,全面落实最严格的水资源管理制度。解决中国水资源问题最关键还是通过最严格的水资源管理制度来落实,严守三条红线。我们国家的水资源总量是2.8万亿立方米,其中到2020年可利用的天花板就是7000亿立方米。把7000亿立方米分到各个河流、各个流域、各个区域,这个就是用水总量天花板,不是水资源可以无限制地利用。同时,分区域、分行业把用水效率控制起来,再加上把水功能区限制纳污控制起来,这就构成了最严格的水资源管理制度。目前为止,我们国家以"最严格制度"明确的我印象当中就是三个:第一个是最严格的耕地保护制度,第二个是最严格的环境保护制度,第三个就是最严格的水资源管理制度。

第三部分,关于城镇化与可持续发展的几点思考。落实新型城镇化建设当中的水安全保障,核心就是按照十八届四中全会提出的"创新、协调、绿色、开放、共享"的发展理念来向前推动,切实把新的发展理念融入新型城镇化建设里面。

第一,从政策层面加强引导,科学推进新型城镇化。按照新的五大发展理念,制定出台统筹推进新型城镇化指导意见,指导地方按照新的发展理念科学制定城镇化规划。今后应该实行"多规合一",在人口流动、产业发展等方面提供政策支持。

第二,加快农业现代化进程,推进新农村建设与新型城镇化互促互进。农业现代化是城镇化的重要支撑,大力推进农业现代化,能够更好地满足城镇化日益增长的优质农产品需求,有助于释放农业剩余劳动生产力向城镇转移。同时,城镇化快速发展有利于吸纳农村转移人口,促进土地流转、农业适度规模化经营,成为农业现代化的重要动力。因此,要用新的发展理念破解农业、农村发展难题,加快转变农业发展方式。首先,要强化农业物质装备和技术支撑,大力推进节水灌溉型高标准农田建设,保障城镇化快速发展的粮食安全和食品安全。为什么我们国家现在连年丰收,我们还要加强农业,保障粮食安全?因为一旦粮食安全出问题了,就失去了现代化的根基。前些年发生过美国或者西方的一个预测,说当年中国要发生大的自然灾害,实际上就是一些国外智库发表的报告,马上就在全世界得到传播,然后,粮价就是上涨。但到了收粮的时候没有灾害,粮食又丰收了,粮价又下来了。这个过程当中很多中间商获得了无良利益。保障粮食安全、食品安全,这个是新型城镇化一个重要的基础。其次,要建立一二三产业融合发展的现代农业产业体系,大力发展"互联网+农业",完善农业产业链利益分配机制,促进农民收入快速增长。通过这种一二三产业的融合发展,核心是对农业产业链上面的利益分配机制进行调整,这个也是对于农业生产关系的一个重大调整。这样将有效促进农民增收,促进城乡资源的合理流动、优化配置。一二三产业融合发展也是近两年理论界提出的一个重要论断,在国外也有类似的探讨,印象当中和我们国家同时提出来的就是日本,日本把它叫作第六产业。怎么来的?一、二、三相加得六,相乘还得六,就是第六产业的概念。

第三,加强农村生态环境保护和治理,建设美丽乡村,发展乡村旅游,支持农村劳动力转移创业,就地城镇化和农民工市民化。我们北大同学多数来自城里面,可能我们的父辈来自农村。我们如果随着父辈回农村的时候,父辈都是会讲小时候的环境怎么样,而现在许多小河都断流了。用新的理念全面加强农村生态环境治理,恢复美丽乡村,这也正是习近平总书记去年提出来的要求,目标是实现看得见山、望得见水、记得起乡愁。同时,通过生态环境建设、美丽乡村建设,发展旅游,促进农村劳动力转移创业,就是把农村也作为一个大众创业、万众创新的广阔天地,实现就地城镇化、农民工市民化。特别是农民就地城镇化,这个是厉老师这几年反复提倡的一个观点。城市不能还是按照原来那种摊大饼方式发展,而要因地制宜发展大中小城镇,鼓励有条件的地方农民就地城镇化。

第四,大力推进依法治水,凝聚新型城镇化水安全保障的合力。城镇化最大一个制约是水问题,最有力一个支撑就是把水安全保障好。首先,要完善水法规体系,把目前还存在短板的法律空白抓住,完善节约用水、地下水管理、河道采沙这些法律法规。其次,加大综合执法力度,防止城镇化建设过程当中对河湖水域岸线等的非法侵占。与此同时,城镇化是一个系统工程,涉及方方面面,政府各职能部门应该建立协调机制。

第五,注重社会管理,引导公众积极参与。新型城镇化核心是"人的城镇化",必须全面加强城镇化进程中的社会管理,特别是围绕着水资源的社会管理,实施全民节水行动计划,让公众充分地参与、媒体充分地监督。同时,加强宣传教育,营造节水的良好氛围,最终是要建立一个全面节水型社会。

以上就是我今天跟大家分享的一点思考。不当之处,欢迎大家批评指正,谢谢大家。

滕飞:

下面有请吴华副司长分享在扶贫开发以及在可持续发展方面的一些思考。

吴华:

我是做农村扶贫工作的,在农村工作跟城市工作还是不一样,城镇化某种意义上面是城市工作,也是有区别,是不同的领域。因为我前一段学习、研究是以城镇化为题,所以,这一次参加这样一个活动。当然,贫困地区发展跟城镇化也是有关系的。因为我们相当一部分的人口的脱贫致富是需要就地,通过就地职能化这个办法来解决。

我今天跟大家交流的题目是"新型城镇化的路径与可持续发展"。关键词是"新型城镇化的路径"。找对了路径,可持续发展这样一个目标可能就容易实现。想跟大家一起分享以下几个要点:第一,关于城镇化的基本看法。第二,为什么现在我们的城镇化是新型城镇化的一个路径,有没有一个理论基础,我尝试地提出了这个分析。第三,在新的路径下,在新的视角下,路径可能的内容是哪些。最后,在新的路径下推进我们的可持续发展。新型城镇化的路径是相对于传统的城镇化官方资料提出的中国新型城镇化的新概述。中国新型城镇化内涵就是这样的五句话:以人为本,生态文明,人文精神,城乡统筹,功能协调。

相对于传统城镇化,有研究资料说,新型城镇化必须实现六大转变。其中五个转变是国内相关的专家现有的资料重点强调的。

第一,从以物为本到以人为本。

第二,从轻视资源环境到崇尚生态文明。

第三,从外延发展到内涵式发展。

第四,从城乡分割到城乡统筹。

第五,从优先发展到协调发展。

第六个转变,从分步发展到两步叠加发展的转变。这一点是我在学习当中做的一个新的归纳,而前五条转变是其他专家提出来的。什么是分步发展？什么是两步叠加？我在研究的过程中,刚刚讲了分步发展到两步叠加。我在这个学习研究的过程中梳理了城镇文明周期说这样一个视角。城镇的发展可以作为一个子文明,整个文明社会的发展可以分为几大阶段,农业文明、工业文明、生态文明三个阶段。大的阶段划分就是这样三个时期。在每一个时期,城镇子文明有它的发展的阶段性特点。人类文明,大的文明周期是母文明,也是有阶段性特点的。在这个母文明周期内,城镇的母文明孕育了城镇的子文明,城镇子文明带有母文明的阶段性特征。按照这个我们提出了这样几个观点。第一个观点,城镇化路径本质上反映了人类文明发展的历程。最明显的是文明的嵌入性这样一个特点。就是特定的城镇化路径是嵌入在特定的文明周期的情境当中的,是与特定的文明周期演进相适应的。农业文明当中城镇化是与农业文明社会相适应的,城镇到了工业化的阶段要与工业文明相适应。

第二个核心观点,城镇化进程中,这种文明的嵌入性具体表现在这样几个方面。首先,是文明的嵌入性,这是一个总的要素。其次,还具体表现为地域的嵌入性。每一个城镇都是具体的空间分布,还表现在文化的嵌入性、经济的嵌入性、区域的关联性。在不同的三个文明形态下城镇化的路径表现出很明显的阶段性特征,这个是第二个观点。

第三个观点,城镇文明演化是在母体当中孕育成长的,它既遵循母体的发展规律,又要遵循自身的发展规律。城镇文明是子文明。

第四个观点,城镇嵌入的文明阶段所处的那个阶段、大文明,决定了城镇化路径的基本方向。这个特定阶段的城镇化路径应该遵循嵌入的文明阶段的基本规律和特征。

按照这样的一个依据提供了关于文明嵌入性的一个新的视角,我们分别考察了西方国家走过的城镇化的路径。中国现在正在走着新型城镇化路径。相比较,最后得出一个结论,为什么现在强调城镇化路径是新型的?到底新在哪里?前面是讲新的内涵,讲了几个转变。为什么会有新的一个判断?比较了以后得出一个判断。

首先,文明嵌入性考察西方发达国家的一个城镇化路径。这是分步走的,首先是从农业文明,第一步从农业文明跨入到工业文明,第二步是从工业文明跨入到生态文明。我们认为它是一种单元转型的道路,具有分步走的特征。分步走的特征,在这样一个过程当中既有城镇化建设给人类带来好的福祉的一面,也暴露出一些弊端。比如说,现在的雾霾的重现。历史上的更早期的弊端表现在对于环境、对于人本身造成的各方面的负面影响,就是各种各样的城市病,交通拥挤,生态退化。正反两方面的经验暴露出来许多问题,因此我们亟需城镇化建设,从工业文明向生态文明转变。开始专注可持续发展的问题,开始关注地球环境,这个里面也是有一些好的经验。

正反两方面的经验,对于中国,对于现在的城镇化建设有哪些启示?我们考察了西方的城镇化,发达国家的城镇化,学到了好经验,也看到了教训。同时,这几年我们国家的城镇化建设本身所走的路也是有经验,也是有教训。这种经验和教训到了今天我们必须把这个弊端降低到最小。所以,我们现在提出新型城镇化,我们解决哪一个问题?我们的新型解决哪一个问题?工业文明没有完成,我们还没有完成从农业文明向工业文明的转变,这一步还是要走。第二步,我们又不能够走老路,不能够再继续污染。同时要开始生态文明建设。所以,我们的城镇化是两步叠加的城镇化。工业化建设没有完成要继续,要继续又受到资源环境的约束,遇到了这些约束既要克服它,还要保护好生态。所以,在这样的两项约束下,我认为我们的新型城镇化就是两个叠加。两步叠加,西方是叫作单元,是分步走,是单元转型,一步一步走。我们就是两步叠加,是双面转型。所以,学者与实际工作者呼吁中国必须走新型城镇化道路。但是,为什么我们这个城镇化要走不同于西方发达国家的城镇化?我尝试着从城镇文明周期视角给出一个解释,基于当前中国城镇目标指向具有从农业文明同时向工业文明、生态文明发展的双元转型特征,中国城镇化路径有别于西方分步走的战略,我们必然选择两步叠加的新型城镇化道路。中国新型城镇化路径最核心的特征就是两步叠加,别的国家就是一步一步走。先污染后治理,是老路。我们的新路,既要发展又要可持续,不要有污染,这个是对于中国新型城镇化做一个解释。

为什么要做出这样一个路径选择?从城镇文明周期的角度进行回答,按照城镇文明周期与双元转型的新要求,这个路径具体是什么样子的?尝试着从几个方面,第一,战略路径,第二,文明路径,第三,模式路径,第四,驱动路径,第五,制度路径。就是简单地扫描一下。

战略路径,新型城镇化是呼应发展与改革国家战略,国家统计局同志说了,就是两大动力之一,我说了,是呼应国家发展与改革的国家战略,这个是因地制宜的一个选择。这个路径是一个宏观层面的,上升到了国家的战略。

第二个路径,就是文明路径。讲的是什么?我们两步叠加,我们的新型城镇化是两步叠加的新路径。从农业文明,同时向工业文明还有向生态文明进展。两步叠加的路径主要任务,一个是提高城市化率,还有就是提高城镇化的质量。

第三个可能的路径,就是模式路径。这个里面有三区同步的模式,这个是厉老师提出来的三区同步模式。对于中国这样一个情况,三区同步的模式是很现实的。特别对于农村地区,农村新社区的建设,核心的指向就是让它享受到与城市平等的基本公共服务,这个是很必要的。只有享受到这样基本的公共服务了,我们才可以说农村的居民也跨入到了现代文明社会。

第四个路径,驱动路径。工业化,农业化,信息化,农业现代化,是四化协同,也是四化同步。

最后一个路径,制度路径。制度路径更多的是从改革层面上,前面讲了什么呢？城镇化路径是发展,是从目标上来说,同时也是从改革上来说,是这样一个路径。具体的推动措施,这五个方面的相关内容不展开给大家汇报了。简单地描述一个分析框架,做一个小结。

我们国家现在提出来新型城镇化建设,新型城镇化建设它的新,为什么叫新？核心内涵有五句话,官方文件讲了五句话。以人为本,但是,为什么是新型的？我是用城镇文明周期这样一个视角来尝试着回答,做出一个判断,中国城镇化是有别于西方的分步走的路径,我们是两步叠加。我们两步叠加的总原则下,具体的路径的内容,我们应该从战略、从文明、从制度等五个方面进行分解。

最后,做一个结语。在路径创新当中促进城镇文明可持续发展。当代城镇是一个体现"现代性、包容性、可持续性"这样三个基本特征组成的有生命周期的有机体。现代性、包容性、可持续性是城镇文明的内在的属性。

实现三大属性,要遵循两大价值准则:尊重人,特别强调以人为本;第二,尊重自然。人必须得到保护。

把这三个基本的特征如果用路径表述。又有一个新的表述,经济繁荣路径、社会包容的路径和生态平衡路径并重,并重的过程当中促进城镇文明的发展是一种可持续的发展。

所以,路径创新是城镇文明可持续发展的一个保证。我是做农村工作的,我尝试着把这个城镇化从一种新的视角——文明周期的视角进行了梳理。不一定对,请各位老师、同学,批评指正,谢谢大家。

滕飞:

谢谢吴老师。今天有幸听吴华讲城镇化,一会儿问一下扶贫的问题,山的问题。刚刚在下面想,我们第二场的环节的主题特别有意义,不仅是讲水的问题,讲了山的问题,刚刚在讲构成生命的最重要的元素,除了水以外,还有就是碳,罗来军教授带着他对于低碳的理解。大家欢迎。

罗来军:

大家好。注意两个背景,一个是国际背景,全球气候变暖;第二个背景,我国经济取得了高速的发展。但是,高投入,高消耗,高污染。这样一个模式带来很严重的问题,比如资源的过度消耗,经济效率低下,生态环境恶化。如何解决这些问题?实际上是要通过推进低碳化,关于低碳化我讲四个方面的问题。

对于第一个问题,低碳化作为我国经济的目标,这个观点是厉老师最近几年提出来的,我们也是已经在各个论坛上听厉老师讲述这个问题。我们有一个国家低碳化发展,如何从理论上来论证低碳化作为宏观经济的目标之一,是可行的,是可靠的。众所周知,我们传统的宏观经济有四大目标,经济增长、国际收支平衡等。为什么要把这四个目标作为宏观经济目标?基本上有两大逻辑。第一,这个目标对于我国的宏观经济体系的影响都是带有全局性的、重大的和长远的。第二,这些目标可以采取政策进行推进和实施。同样的道理,低碳化也是符合这两大逻辑。我们确确实实可以采取很多的政策措施来实现一个国家的低碳目标。因此，在这样的情况下把这个低碳化引入宏观经济的目标之一就是有理论上的合理性。引进以后呢？相当于从四个方面来看宏观经济的方向和目标，简单来看一下。比如说，经济发展速度，我们对于宏观目标是适度的经济增长。对于环境保护、气候保护，以及健康方面都是有什么呢？就是低碳化。

第二个问题，简单谈一谈低碳产业结构体系问题。很显然，一个国家要建立有竞争力的低碳的经济体系、低碳的产业结构，这个是非常重要的内容。这一块想从存量和增量两个角度谈一下我国如何构建低碳产业体系的思路。想谈一下增量的情况，所谓的增量就是我国既有的经济体系当中所没有的一些产业，也就是新兴的。我们在进行新建或者新发展的这些产业，我们应该优先积极发展低碳产业。有现代的服务业、高新技术企业，还有一些新能源企业。当然，这个增量的问题也是有它的困难，对大的技术要求更高。同时它也是一个新创的企业，没有固定的模式，我国构建低碳化体系最大挑战就是在于存量上。因为现有的很多产业是高碳产业，我们要进行转型。从高碳转低碳很难。比如说，钢铁、建材、船舶、汽车等。同时，大家认为农业是环保产业。我们的化肥和农药对环境以及食品的污染，都是十分严重的。从生产链条来讲化肥和农药生产环节能源的消耗量非常大，是会产生大量的碳排放，还有有害物质的排放。农业也是要进行低碳转型，中国如何做好低碳排放？存量改革比增量改革更难，我们在未来要意识到这一点。

接下来谈一谈能源结构调整的问题。我们严重依赖煤，消耗量很大。所以我们要控制传统能源的消耗，增加新能源，这个是社会的共识。但是,我们在实际推进当中讲一点,我们在进行能源调整时还要注重既有的经济规律,我们要认识到这些调整的天然的困难。什么意思?一般情况下,能源消费结构的客观原因:该国的能源的资源禀赋。

至少短期内很难以人的主观意志为转移,你想调不是可以调过来,我们情况也是一样的。首先,看一下我国的情况。我们煤炭多,但天然气这样的资源我们缺乏。我们如果不可以使用低碳能源,可以不可以减少能源的消耗呢?这个要看经济发展。大家都清楚,我们现在处于工业化、城镇化,双化快速发展的时期。我们要认识到这些困难。

接下来第四个方面谈一下回收利用与防止资源浪费的问题。一提到低碳化和低碳经济脑子里面首先意识到的是什么?发展低碳产业,发展新能源,等等。实际上一个国家对于产业链的回收利用、循环利用,还有防止浪费,对于减少碳排放的作用非常的重大。减少资源浪费本身是经济增长源泉的一个方面,也就是意味着在不消耗传统原材料的前提下就可以获得经济的发展。在这想举一个简单的例子说明一下。比如说,我们扔掉一块面包,这就会导致很多的碳排放,农民在土地上面种粮食,打粮食,到收割以后的储藏、运输,以及后来一系列的加工环节,再到我们的餐桌上。如果这个面包扔掉一块儿,在前面所有一系列的环节碳排放都是浪费掉了。

人们在生产过程当中尽量避免高碳活动,尽量使用低碳产品。今天的生活方式不是低碳的,而是高碳的。教室内气温特别高,浪费了我们的水资源,同时又被迫打开空调,又消耗电,这个就是高碳。

谢谢大家,欢迎指导。

滕飞:

谢谢。接下来有请雷明教授为大家分享他的主题演讲,雷明教授在绿色 GDP 方面的研究也是非常有建树,今天是城镇化方面的演讲。欢迎雷明老师。

雷明:

非常高兴有这样的机会在厉老师从教 60 周年纪念庆典日子里面能够分享一下,我们实际上做了很多的一些工作。比如说扶贫和环保的一些工作。我开始提供的一个题目也是有关低碳经济的。后来给我分了这个论坛,好像没有专门低碳经济的。我就围绕论坛主要提了一个题目,叫作"可持续发展下的新型城镇化"。

我作为最后一位发言人,不太好发言。因为大家基本上都是讲到了,我还是要把我的一些想法做一个分享。这个想法,对于前面几位专家的意见相左,还有就是中和,我希望我最后这个发言能够是在他们的基础上学习的一个结果。所以,谢谢大家。

报告题目是"可持续发展下的新型城镇化"。刚刚吴华司长的题目和我的题目有一点撞车了。希望还是有一些我们各自的见解在里面。新型城镇化我们现在已经讨论了很多的话题。今天国家统计局局长提出中国目前社会发展的主要动力源泉和推手,一个是创新,一个是城镇化,把城镇化放在国民经济过程当中一个重要的经济地位。究竟怎么走新型城镇化的路,就是大家共同思考的一个问题。刚刚吴司长也是提到这个问题,他从工业文明、生态文明、生命周期提出了一种新的思考。还有厉老先生给出了三区共建的这样一个新型城镇化的模式的选择和道路的选择。究竟围绕"十三五"下一步新型城镇化这条路到底怎么走？首先，从最基本的一个，作为老师是比较容易较真，先找到本源。本源是什么？就是新型城镇化的基本概念到底是什么。刚刚吴司长提到了到底什么是新型城镇化，我可以绕开一个概念，到底什么是城镇化？城镇化起源于现代工业革命，最古老的国家无外乎就是英国。

从英国的定义看一下什么是新型城镇化，新型城镇化又是什么样子的城镇化？按照《大英百科全书》定义，所谓城镇化是指人口向城镇集中的一个过程。集中可以是基于一个自然的过程，也可以是基于一个被动的过程。早期大英帝国城镇化过程应该都是比较的耳熟能详，是有一个圈地运动。圈地运动是前资本主义向先资本主义和后资本主义演进的一个必然过程。我们现在从事的城市化绝对不可以走这条路。究竟我们这条路到底怎么走？在十八届五中全会公报，包括"十三五"所提的城镇化里面已经有了明确的定义。必须是以人为本的城镇化，而不是一个为造城运动进行的城镇化，这一点是我们新型城镇化的最核心的或者最关键的一步。这个是有别于传统城镇化最突出的一个。

当然，这个过程究竟怎么实现？今天有很多的专家给出了很好的一些建议。比如说，要中国发挥市场机制在市场经济当中的主导地位。在城镇化进程当中也不例外。同时，还要兼顾政府看得见的手的有效调节。另外，还有一点更重要的，就是厉老师所提的三次调节理论或者三重调节机制，一个重要的调节机制，道德调节。只有在一个综合的调节机制下，这个城镇化才可以有效地实现。怎么样推动这个新型城镇化或者实现这样一个新型城镇化呢？我也是有一些思考。

首先，取决于四化的一个条件。一化，要素流动的充分化。二化，就业的充分化。三化，社会的基本公共服务均等化。四化是什么？美丽舒适宜居化。

第一，要素流动的充分化。今天有不少的嘉宾在探讨人、劳动力、资本、基本的经济要素在整个城镇化当中的作用都是谈到这一点了，没有要素的充分流动，城镇化是不可能实现的。这个流动不仅是传统意义上的纵向垂直的流动或者是城乡之间的流动，同样是我们不同行业之间的流动。包括一二三产业之间的流动，如果没有这个充分的条件，城镇化是不可想象的。

第二，就业充分化。在经济学理论中，就业充分化就是一个相对的假设，在一个经济下，相对充分就业是绝对的。没有绝对充分就业的，这个概念是相对的，也是在一定的指标下，也是在一定的标准下实现的充分就业。即使是一个假设，我们作为一个理想的条件是作为城镇化一个必要条件所提出的。乐业才可以安居，如果没有产业的发展，如果没有就业岗位的提供，这些城镇化的人口就没有办法获得他们必需的生活来源，也更没有办法获得他们继续发展的一个来源。所以，充分地发挥产业结构的调整，推动新型产业业态的发展，这个是我们建立新型城镇化过程当中的第二个必要条件。因为现在很多城镇化在西部地区，包括一些承接产业转移，还有推动产业转型，更主要的是要创新发展新型业态，这个是推动这个新型城镇化的第二个必要条件。

第三，社会基本公共服务均等化。其中包括两个含义。第一，公共服务到位；第二，城乡居民权利的平等。厉老师提出了一种有效解决实现新型城镇化的模式，老城区加新城区加新社区，这个是有别于传统经济学，特别是发展经济学，在它的城镇化理论基础上的一个重要的突破性的建树。本地城镇化或就地城镇化这个对于我们一个农业大国来说，对在生态文明和工业文明叠加期要完成双重转型的一个大国来说，不是一个有效的途径。

第四，美丽舒适宜居化。新型城镇化是不以牺牲传统产业和我们的传统产品供给为前提的，不是说城镇化了，迈进工业化，我们的农业就不要了，对于我们13亿人口大国来说农业是绝对的，农业绝对占据了第一位。在新型城镇化进程当中究竟怎么样在实现工业化和新型工业化的同时维护传统产业的地位，提升我们传统产业在整个国民经济当中的附加值，它的这个价值，是我们创建美丽中国一个最基本的核心底线。没有粮食吃，我们的中国梦就无从做起。所以，首先第一点，不以牺牲传统产业和传统产品为特征。第二，在发展当中实现自然资产的增值和保值。给我们城镇化以后的居民提供一个美丽的家园和美丽的环境。城镇化的目的不是单纯地要让农民增收，而是让他享受一个美好环境的生活。因为幸福是建立在一个整体美好环境的基础上，而不是简单的就是一个收入的增加。所以，美丽舒适宜居化，这个是新型城镇化的第四个必要的条件。

关于途径，也有一个简单的思考。"十三五"已经明确提出"五位一体"，几位司长都提到了，在发展过程当中大家都是反复地说，发展还是第一位的。发展必须遵循或者遵从发展的规律，包括我们的基本的经济规律,基本的市场机制、市场规律,价格机制、价格规律。包括我们的自然规律,我们的环境自然有序发展的规律。还包括社会的规律,和谐共享的社会的规律。我们新型城镇化要想真正地成功也必须走一条"五位一体"的发展道路。这个"五位一体"也是围绕创新、协调、开放、共享来完成的。

第一,创新。要以创新驱动来推动我们城镇化的发展。未来新型城镇化的发展必然是一个以创新为根本驱动,将产业、休闲、生活三者有机或者有效联动起来的一个城镇化,而不是一个机械的、单方面的城镇化。为了转型发展,一种新的概念,知识型社区的构建就应运而生了,通过知识型社区的构建它能够有效地承担推动城镇化进程中它的产业的升级、产业的集聚,为城镇化提供产业的基本保证。进而为城镇化的人口和居民提供就业的保证,这个是要建立在一个充分的创新的基础上。当然,包括了城镇化起点,一些基本制度、基本机制的改革,进一步深化的改革。今天厉老师提到了产权的改革。我们让农民享受它的资产性收入已经提了很多年了。但是,如何让它真正享受到它的资产性收入?这个有赖于一些基本的改革。这个改革的难点也是很多,这个问题也是比较得多,需要有创新。还有,在我们体制机制产业业态里面要有所变化。要充分发挥现代互联网信息、"互联网+"、信息技术发展的机遇。通过创新业态提升我们新型城镇化的实现概率,通过这一个机会,为我们实现新型城镇化创造条件。

第二,绿色。要把美丽中国真正转换到美丽城镇这样一个概念上。要把美丽城镇真正纳入到新型城镇化的规划上,这个是要真正在我们生态文明的阶段走出一条有别于传统工业文明城镇化的道路。

第三,共享。要让城镇化的居民能够共享城镇化的成果、新型城镇化的成果。让全民共享改革的成果,分享改革的红利。这个共享实际上就是指什么呢?就是让我们所有的居民可以分享城镇化的成果,分享城镇化的红利。

第四,协调。新型城镇化的路就是走一条城乡协调、区域协调的协调之路。而不是一条单打独斗、和其他别的方面没有任何干系的孤立的路,它是一条充分综合、融合各方面优势的协调发展的路。我们还有一个大的机遇,国家"一带一路"发展战略的机遇期。对于我们新型城镇化的推动和发展也是一个非常重要的机遇,这个对于推动新型城镇化协调发展方面是我们应该抓住的一个大的机遇。

第五,开放。改革开放是自1978年以来经济发展的两大法宝,只有改革,没有开放,不会有我们的今天。只有开放,没有改革,没有我们的今天。城镇化,特别是新型城镇化,同样也是有两大法宝,开放,构建新型城镇和推动新型城镇化发展一样要走一条更加开放的道路。当然,包括了城镇化要积极参与到整个经济治理的过程中。把我们城镇的治理要有效地纳入到整个国家治理现代化的体系之内,这个是在走向全球治理过程中的一个必然的环节、重要的环节。究竟有什么办法?我再提一下。当然,为了实现"五位一体"城镇化发展理念,有几点特别要提出来的。

第一,厉老先生提出的双重转型,要坚持大力推动双重转型,来实现推动新型城镇化的路。体制转型和发展转型这在西方发达国家城镇化进程当中是没有的。它有的是单元转型,厉老师今天早上在报告会上指出,发达资本主义国家在城镇化,在发展过程中只有前资本主义社会和后资本主义社会的区别。但是,我们由计划经济转向市场经济,由不发达国家转向发达国家,或者由传统农耕文明国家转向现代新型生态的工业文明国家,对于处于这样一个双重转型的国家来说,城镇化也不例外。必然是一个双重转型的,具有双重转型特点的,在双重转型过程当中厉老先生特别指出,体制转型更为关键。怎么样能够推动适应社会主义市场经济的体制建设,建立一个有效的体制机制?无论对于整个经济发展,还是对于推动城镇化的发展都是起决定性作用。

第二,从政策上面来讲,就是宏观上政策要稳,产业层面上政策要准。微观上面来看政策要活。改革创新政策上就是要实,要实实在在,社会政策上要有托底的功能。

宏观政策要稳,就是为新型城镇化营造一个稳定的宏观经济政策大的环境。产业政策要准,就是要准确定位新型城镇化的产业发展方向和整体的经济发展方向。坚持创新驱动,加快绿色发展。微观政策要活,今天很多专家提了,充分发挥市场机制的有效作用,推动新型城镇化的进程。

改革政策要实。要加大重点的领域,城镇化重点领域是改革的落地。通过很多的户籍制度改革,加快推进新型产业业态形成的改革政策的落地,与有效的财政金融政策的落地。社会政策要托底,就是要为城镇居民提供一个最基本的生活和工作福利的保障,没有了这个保障新型城镇化也是不可能实现的。

当然还有一些具体的想法,比如要变开发型城市,开发型城镇化要转化为这种。就不展开了。

还有打造智慧社区,通过智慧社区的打造推动社会新型城镇化,后面还有一点,从可持续发展角度来看,推行集约型城镇化,土地资源非常地紧缺。在推进新型城镇化过程当中,集约型城镇化是我们未来必将要走的一条根本的道路。说到这里,我的报告应该结束了。

但是,我还想回应一下,说了这么长时间,说的新型城镇化到底是一个什么样子?前面跳过了一个,我们认为新型城镇化从本质上来说,它应该是城乡边界日益融合直至彻底消失的过程,而不是日益强化的过程。户籍制度在很多国家是不存在的。虽然概念上也是有农村和城镇之分。但是,是以产业为划分的。比如说到美国,农民是处于低收入群体吗?不是的。所以,从本质上来说,新型城镇化应该是城乡边界日益融合直至彻底消失的过程。本质就是一个永续发展的过程,不是说城镇化建立一座新城、一个新镇,这个过程就结束了。它应该是具有生命力的一个有序发展的过程。所以,这个是我跟着厉老师在进行很多贫困地区实地调研了以后对于城镇化的一个不成熟的思考,跟大家分享一下。谢谢大家。

滕飞:

谢谢雷明老师。今天的第三场分论坛信息量比较大,还是按照规定动作,要求三位嘉宾到台前就座。环节稍微改一下,我这一次不问了,把所有的提问的权利交给一直坚持到现在的各位同学,非常感谢大家。大家如果有什么问题,很多老师现在还在场,大家随时可以举手提问。大家提问完,这个环节就结束了。

提问：

我问题想给扶贫办吴华司长，刚刚几位嘉宾提到了创新城镇化，提到"互联网＋"，现在比较流行的是"互联网＋扶贫"，还有电商扶贫，这种模式的优势和可行路径是怎样的？谢谢。

吴华：

互联网无所不在，已经对我们的生活、工作、方方面面都渗透进来了。贫困地区在这个信息化的时代，贫困地区不能够被边缘化。如果一旦跟进这样一个互联网时代，假如被边缘化了，所谓的数字鸿沟就会越来越深。因此，也别无选择，贫困地区必须适应这个互联网的时代。互联网扶贫是一个新概念，实际上是扶贫的一个方式，也是一个新探索。当然，也是有好处，比如说，互联网金融是用很便捷的方式，就是强调了要素流动。以最便捷方式、以最低的成本让我们的资源要素进入到这个地区。这种要素的注入对于贫困地区的发展是有帮助的。现在在尝试，有的是电商扶贫，把一些东西卖出去，把一些农产品卖出去。同时，也是把外部的资源以较低的成本弄到贫困地区。一些原先不可以做的事情现在在贫困地区也都实现了。刚刚讲了要素流动，还有公共服务的一些享受，因为互联网的引进让我们的农民也享受到了便捷的公共服务。我在调研的过程当中在宁夏的盐池县，他也是用手机进行转账，进行支付，这样的活动可以在手机上面完成。他可以享受到一些基本的服务，这些都是公共服务到贫困地区、到农村的一些具体化。这个是非常好的一件事情，贫困地区也要跟得上时代的变化。只有跟上时代的变化，2020年全部脱贫的任务才可能实现，全面建成小康社会现在一个基本的目标是什么？一个基本的标准是什么？现在关于到2020年的完全脱贫有这样的一句话。目前，贫困人口的存在是我们这个全面建成小康社会的最大的短板，最突出的短板。总书记的一句话。还有一句话，十八届五中全会的一句新话，扶贫工作的重要性都是讲得更加凸显。脱贫是全面建成小康社会的基本标志，就是这个词。在"十三五"中，在这样一个历史阶段上脱贫的任务、重要性就表述得很充分。完成这样的任务必须把现代科技的手段运用上。谢谢。

滕飞：

提醒一下。还有上一场的章铮老师和田慧敏老师都在场，有问题也可以问他们。在座的各位同学提问一下。

提问：

想问一下章铮老师。章老师刚刚提到，农村和城镇消费之间存在着差别。但我们了解到，好多的地方农村地区也是逐渐融入市场，消费水平、生活水平随着社会发展也是不断地提高，有些农村的生活水平和城市差不多。您认为未来城镇化进程中，这些农村的劳动力究竟应该怎么办，才可以承受不可承受的生活之重？

章铮：

其实事情很简单。凡是如你说的那样，农村的生活水平和城市差不多的地区，当地农村户口的人是不会出去当农民工的。这些人就在当地生活，甚至他们不务农、不务工，干脆就在当地靠财产收益生活。这方面最典型的地区是珠三角。对珠三角当地乡民的生活,我的总结就是换一个字,把珠三角的"珠"换成房租的"租",因为那个地方的乡村几乎全民都是房东。村组在集体土地上建厂房,把厂房租给企业,用租金给村民分红。村民在宅基地上盖房子,把房子租给外来人口。房租收入水平按照东莞统计,占整个农民收入的62%。所以,那种情况跟我们说的农民工没有关系了。

提问:

谢谢老师。

滕飞:

大家还有什么问题?欢迎提问。

提问:

想请教雷明老师,刚刚围绕"十三五"几个方向,这个是不是已经有这个案例了?另外,尤其是涉及的面比较广,有政策面,有市场面。方方面面的因素都有,我们也是在做城镇化战略某一个环节的事情。但是,现在确实有一些迷茫,是不是有走得比较快的案例?谢谢你。

雷明:

谢谢。整个的想法,今天向大家报告的想法是来自于一个综合性的调研的结果。我们跟着厉老先生在2005年的时候,厉老先生亲自挂帅成立了这样一个研究机构,叫作贫困地区发展研究院。十年来,研究院的老师和同学跑了全国三四十个地方,不是基于省,是基于地市和县域层面做了一个调研。这个调研主要是有关欠发达地区如何实现可持续发展这样一个主题。涉及的发展方面是多方面的,其中就有城镇化。在城镇化进程当中究竟怎么弄?我们也是结合实际调研,有了不少的感想和思考。包括贵州,包括云南,包括甘肃,现在都是叫市了。原来去的时候都还是叫作地区,按我们国家行政区划,叫地区的它还不算城镇。变成市了,真正就是变成了城镇。在它们这个发展过程当中有不少的经验和教训,我们在调研过程当中和后续的研究过程当中有不少的深入的思考,也使我们形成了围绕"十三五""五位一体"发展的理念,如何开展我们下一步新型城镇化的这个工作和走这条道路,到底怎么走,形成了这样一个初步的思考。不足之处也是请各位专家和我们同学不吝指正。谢谢。

滕飞:

谢谢。

提问:

想问一下吴司长,目前在宁夏一些调研的过程当中,公共服务均等化在落实进程里面真正到了一个什么样的程度?均等怎么样去理解?

吴华:

均等怎么理解,一个是实现的程度。实现的程度在贫困地区来讲相对来说是低的,但是,这个里面没有具体的数据,我没有定量,我是有定性的。这个定性来自于哪里?来自于实际的走访,因为我们走访的工作,因为我们的调研一定是会走进用户。我们走到同志家里面我们就是会看,一看二问。万世万物都是有表征,贫困的生活状态也是有一些直观的表征。那么,一看就是可以知道他享受到那个了。所以,定量是什么程度?我们这个方面将来可以跟院长加强研究。下一次是会有一些数据。定性来看,就是直接的观察,特别是一些边远乡村,和我们城市相比这个差距是很大的。基本的医疗,要走很远才可以走到镇医院。特别是一些自然村寨,要走很远的山路。那么,对于这些来说,因为很偏远,因为所处的自然环境很恶劣,他所享受的公共服务,至少这一点,教育医疗都是很难跟城市比的。就跟当地的城镇来比,跟当地的乡镇来比。所以,这种公共服务的缺失是通过另外一些手段弥补。医疗这一块现在布一些点,实际上还有传统一些做法,一段时间把它丢了,原来条件不具备的时候,我们要提供服务,我们当年就是找医生。这些流动的服务仍然是需要的,搬迁也是一个方式,这个是一种集体处理的方式。某一些村落集体搬迁下来,搬迁下来了以后,公共服务的供给就可以得到有效的满足。这五年所有的贫困乡村,我们定的什么目标?"十三五"目标。所有的贫困村要完成脱贫的任务,所有的贫困人口都要脱贫。首先是经济上面的脱贫,就是物质上面要达到现有的标准,这个是第一步要做的。其次,一些基本的医疗、教育,也需要有保证。

提问:

怎么样实现这个目标?有资金的支持吗?

吴华：

有。有专门的资金的支持，而且，这五年中央非常地重视；总书记非常地重视，一直以来的调研都是在贫困地区，可以跟大家说一下，就是在这个月底中央还要专门开扶贫的大会，中央层面的会议，就相当于中央经济工作会议这样高级别、高规格的一个大会，进行再动员，再部署，全党部署。拿出专门的资金，各个部门都是会强化投入，都是会给予支持。而且，中国的扶贫是政府主导，有政治优势，政治优势集中力量打一场脱贫的攻坚战。

滕飞：

谢谢。大家还有问题吗？最后两个问题。

提问：

我问一下章铮老师。是这样的。你好，章铮老师。根据日本的一些情况，人口老龄化导致贫困地区的一些乡村抛荒，人口向大城市集中，然后，还有一个情况，根据我们现在中国房地产销售的一些情况。北京和上海这样一些大城市销售还是比较理想的，价格上涨。但是，四线城市，一些县城建的房子数量都是会超过实际的一些需求，一些房卖不出去。想问一下章铮老师。

章铮：

我不是研究房地产的。我从另外一个角度回答。

第一，有一部分农民工愿意到北上广挣钱，因为北上广收入高。同时他们又希望城镇化。北上广房价高，买不起，他们就在家乡邻近的县城买房子。现在河南有一些农民工往往都是回去买房子。对于这些人来说,他们不想在家乡的县城挣钱,但想在县城生活。县城房子是否卖得动,关键是看生活配套服务,而不是产业配套服务。县里的学校怎么样?医院怎么样?这是一个。

第二,北上广的房子价格为什么这样高?有钱人太多。为什么现在有钱人多?某种程度上来说,正好是因为收入分配不合理,差距太大。企业内部,包括农民工在内的员工收入低,赚的钱到老板那里去了;产业结构方面,现在收入高的金融业发展快赶上发达国家了。高收入阶层有钱,就往北上广挤。如果收入分配格局变了,高收入阶层手里面钱不那么多了,北上广的房价就上不去了。反过来说,农民和农民工手里面钱不那么少,四线城镇的住房就卖得出去了。当然,收入分配格局会变,但不是三年五年内就可以变过来的。

这个问题我只能够这样回答,对不起。

提问:

谢谢章铮老师。

滕飞:

最后一个问题。

提问:

李总理在讲话当中提出扶贫的关键在于扶志,怎么样发挥教育,尤其是职业教育在扶贫当中的一些作用,想问一下扶贫办的吴司长。职业教育有没有一些新思路?

吴华：

先说一下现在在做的，我们做一个补充，我们做加法。教育系统，教育部有很多扶持性的支持，对于贫困的孩子，从幼儿园到大学都有一些资助。不让孩子因为贫困而失学，我们在扶贫部门又做了一点补充的加法。凡是贫困家庭的孩子上学，我们都是在普惠政策基础上，我们再给一些具体的补贴。我们一个孩子一年给他3000元的补贴，这个价格不等，我只是列举一个数字。职业教育是特别重视的，教育扶贫是一个根本的措施。不从教育抓起来，贫困可能解决了老人，下一代还是会贫困。教育是根本，是关键性的措施。历任总书记，我整理了一下，从江泽民开始都是说了教育是根本。这个方面要加强，那个定量那个回答是不准确的。虽然没有专门的研究报告的数据，但是，相关的数据还是会有的。我们从教育部门可以找到。那个路通了多少？通乡通村，水泥路是什么？那个缺口就是公共服务不足的部分。卫生部门也有相应的数据。所以，这个数据从部门的角度是有的，不是说没有定量的分析，可以汇总分析以后进行一个专门的公共服务方面的那个。谢谢。

滕飞：

刚刚谈到了职业教育的问题，我想补充两句话。现在都是提出来职业发展教育，培养技术工人，发展职业教育也是有它的两个限制条件。第一，前期投入成本比较大，得上中专技校，还得再学若干年，这个问题好解决，政府补贴一点钱可以解决的了。最大的问题是什么？是一个专用生产技术，这个专用生产技术只有在专门岗位上才可以发挥作用。因此，技术工人必须在对口的技术岗位工作比较长的一段时间,这样才可以发挥那个作用。而我们前一些时候是什么呢?就是普通农民工是强调灵活性,三天两天换工作,技术学得越专门,换工作的时候损失就越大。所以,我们现在看到的材料是什么?就是工人在一个老板下面工作十年左右。农民呢,工作三五年,每年要重新签一次合同。这个问题不解决,只怕发展技术教育会遇到相当大的困难。

滕飞:

谢谢章铮老师。

雷明:

说一下新农村建设那个,提得非常好,新型城镇化、新农村建设的任务和项目,有机地结合在一起。现在城镇化率,常住人口已经将近55%。但是,现在城镇常住人口达到7.5亿人,实际上也是有2.5亿到2.7亿是农民工,就是从农村转移过来的。那么,按户籍的城镇化就是徘徊在40%以上,差不多38%这个样子。所以,城镇化率还是相对很低。但是,我们说一下,是不是就是按照传统这个工业化国家所走的传统城镇化去走?实际上我不同意这个想法或者这样一个意见。因为我们现在提的一个简单的处理办法。比如解决户籍制度,是不是户籍制度完全放开这个问题就完全解决了?可能又出现一个新的问题,北京,有专家提到了,一个逆城市化的过程。实际上这种大城市、大都市,鉴于沉重的负担、城市的福利负担,不想让更多人进入到它这个里面来。当然,我们还提了一个小城镇的建设。这个是不是能够完全解决问题？我看也是不见得。这个就是就地城镇化是一个根本解决问题的途径。解决这个问题就是刚刚说的那个，就是和现在的新农村建设有机地结合起来。真正从根上解决"三农"问题。只有解决好我们的城镇化也就是目的真正实现了。我们试想一下，现在转移人口里面，你解决了到城镇打工的群体他的这个户口问题，他享受了城镇的公共服务，还有留守人员呢？如果不从就地公共服务均等化和权利均等化着手，真正打造一个全社会的均等化的公共服务体系，我觉得单纯地靠解决一头问题还是没有解决这个问题。谢谢。这个后面是补充。

滕飞：

谢谢。其他嘉宾、其他老师有补充的吗？欢迎台上嘉宾就座。我们提问环节结束。分论坛三的整体的流程到此结束。非常感谢几位老师、几位嘉宾给大家分享的智慧和真知灼见，非常感谢台下各位听众给我们的支持。谢谢。

分论坛四:经济学理论研究与中国实践

时间:2015年11月22日(下午)
地点:北京大学光华管理学院1号楼310教室

嘉宾:

刘新利　上海市国家税务局、地方税务局党组成员、副局长
车　耳　中国国际经济咨询有限公司副总经理
颜　色　北京大学光华管理学院研究教授
孟涓涓　北京大学光华管理学院副教授
王　辉　北京大学光华管理学院助理教授
蔡洪滨　北京大学光华管理学院教授
陈玉宇　北京大学光华管理学院教授
周黎安　北京大学光华管理学院教授

主持人:

李　琦　北京大学光华管理学院党委副书记

李琦：

我们今天下午的论坛有两位嘉宾，第一位是上海市的国家税务局、地方税务局党组成员刘新利副局长来为我们演讲，他也是我们光华的博士。

刘新利：

首先我想介绍一下GDP的一些优势，GDP体现了一个国家的实力，研究GDP增长的因素是把握全国经济社会发展的核心内容。GDP的增长受到原材料、人、企业和政府在经济运行过程中的投入的数量、密度与效率的影响。这个问题本来是老问题，我发现有些问题可能需要我们去思考。

我认为在经济增长过程当中涉及很多的原材料、劳动力和企业，它们投入的数量以及它们投入的效率，特别是力度决定了这个国家的GDP的质量。我们首先还是按照通常的做法，第一个是劳动力，第二是原材料，因为没有原材料，整个生产过程无法启动。原材料是自然资源，是它们整个GDP生产的基础，还包括原材料的生成过程。还有企业因素，就是企业家。产品质量高低，产业水平的高低，取决于我们国家的创新系统。企业生产产品，市场需求倒回到企业生产产品的需求，再倒回到如何生产产品，其实是这么一个过程。

企业家一方面是生产产品的，一方面追求他的利润和需求，这里可以叫企业家精神，也可以叫企业组织的有效性。政府显然在生产过程当中，直接担任了GDP的角色，所以它的作用也是很重要的。

最后就是折旧，既是机器在生产过程中的作用，也是机器的所得。为了永远生产,机器必须得到适当的折旧,才能保持生产的基础不弱化。折旧不具有持续增长能力。

我们对这些要素都做了一个分析,这个要素在GDP生成过程当中有两个重要性,在生产之前是它形成的过程,在生产之后是它发挥的过程。从形成的过程来看,原材料本身是由自然资源开发产生的原材料,自然资源的开发其实遵循着自然的规律。也就是说利用自然力对这些东西进行高温高压。自然界本身自然力是不增不减不灭的,这是一致的。这样的话它如果创造更多能力,所以现在这个状况不会再多,它对我们一生短暂的时间来讲,我们看不到自然资源的生长。

第二个就是劳动力。劳动力的积累过程主要是两件事情:体力和脑力。这里包括时间投入和智力、心智投入的力度。两个因素结合起来之后,时间越长,力度越高,形成的速度就越快。形式就是从0到T10,这两个因素就放到一起去,最后我们看一下从0到T10,参与生产的这一个是怎么做到的。他做了什么呢?他投入了时间,锻炼了他的身体和脑力,形成了劳动力和资源或者是人力资源。

企业家精神是怎么生成的呢?我们很难观察到企业家的精神和企业家的能力。我们看到企业的组织形式和这个企业的组织文化,构成了企业能力。包括赚钱的能力,包括劳务能力。

政府自己本身是一个庞大的体系,有一个系统的组织体系,包括人、财、物等。同时它给我们提供的产品,就是法律体系。法律规则体系的有效性和耐用性或者是强韧性决定了政府在组合其他资源时的有效性。

我们看一下第一个产品的物量和价值量形成过程当中,四个要素在起作用。我们把它写入到这里,在这个里面一共有三个东西,我们没有写原材料。假定如果已经有原材料了,劳动力、企业和政府在这当中起到什么作用。这里可以看到在公司里边 L 的作用大。L 就是他投入的时间,他在指数这里有一个 IOE。就说明他在投入时间的过程中间,他花费了多少努力,这是非常重要的。过去我们历史曾经有过,工人罢工的时候,工人不是真正的罢工,而是假的罢工,也在这里上班,但是是在破坏这个产品,他生产的产品就是负的。他的努力程度非常的关键,一个是努力的方向,一个是努力的力度,决定了他对这个产品的价值和物量形成过程中间所产生的作用。

第二个就是企业家或者是资本运作方的能力,他控制这些东西的能力,赚钱的能力,提升有价值的产品和劳力的能力。企业里的高管在管理中间投入的时间、他们努力的方向、努力的力度和程度,决定企业这个组织在这个产品生产过程中间所起到的作用。

最后一个是政府,政府是同样的。过去传统经济学有研究政府,政府好好干活或者是政府胡作非为,过去几十年大家是怎么过来的,就知道政府的作用是多大的。它完全是在生产过程当中动力很强大的一个内生变量,它还有一些其他的三个要素所不具备的一些独特的特征。

这个产品的价值等于什么呢?就等于 $R \times M$,这个 M 就是原材料,原材料乘下面的系数,就等于这个产品的总值,总值减去 M,就是这个产品。

这个要素在产品的强韧度和价值链生存过程当中都放在这个中间,四个要素中只有人是可持续增长的,其他的要素是不能可持续增长的。而且如果说政府的效率在提高,其中主要因素也是人的效率在提高。在人的生产过程当中,劳动力的作用至关重要,非常非常的重大。

我们刚才看到当增值率高到一定的程度,物质中的精神含量足够高的时候,有可能物质会接近精神。比如说我的原材料的物质的含量跟文物本身的价值相比几乎可以忽略不计。所以说当增值率提高的时候,物质和精神可以的,对产品的品质追求更有利于经济增长,无关乎道德。这也是产品的产业升级。各个要素在经济增长当中的作用,我们做一个定量分析。GDP 的生产过程中间,我们可以看刚才原材料这是一个固定的比例,它的值的高低源于 R 的大小和 M 的大小。

各个要素在 GDP 增长中间的作用,一定时期各个要素投入运行过程中间,各个要素在 GDP 的生产过程中间,投入的数量、密度决定了 GDP 的规模。

劳动力刚才我们讲过了,他在生产中间,人力资源,主要靠他的投入的时间和力度。企业有企业文化,政府应该有内生变量。它的作用是一方面它要使在参与 GDP 生产过程中间,三个要素都能达到最好的状态。比如说个人应该努力地培养自己的人力资源,企业培养自己的企业家能力,正如自己也应该改革。政府还要协调这三者之间的关系,三个板必须同时做。短板理论认为谁短,量决定于谁。长板理论谁强是没有用的,一个板长是没有用的。不仅没用,还会浪费它和其他要素更高所不能够产出的价值。必须协调这三个因素,既要每一个都快速地增长,同时这三个东西还需要协调地增长,因为有一两个因素过快地增长是没有用的,所以政府的作用是非常强大的。

政府有作用,它必须要有一个收入,就是税收,政府提供的公共服务的一个对价。我们高效的公共服务必须要对应高效的物质基础。如果政府它的作用变小了,这时候你必须改革,要么改革,要么减少税收,但是我们必须要证明它。政府整个运作的绩效考核是一个世界级的难题,也我们国家面临的问题。

生产是为了使用,这里受分配的影响。刚才说到四个要素,其实整个的生产过程,经济增长,所以说重视生产和宏观经济学,生产过程凝结着人的精神,它的比重越高,它对环境的副作用越小。生产到了高级阶段,生产本身就是目的。

分配是生产带来的,参与了生产四个要素,各自贡献了多少,它就应该拿多少。产品的生产品质高低完全反映在使用过程中的体验。同时生产的过程所产生的副作用一定在销售过程中体现,比如说雾霾在生产过程当中体现,在生产中间这么做了,消费中间我们就应该吸收雾霾,而不是抱怨。

有几个启发,第一是经济资源,必须在指导之下,要从三个角度出发,系统生产过程中间更要是独立作用。生产应该决定分配,分配要管生产,使用是取决于生产和分配的,深入地影响生产和分配。使用是生产的接口,不是增长的原因。一定要消费,自己消费或者是自己投资去拉动经济。

第二,最新的路径我认为应该是在系统全面顶层设计的情况下设计一揽子宏观政策,在这个前提下来特别地重视生产方,绝不是几个光盯着生产方,不去管企业的其他方面。提高要素水平的一个标志,就是强韧性。比如说人的强韧性、企业的强韧性和政府的强韧性,这个东西要提高,才是提高经济增长的根本路径,长期投入,自然创新,创造出来新产品、新服务、新模式。

今天上午讲到创新，其实创新从来没有停止和开始过，始终伴随人类在创新。人类最早自己跑去捉兔子，人类的创新从来没有停止过，不应该是现在开始的。同时也不说为了创新而创新，当人类持续地改变他们的生产和社会方式的时候，创新就会自然产生，创新不应该是被动的。

第三，分配要在四个要素之间维持一个平衡关系，因为分别准确地进行四个要素各自的计量是非常困难的。每一个要素都说我在GDP的生产过程当中起到很多的作用，分配的时候你要给我最多的钱，政府要多拿钱，企业也要多拿利润，工人也要多拿钱，最后四家协调。

第四，在使用方的投资具有复杂的影响，一方面投资扩大生产规模，带来人均产出的提高，另一方面当期投资减少了当期消费，当期产品供应得不够全面。

第五，从生产角度来看，互联网带来了生产的便利性，缩短生产过程和生产链条，提高生产效率。互联网的副作用，一定要由政府买单，这个要提前看到。大面积的实体店倒闭、大批的工人失业怎么办？这些利润，互联网公司赚的利润是可靠的，同时这边留下的失业不靠谱，政府提前要准备好。谢谢。

蔡洪滨：

现在经济不好，有一种反映的现象就是我们税务部门要完成自己的税收指标，有什么办法到企业去挖掘税源。我知道您在上海负责税务的工作，为了短期的需求牺牲长期的供给能力。从理论到实践上这个问题到底有多严重？您怎么思考？如果确定了这个问题，哪些是解决这个问题的思路？

刘新利：

我们内部叫抓收入，组织收入，我们的税法也定了，经济条件也定了，今年是11118亿，占全国的1/10。我必须要抓紧点。第二个问题就是抓得紧怎么个抓法，我们要求必须依法，因为现在税务局有一套考核体系，终身规则，如果谁在某个时刻签了不应该签的字，这个字有统计，你要永远负责。在现实中间收入当中，谁敢随意地放水或者是多征点，个人负责。过去这个事比较弱，谁也不在意。大企业老总打电话说你今天多交点，明年退给你这可以的。但是现在的难度越来越大了，随便去多征税收和少征税收这个难度越来越大了。整个税务局的工作完全跟国家的法律程度是同时在进步，这样不能随便去乱搞。

税务局有一个问题，年初一定要定个数，大家知道是人大定的，人大是制定法律的，必须完成。经济没产生，你就知道收多少税？这个不可能，理论来说很尴尬。怎么办？调整，实在完不成就往下降。对这个问题的解决方案，我们想就是深入研究税源，提高我们的预测能力，我们年初制定的目标比较贴近实际。

蔡洪滨：

我是人大代表，我不认为这个数是人大定的，应该是国务院定的。我理解你的意思。

下面一个是北大的车耳先生。

车耳：

大家好，实际上刚才蔡院长的问题我们企业都会有切身的体会，不光是地方政府每年有被要求税收增长的激励，上面是有指标的,地方被指令性要求每年增长8%到10%,这是我们国家特有的现象。像我们这样的金融机构,主要做信托方面的融资。而一旦信托项目融资,债务人投资无效益出现违约,社会上就会出问题,投资的人会来找上门,甚至发生群体讨债事件。本来是这个违约的企业要还钱,但是监管部门怕出群体事件,可能打电话说:即使是企业的问题,你们也先把钱给垫付,于是就形成行业里面的"刚性兑付"现象。本来应该是投资人承担的风险,变成由金融机构承担了。这是我的题外话。

今天我们纪念厉老师从教60周年,我的一些想法想从厉老师的思想说起。大家如果细心一点会注意到厉老师在最近几年越来越提到了道德的调节,讲道德的作用。厉老师刚出一本书《超越市场与超越政府》,这本书也是被当作一部名著,编到一个选集系列。为什么道德的调节在这几年中越来越受重视,以至于频繁地提到道德调节的事情?道德调节在我们国家的问题是越来越重要了。我们要想了解市场、政府和道德的几种调节的关系,首先要知道市场调节。提到市场调节,就不得不说到亚当·斯密,大家知道亚当·斯密有一个最著名的论断就是无形的手。在市场的经济中,市场有它自己的运行逻辑和成长规则。每个人都按照自己的利益去做,会让市场的资源配置变成最优,从而使社会的财富达到最优的分配状态。他这句话在他自己写的《国富论》中,这是令人深省的论断。这里讲的是每个人都追求自我,说的是利己主义。

大家都知道亚当·斯密的《国富论》,也知道他写的一只无形的手,无形的手在这个社会两百多年以后的经济学界,被崇尚经济自由的经济学家说得越来越厉害,市场调节最大,其他的调节都不重要。但是,即使是亚当·斯密——经济学的鼻祖在他写《国富论》之前,还写过一部著作是《道德情操论》,在这本书中他还有另一手,就是道德的手。他讲道德的基础就是同情,同情就是同情他人,为别人着想,关心别人的幸福,这是同情。这里和刚才《国富论》讲的不一样,《国富论》讲的是利己主义,这里讲的是利他主义。

所以一个是《国富论》,一个是《道德情操论》,《国富论》中他讲的是经济的人,《道德情操论》讲的是道德之人。因为人同时具有两重性,人同时具有利己和利他两重性。亚当·斯密两百年前已经讲到这个,只是我们后来太过于强调市场的调节,太过于强调无形之手。

两本书到目前为止我觉得应该受到同样的重视,一个讲的是利己主义,一个讲的是利他主义,平衡的两者就是不能是只有市场调节,一家独大。

苏格兰北部的格拉斯哥大学现在世界排名不是特别高,但这是当年亚当·斯密教学的学校。我是陪着厉老师在三年前的时候去过这学校,我很迅速地在里面转了一圈,是个非常古老的地方。那里边的建筑都是特别古老漆黑的,外边是红砖已经变成黑的了。就像《哈利·波特》电影里的建筑一样,都是在苏格兰,当然电影主要是在爱丁堡那里拍摄。他们对历史性建筑保持的传统非常好。当时亚当·斯密是在这个学校中讲道德哲学,后来我回来查资料才发现,他当时讲道德哲学,他在《国富论》之前已经讲了很多年的道德哲学了。当时在格拉斯哥大学里面不仅伦理学是道德哲学一部分,经济学也是道德哲学的一部分。在那个时代经济学你要讲道德,这就是我们经济学鼻祖当时面临的状况。他写《国富论》时候还不断地修改《道德情操论》，前后五次之多。

这次访问我陪厉老师先去了格拉斯哥，后去爱丁堡，我们先去亚当·斯密教书的学校，后去亚当·斯密故居，又去亚当·斯密坟墓，建立在非常简陋的一个坟地。我觉得厉老师对亚当·斯密相当地崇敬，因为这些年出国都是我陪他去的，没有见到他对一个经济学家、对一个西方人物有这么大的热忱。所以亚当·斯密是值得我们怀念的一个经济学家，一定要记住他的两只手，而不是仅仅一只手。

亚当·斯密总结之一，人有自爱、克制、意志、人度、慷慨、正直、勤俭、爱国的品德。这是《道德情操论》总结出来的东西。当然也有反面，比如自私、嫉妒、虚荣，他在很早就提出了人的双重特点。亚当·斯密关于人的总结，后面也成了以后的西方人总结的骑士精神和绅士风度。

亚当·斯密总结之二，他说过和人交往的时候要有适度的行为，干什么都不要过度，恰到好处，不多不少，不高不低。他和中国古代哲学的思想家们想法是有相通的地方。

亚当·斯密无形的手——利己主义和他的《道德情操论》里讲的利他主义是两手，但是他的两手都是柔性。后来边沁提出功利主义，不是我们现在讲的唯利是图的功利主义，功利主义的核心思想说的是人们要为人的最大的利益活动而服务。所以他讲的是一个大家的公众的公用性，亚当·斯密一个是看不见的，一个是无形的。即使是利他主义，也是软性、自律，自我克制。边沁则认为你自己如果不自律，就要用法律的他律，用国家法律或者是行政手段规范你。这个就与厉老师说的道德调节乡规和民约一致。我们在厉老师讲的道德调节中可以看到以前的经济学家的观点的预测。

为什么是这样？因为人生来是很无知的，后来给他一个坏的环境，他可能就是一个坏人，给他一个好的环境可能就是一个好人了。如果给他一个激情的环境，他就变得激情，给他一个沉默的环境，他就变得沉默。构成市场的人不仅是多样性的，也可能具有多重性。在《乌合之众》这部很有名的著作里，就描述了人的矛盾、两重性甚至多重性，一方面人很冲动、多变，所以他不可能是道德的。另一方面他可能在某一个时候表现出来一个很高尚的品质，可能一两句话就为之献身，这种情况下可能非常道德。所以他说如果群众没有教育的话，他可能就是乌合之众。"文革"的时候，我们都看到了受到政治家的蛊惑，人会疯狂到什么程度。

为此这个社会才需要调节，首先是市场的调节，市场的力量是强大的，因为它导致了市场内生的机制。政府的力量更强大了，强大到现在足以影响经济和生活。我们中国经济三十多年一直在持续地增长，背后有强大的政府力量，世界上很少碰到这样的例子。我写的一篇文章就是《30年的诅咒》，讲在世界经济史上，从来没有一个大国超过30年持续地增长。而我们国家超过30多年，想想政府的作用会有多大。当然政府的作用是好的还是坏的，我们以后才会看到，是不是这种增长对国家和社会有利，是我们未来考量的。并不是我们促进增长，对我们社会和人类就是有好处的。但是无论如何，在这里面道德的力量是最强大的，因为它始终主宰着人的历史。

道德调节中，有的国家调节得好，有的国家调节得差。西方国家中调节比较好,普遍有道德调节的良知,比如英国人。英国人有一个法律就是衡平法,和衡平精神。什么是衡平精神?法律规范不了的时候,要实行的是良心审判。这种案例判案的时候,主要从道德和良心来看是不是遵守法律的规则。这种判决在英美国家特别多,尤其是美国,大家常常看美国电影,不少电影中都讲到了陪审员的制度。我在美国生活的时候差点当了陪审员,后来没要我,因为没有美国绿卡。陪审员就是选没有法律知识,没有医学知识,甚至没有受高等教育,就是凭良知判这个人是有罪还是无罪。

中国最缺少良心判决,我们才出现老人倒地的困惑。有人跟朋友喝酒,最后醉酒朋友开车回家撞车,让陪他喝酒的人担负刑事责任,这都是缺乏良心判决的一个典型。

青岛大虾已经享有盛名,好像现在不问青岛房价一平方米多少钱,而是房价一平方米多少虾。当时青岛地方政府不管,政府一管就多管齐下,不仅把虾的钱退了,还付了不少罚款。这个事情如果在美国,如果餐馆这个人已经把价格给顾客看了,既然写到菜单上就可以按个卖。如果你把警察叫来,可能把不付钱的抓走,因为不能吃霸王餐。美国吃霸王餐是刑事犯罪。如果别人证明是餐馆这个人在欺诈,那两个人都抓走,找其他人做证明。在市场的经营范围内可以自由定价,可以按一盘定价,可以按一只定价,但是你事先要告知别人,不能欺骗。

换上在德国,你点一盘大虾没吃完可能还被附近的其他食客告发你,告你浪费。你不服,他就打电话给执法人员,直接给你罚款。比较一下可以看出,美国是一个市场调节为主的国家,市场调整,当然美国也有很好的法治,出现问题的时候警察会来,会出现我们刚才说的那样的情况。德国则是一个道德调节的典型,道德调节已经规范在每个人身上,不用执法人员来,自己就能抑制住这个浪费的行为。

最后这里希望道德调节,成为我们未来经济生活的一个主要调节。我们在座的学生、同学们也要成为未来道德调节的一个模范。刚才讲到骑士精神和绅士风度,我希望我们未来的同学无论是在社会上成为一个市场玩家、商人,是做官员还是搞学术,都要用良心和道德的方式,凭良心做事,成为这个社会上的绅士,有你的骑士精神,谢谢大家。

刘新利:

因为我没有读过《道德情操论》,我读过一本书是关于道德的敏感性问题,整个人群分为几类,一类是非常道德,一类是一般,一类是不道德。最道德这群人对道德的问题比较敏感。所以看这本书关于道德敏感性的理论,他说人是分为几类的。道德性越高的人对道德越敏感,道德不高的人对道德不敏感。

车耳:

我讲是人的两面性,《国富论》里面主要讲人是自私的。《道德情操论》中他则大篇论述道德,甚至里面讲到中国。举一个例子,讲如果当时清朝被大地震吞没,可能在英国有的人只是表现一下同情,而对自己小手指头受伤坏了反而更在意。亚当·斯密批判这种现象,有人面对自然灾害和大的非常值得同情的事件时,他反而更想着自己的事。所以他讲,实际上人是具有同情心的,人是有利他主义的,人是讲感情、讲道德的,我觉得这是他和《国富论》讲得不一样的地方。

提问:

我想请问一下,从培养道德责任也好、能力也好,去影响市场或者影响经济发展也好。请问一下,有什么东西能从日常消费者的角度,而不是从企业家的角度?前段时间出现很多打车APP,在路上有一天是去年最冷的一天,我在路上除了我还有两位非常年老的老人家是打不到车的,很多出租车在他们面前不停,他接到了单。政府如果没有比较好的规章制度去维护消费者权利的时候,消费者有没有什么可以做的?比如说我们培养企业家的道德,同时也培养消费者的道德,您是怎么看的?

车耳:

我的老家在哈尔滨,我母亲80多岁的时候经常碰到出租车不拉老人。为什么出现这种现象?因为老人上得慢。我说你下次出门的时候戴个帽子遮掩一下年龄吧。目前只能这样了,希望未来能够改变。我刚才说我们未来这些学生以后出去,在北大学校出去你是市场的玩家或者权力的玩家,有法律的权力就不能做无良的判决。现在为什么老人倒地没人扶?社会风气不好嘛。如果是一个老人倒地没人扶,可能是人的个体的问题。全社会老人倒地没有人扶,就是制度的问题了。权力的玩家没有尽到责任,没有真正地进行他应该做的良心判决。

提问:

我听了车先生的演讲之后,无论是市场调节还是政府调节,市场主体的人可能经不住诱惑犯错误。说到底是人类文明的体现,讲的是应该干还是不应该干。问题是道德也需要一种传承,过去它有这种传承的文化。阿拉伯国家有清真寺,中国过去有庙。今天的中国不能光讲道德,还要讲道德怎么在生活中传承才能发生影响。谢谢。

车耳:

中国要传承的话我们有最好的传承基础,我们有儒家,我们有孔子,他们实际上践行了西方讲的骑士精神和绅士风度。只是我们现在做得不好,社会太朝钱看了,这是政府的责任。政府不应该一味宣扬 GDP 为主的增长和高楼大厦,而应该用良心执法,用良心制定规则。我们去各地出差的高楼大厦,你上楼梯,觉得衙门像宫殿一样,这是一个政府行为。谢谢。

李琦:

下面几个演讲者都是我们光华管理学院应用经济学系的教授,首先有请颜色教授。

颜色:

我首先向厉老师致敬,他在经济史上做了很大的贡献。我作为经济学的晚辈,也做这方面的演讲。我今天讲的题目跟经济史相关,我讲的题目是《家庭背景、天气的冲击和明代的科举》,是从 1368 到 1644 年。

我们为什么要研究科举?科举是传统社会的一个最核心的制度,那是因为科举在帝国官僚体制当中起到非常核心的作用,普通的读书人通过科举进入官僚体制，这是改变他们命运最重要的一个手段。他们通过进入官僚体制之后改变他们的社会地位，乃至改变他整个家族的社会地位。通过这种方式整个帝国从宏观层面保持社会流动性，下层的人有机会进入上层，社会流动性的机制让底层感觉生活奋斗有希望，使得整个社会能够大致保持稳定。

由于这种制度的有效性和合理性，以科举为代表的考试、选拔官员的体制深刻影响到中国现在的官僚制度以及欧洲同时期、欧洲后来的官僚制度。用考试选拔官员的方式已经成为全世界各国公务员选拔体系的最重要的一种形式。

为什么我们想研究明朝的科举制度？这是因为明朝数据相对比较好，不仅是它的数据好。我们现在研究科举就是研究宋代、明朝和清朝。宋代离得比较远，数据质量差。清朝有很大的捐纳制度，就是卖官鬻爵。清朝除了卖官鬻爵，清朝普遍的制度是所谓的亲贵制度，即满族人有自己的当官渠道。相对而言科举并不是唯一渠道。但是明朝不一样，明朝科举几乎是唯一做官的渠道，所以非常值得研究。明朝科举非常开放，除了早期有点不一样，几乎所有人都有机会参加科举。明朝的科举相对来讲非常公正，科举公正到难以想象的地步。首先你进去之后全部关起来搜身，都是用士兵来守卫。所有试卷都要封闭，为了防止人能认识这个笔迹，还要誊抄，整个科举制度非常的严格。我们认为明朝的科举相对而言是值得研究的。

接下来我们想说大致我们明朝的科举是什么样的情况呢？通常是三年一次，一共我们记录了在整个明朝大致举行了89次科举考试，一共取得将近2.5万个进士，这个大致是什么情况？

明朝286年,大致一年平均下来还不到一百个进士,这是真正的社会精英,相当于我们今天的高考省状元。科举制度分三级,一层层往上爬,首先是秀才,全国有上百万的秀才,到第二层有十万个左右的举人,到进士剩2.5万人,一层层选拔上来。

我们研究明朝科举最主要的问题是一个非常传统的问题,普通人能不能把科举当作晋升之阶,是不是通往成功的阶梯;还是说虽然考试看起来公平,普通人根本没有机会,基本上还是精英阶层的自我复制,这是我们研究的一个本质的问题。这里面事实上我们想问的更直接的问题就是家庭背景能不能影响科举的表现?如果家庭背景有影响,它通过什么渠道影响?有可能是有两种,一种是家庭直接帮你找关系,把你这个事情搞定。还有一种可能性是家庭有背景,家庭有渠道能够从小给你提供精英的教育,通过提升你个人水平,考试还是公正,只是起点不公正。这两种带来的不公正是不一样的,第一种是直接对规则的破坏,第二种是家庭背景本身导致本人就是有机会受到更好的精英教育。这两个渠道不一样,能不能检验?这篇文章里面就是用明代进士数据,看它是怎么样影响并且利用外生的冲击。

关于这点文献上有很多历史学家研究,经济学家没有研究过这个问题。最著名的一本书就是何炳棣先生的《成功的阶梯》,他认为明朝的流动性比较高,进士相对比较公平。他做了非常简略的数据,认为总体而言明代流动性最高,清代有所下降,总体而言都不错。跟他不一样,另外一两个历史学家,一个是韩明士,还有一个Elman,他们两个历史学家反对何炳棣的观点,认为家庭和财富是成功与否的关键。

就数据而言,明朝一共举行了89次会试,只有52次的数据。其他数据大部分被李自成烧掉了。这些展示的数据是所有的考试，有些我们有，有些我们没有。有的我们都注下来一共多少个考中的人，还有这些人之后做了什么官职，这是人事档案。数据虽然不全，我们不太担心这些问题。一共2.5万人，我们收集1.4万多人已经是比较多了。我们主要搜集到明朝中间段这个段，相对而言比较可靠。晚期受到战争干扰，早期考试形式不稳定，我们保持最精华的部分。我们有他的名字，首先这个数据不可能从单一的一个数据当中来，因此我们研究的最重要的贡献当然还是数据的贡献。我们第一块的数据是来自题名录，提供姓名、出生年月、年龄，中进士的年龄这个特别重要。进士你可以考很多次，他这个年龄也是很重要的信息。你哪个县、哪个乡来的也很重要，他考了多少名。那时候分三类，所有人进行排名，三年一次平均一百个人，从第一名到第三百名，我们都有这个排名。另一部分是登科录，这个有非常重要的信息，父亲或者他上面三代是不是中过功名或者做过官，这是非常重要的信息。

数据展示的科举是什么情况？我们可以看一下，这是我们的数据来源，我们看到这里面首先是地域的差异，南直隶中进士最多，就是当时的江苏。其次是浙江第二，然后第三是江西，然后福建。明朝的考试还分南卷和北卷。

车耳：

南直隶包括安徽吧。

颜色：

包括一部分安徽地区，但是安徽部分地区划分为中卷。如果我们看府一级，最多是苏州府、绍兴府、江西吉安府。我们还结合了过去这五百年来的气象资料，我们用的气象资料从1470年开始。我们还采用一些府的历史数据，人口、农业税、冲突和地理的信息。家庭背景第一个定义是父亲有没有中过功名。父亲中没中过秀才。还有把三代都放在一起，是不是中过功名，结果没有太大的差别。中的进士是从精英家庭出来的比例，看到早期比较低。随着时间推移，社会阶层固化，慢慢有所上升。中间有所平缓，大致是万历那会又开始上升，上升比较明显。整体是有上升趋势。

我们展示的结果是中进士的比例，一年就只有一个数据点，用这个做比较详细的回归比较困难。最好的情况是假如我有非常全面的举人数据。如果我们知道举人考中的还是没考中的数据，就可以做非常详细的回归。但是我们没有举人的数据。只有中进士这部分人的数据，这个是研究非常困难的一件事情。唯一的办法是给定中进士的这些人，看他们有什么差异。看到中进士的这些人是从普通家庭来的还是从精英家庭来的。他既然中了，我们看两个差异，既然已经中了，你是不是从普通家庭来，对于你中进士的年龄有没有影响？你有优势，你就会非常年轻就中进士，你有精英的照顾。另外就是你中进士的排名有没有影响，你精英家庭说不定你排名更高，也不一定。我们首先看的是年龄的差异。时间关系，有很多结果没有展示，如果这个是重要的话，精英家庭中进士的人比普通家庭来的进士更年轻。

我们做一个回归，我们把他放到每一个府，回归到他出生的年份，中进士的年龄，他是不是从精英家庭出来，控制很多其他因素，里面逐渐加我们的控制变量，有地理因素，有人口、排名、税收,税收主要是当地府的经济状况。人口是你整个府有多少人,当地的经度、纬度、高度这些。

我们看到基本上越是精英家庭的人,相对年龄越小。这个差异也不是特别大,差异不到一岁。年龄差异没有很大,什么因素会影响到呢?极端气候是一个可能性。如果极端气候影响到他,普通家庭因为中进士要大量的投资,金钱投资,人力投资。这个投资如果不足,穷人是没有办法参与的。什么情况下投资不足?当有极端气候的时候,普通人收入减少,没有办法再考。因此遇到极端气候,精英阶层就会有更多的机会,因为普通家庭的考生会放弃参加考试。因此我们的分析又回到府一级,看数据点是不是从普通家庭还是精英家庭,同时控制天气和其他变量。

第一个是他出生年份之后,五年、十年、十五年、二十年、三十年他遭受到极端气候的频率,有多少人是从普通家庭来的,有多少人是从精英家庭来的。我们发现15岁以后发生极端气候对他的行为有影响,之前没有什么影响。对精英家庭从10岁以后,对他有正的影响,影响的方向是完全正确的。要是有极端气候,普通家庭考生数量就会减少,精英家庭中进士数量就会增加。考生年龄早期不受极端天气影响的原因首先在于年幼时期学习的成本比较低,极端气候不太影响他的参与。当时还有很多政府的补助进一步降低学习成本,家族也对早期学习进行互助,因此早期极端天气不太影响识字教育。15岁以后再发生大的灾害,穷人会觉得很困难。15岁之后考生要参加考试,教育的成本、劳动力损失、交通成本都很大。所以说这个是最主要的影响因素。第三个我们想再回到天气对于年龄的影响,如果说天气真的影响穷人参与,越是有极端天气,年龄差异越大,精英家庭的考生更占优势。回归方程里面最重要的是交叉项,这是我们想看到的结果。从交叉项中可以看出,当有极端气候的时候,精英家庭出来的小孩中进士的年龄要显著小于普通家庭出来的中进士的年龄,这是一个比较重要的结果。

我们还有很多其他结果不展示,更有趣的是当这些考生中进士以后,他们在官场上的表现,我们没来得及做这个问题。我们的结论就是家庭背景是重要的,但是一般情况下也没有那么重要,差距没有大到无法跨越。当有极端天气,使得对普通家庭影响足够大的时候。精英家庭就会有比较大的优势,这是我们做的简单的结果,谢谢大家。

提问:

明朝为了促进地区平衡,它对南方还是采取一堆限制措施,这个您在研究当中怎么考虑?

颜色:

我们有分南卷和北卷做过回归,这个很容易做,你分开做两次回归就行了。

李琦:

感谢颜色老师,下面有请我们孟涓涓老师,她是我们光华本科出来的杰出女性代表。

孟涓涓:

大家好,今天想跟大家分享的是我们非常熟悉的送礼现象。

我们都知道中国社会非常喜欢送礼,送礼的影响究竟是什么?学生给老师送礼,病人给医生送礼。如果你看到大家都送礼,你会不会担心我不送礼就不行?

我今天给大家分享的这篇研究是用一种田野实验的方法在医患关系中来研究送礼是否存在外部性,即,如果一个人送礼,另外一个人没有送,医生会不会对不送礼的病人比较不好?

我产生这个研究的想法来自于亲身经历的一个小故事。我的爸爸有一次做眼睛手术。当时安排第四台做这个手术,做完他的手术之后主刀医生很累,无法完成,就把剩下的第五个病人安排在后面一天来做。第五个病人家属就来到我们病房问"你们是不是给医生送礼了?因为我们没有送,所以到我们这里就不做了?"我们再三解释说没有送礼,但那个家属根本不信,说"你们一定送了,不要不承认。告诉我没有关系的,我们也可以送"。结果最后走的时候,病人家属的信念认为我们一定送礼了,因为他们没有送礼,所以他们没有被安排做这台手术。

结合我们当下医患矛盾非常激烈的情形而言,我们想知道在病人和患者关系中送礼能起到什么作用。我们这个希望解答以下三个问题:(1)如果病人送礼给医生,医生会不会对送礼者更好?(2)如果一位病人送礼了,一位病人没有送,医生会不会对没有送礼的病人更不好(负外部性)?(3)如果一位病人送礼了,一位病人没有送,但医生知道这两位病人有着某种社会关系,医生会不会爱屋及乌,对没有送礼的病人也很好(正外部性)?

我们使用的研究方法是田野实验。我们训练参与实验的人去医院看病。通过比较严格的随机分组方式选择一些人送礼、一些人不送礼来清楚准确地找到因果关系。我们先大概讲一下这个实验的设计,后面会讲一下结果。

在讨论实验设计之前稍微给大家介绍一些背景。我们这个实验关注的一个主要结果变量是抗生素的使用。中国抗生素滥用是很大的问题,从医学效果来讲只有细菌感染才需要使用抗生素,而大部分的感冒都是病毒感染,而区分细菌感染还是病毒感染需要化验血液。滥用抗生素会造成你体内的一些细菌群不正常,降低你的抵抗力,长久以来还会有外部性,会使得细菌慢慢变得越来越强大。下一次另外一个人再被你传染,同样的抗生素可能就没有用了。我们国家的抗生素滥用在国内乃至国际社会都是很重要的话题。

为什么医院有抗生素滥用的动机呢?我们知道医生的收入在之前有很大一部分是来自药品收入,包括医院收入有很大一部分来自药品收入。医生多给你开药,抗生素比较贵,他自己的收入就多一些。很多抗生素有私下回扣,没有一个准确的统计说是多少,但有一些研究指出可能在20%左右。如果医生给你开了这个抗生素,他自己其实是有一定的经济利益在里面,这个动机更加剧了我们抗生素滥用的现象。

我们在研究中想知道你送完一个小礼物之后,这个医生会不会牺牲自己的利益而在你的要求下减少抗生素使用。我们在国内某个城市进行这个实验。实验以小组的方式进行。每一组有两位实验者叫作 A 和 B。A 和 B 是按顺序看同一个门诊的医生,他们都说自己有一些感冒的症状。A 是送礼或者不送礼的人,B 在所有情况下都不送礼,就是正常看病。我们对 A 的行为有两个维度的实验干预。第一个维度就是 A 是不是给医生送了小礼物。第二个维度是当 A 看病结束以后,他离开这个诊室之前有没有跟这个医生说下面这个病人是我的朋友。为什么加入第二个维度呢?我们想观察的是这个送礼和不送礼人,他们之间的社会距离会不会对医生产生影响。我们想知道送礼对不送礼这个人的外部性,是不是随着送礼和不送礼人之间的关系而发生改变。

下面介绍一个大概的流程。我们送给医生的小礼物是在淘宝上买的比较便宜的小的书签,1 块 4 毛钱,长得挺好看,也是非常小的礼物,大家都知道它不会有什么重大的价值。这个流程是什么样的呢?首先第一步就是 A 进入到诊室去跟医生看病。看病之前 A 送一个小礼物,我们训练 A 统一说"这个小礼物是感谢您的辛苦付出"。医生选择拒绝或不拒绝。医生如果拒绝,我们要求 A 再说一次,这是对您辛苦工作小小的回馈。医生如果还拒绝,A 就不再坚持,收回这个礼物。B 在这个阶段没有做任何事情,不会送任何的礼物。然后 A 和 B 就开始进入对他们症状的描述。他们描述的都是非常正常但是比较轻的感冒的症状,大家可以看具体的 A 和 B 说的症状差不多,我们不希望他们主诉的病情有很大的差别,本质上是一样,只不过说法有一些差别。从症状上可以看出是非常轻的感冒,如果没有进一步血液检验,医生是不应该做出判断说到底是病毒感染还是细菌感染的。这种情况下没有进一步检验,医生不应该开抗生素。医生如果问病人任何别的关于症状的问题,我们一律要求实验参与者说没有其他任何症状。

医生之后会给他们做一些检查,包括看喉咙,听听心跳或者量血压,甚至有一些负责任的医生会说抽血化验。在这种情况下,我们就会要求病人说他不太想验血或者是时间紧张之类。医生如果坚持要验,这次实验就失败,不把它包括在观测值里面。我们绝不会要求参与实验的病人去化验。

根据实际的医疗准则,在这种情况下医生不应该开抗生素。但是现在流行一种情况是很多病人自己希望开抗生素。为了防止这种情况出现,即医生觉得病人希望开抗生素,所以当病人给了礼物之后,他反而更愿意开抗生素,我们让病人明确说除非必要他不希望吃抗生素。之后医生开始开药。最后一步也是我们比较重要的干预的地方,即病人 A 走的时候或者什么都不说,或者会主动说下面一个病人是我的朋友。

我们招募了 32 位大学本科学生,他们每八个人成为一组,被分为四组。这八个人当中涵盖我们说的四个不同干预,每个干预要两个人 A 和 B。八人小组都是同性别的学生,我们希望性别上的因素不要影响到结果。他们被随机分配到一些主要的医院。同时我们保证每一次去看医生的时候小组内部角色都是随机分配,有时候演 A,有时候演 B。同时我们保证他们在两个星期之内必须完成对同一个医院的看病。他们实际上每个人在同一个医院里会看两个医生,每个医生会经历一次送礼和一次不送礼的过程。看同一个医生对不同干预的反应非常重要,这样可以更清楚地排除不同医生间其他因素的不同,而更好地建立因果关系。

这大概是我们整体的实验过程。下面来介绍一下我们要关注的结果是什么。第一个结果就是抗生素的使用。是否开了抗生素,药价是多少?同时我们有一系列的问卷在看完医生后请病人填写,主要包括医生问诊时间、诊室有几个医生、怎么给他检查、医生的服务态度等。这一部分构成了我们其他的结果变量。

我想大家都比较好奇的一个问题就是这个结果到底是什么样的？是不是跟我们大家心目中想象的如果我不送礼而其他人送礼我就会被区别对待？我首先给大家看的是一个数据描述的表格。它衡量了在四个干预组中医生特征有没有什么变化。基本看出四个组中医生特征没有显著差异，这说明我们的随机化比较成功，可以通过组间对比得出比较清楚的因果关系。

Table1. Physician Characteristics（randomization check）

	All	No-Friend Group	Friend Group	Equal Means Test(T Test)	Equal Means Test (Wilcoxon-Mann-Whitney test)
	Mean	Mean	Mean	P-value	P-value
Physician's Age:≤30	0.11 [0.32]	0.11 [0.32]	0.11 [0.32]	1.00	1.00
Physician's Age:31-40	0.27 [0.44]	0.29 [0.45]	0.25 [0.49]	1.00	1.00
Physician's Age:41-50	0.39 [0.49]	0.39 [0.49]	0.39 [0.49]	1.00	1.00
Physician's Age:≥51	0.23 [0.42]	0.21 [0.41]	0.25 [0.43]	0.26	1.00
Male physicians	0.46 [0.50]	0.45 [0.50]	0.46 [0.50]	0.75	1.00
Number of other physicians	1.22 [0.93]	1.25 [0.99]	1.19 [0.87]	0.42	0.84
Number of other patients	1.16 [0.98]	1.10 [0.98]	1.23 [0.97]	0.08	0.84
Number of other patients waiting/physician	3.18 [1.34]	3.16 [1.32]	3.20 [1.37]	0.70	0.49
Treatment time of other patients (min)	3.17 [1.51]	3.12 [1.39]	3.22 [1.63]	0.37	0.46

我们首先看一下有多少医生确实收了礼物。大概送礼的小组中间有74%和79%的医生收了这些小礼物。我们想知道收和不收礼物它最大的影响因素什么。我们首先做了简单的回归，看什么因素影响医生是否收礼物。大家可以看到这个年龄在我们这里没有影响，很突出的影响是性别。如果你是一个男性的医生你就会更容易地拒绝这个礼物，男医生可能个性比较强，不像女医生脸面比较薄，不容易拒绝别人的好意。如果当时这个办公室里面还有别的医生或者别的病人在的话，这个医生

是更不容易收这个礼物,这也跟我们的直觉判断非常吻合。

Table2. Determinants of the Gift Acceptance Decision

	Gift Acceptance	Gift Acceptance	Gift Acceptance
Physician's Age:41-50	0.06 [0.07]	0.00 [0.07]	0.08 [0.08]
Physician's Age:>=51	0.01 [0.09]	-0.08 [0.08]	-0.06 [0.10]
Physician is Male	-0.20** [0.07]	-0.28** [0.07]	-0.32** [0.08]
Patient is Male	-0.09 [0.07]	-0.06 [0.06]	-
Patient's Age:20	0.14 [0.08]	0.11 [0.07]	-
Patient's Age:21	0.05 [0.09]	0.02 [0.08]	-
Share an office	-	-0.30** [0.11]	-0.34** [0.12]
Number of other physician in the office	-	0.04 [0.04]	0.07 [0.05]
Number of other patients in the office	-	-0.01 [0.04]	-0.02 [0.05]
Ohter people paying attention to the gift giving	-	-0.32** [0.06]	-0.29** [0.07]
Constant	0.76** [0.10]	1.23** [0.11]	1.28** [0.15]
Observatious	160	160	160
R-squared	0.10	0.31	0.43
Patient fixed effects			√

下面这张表是我们整个研究的主要结果。这个表采取取平均值的方式对每个组的结果进行加总。因为我们是个随机实验,看平均值就能看到主要结论。我们首先来看 A 送不送礼对 A 自己的影响。我们比较送礼的 A 和不送礼的 A 来得出结论。请注意,我们从不会在 A 和 B 之间比较,都是每个角色内部自己比较。

Table3. Mean Outcomes

	No-Friend Group				Friend Group			
Sample	Control A	Gift A	Control B	Gift B	Control A	Gift A	Control B	Gift B
Panel A. Drug Prescription								
Prescription rate for antibiotics	0.50 [0.50]	0.34* [0.48]	0.49 [0.50]	0.47 [0.50]	0.51 [0.50]	0.34* [0.48]	0.50 [0.50]	0.43 [0.50]
Total drug expenditure in RMB	80.57 [43.85]	60.19** [45.24]	80.23 [41.01]	77.62 [38.83]	84.26 [44.91]	65.82* [45.92]	82.80 [46.03]	71.22 [43.83]
Number of drugs prescribed	2.35 [0.94]	1.81** [0.75]	2.11 [0.81]	2.10 [0.81]	2.51 [0.94]	1.90** [0.79]	2.28 [0.87]	2.09 [0.86]
Panel B. Service Quality								
Treatment Duration (min)	4.29 [0.96]	4.79** [0.91]	4.36 [0.85]	3.98** [0.71]	4.44 [0.86]	5.07** [0.93]	4.18 [0.79]	4.66** [0.85]
Physician responds politely after being thanked	0.55 [0.50]	0.73* [0.45]	0.60 [0.50]	0.45 [0.50]	0.59 [0.50]	0.82** [0.38]	0.50 [0.50]	0.71* [0.46]
Quality of the checkup and diagnosis process(sum of suvey questions Q10-Q18)	4.06 [2.69]	4.60 [2.29]	4.36 [2.36]	4.04 [2.63]	4.57 [2.59]	5.10 [2.43]	4.05 [2.37]	4.28 [2.06]

我们总结一下。你不送礼,大概有 50% 的时候医生会开抗

生素；而你送礼之后 34% 的时候医生会开抗生素。你的概率减少 16%，这是在统计上显著的差别。因为这些医生少开了抗生素，你总花费会减少。你不送礼的时候你总的花费是 80 块钱左右，但是你送礼之后这个花费会降到 60 块钱左右。这是从是否开药的角度看的。我们从其他的服务质量来看，你可以看到如果你不送礼的话，大概你跟医生平均交互时间是 4.29 分钟，你送礼之后 4.79 分钟。这里面可能有送礼延长时间的影响，也可能是在一起聊病情的时间会更长。当问诊结束病人说谢谢医生时，我们要求病人观察医生有没有很好地回应。送了礼物，回应的态度比较好。这不是意外结果，一般你接受别人的礼物，别人对你会更容易有好感。

下面我们来看 A 送礼与否对 B 的影响。首先来看当 A 临走时没有介绍 B 是朋友的情况。首先看在开药的部分，没有任何的影响。B 在 A 送礼或不送礼的情况下，B 和 B 的比较没有任何的影响。医生并没有因为你没有送礼就故意给你开更多的抗生素。有趣的是 A 送礼之后，没有送礼 B 平均的问诊时间是 4.36 分钟，但是如果是 A 送礼之后，这个时间会有所降低。

如果 A 走的时候介绍说他和 B 是朋友会发生什么情况呢？我们会发现一个有意思的现象，即医生也会给没有送礼的 B 减少抗生素的使用，大概减少幅度是给 A 减少的一半左右。A 和 B 是朋友，你朋友送礼，你会得到一个好处，这是我们的发现。

回答我们开头的三个问题来总结一下：在我们田野实验当中，(1) 送礼确实会减少医生对送礼者抗生素的使用。(2) 如果一个人送礼而另一个人没有送礼，而这两个人没有什么社会关系的时候，医生看起来并不会显著改变对没有送礼人抗生素的使用情况。但可能会花更少的时间和不送礼的人在一起。也就是说，我们几乎没有发现送礼的负外部性。（3）如果送礼和没送礼的人是朋友关系，那么医生会爱屋及乌，也会减少给不送礼的人开抗生素。这是送礼的正外部性。这个不知道跟大家一直生活中认为的情形是否相符？我今天的报告就到这里，谢谢大家。

提问：

你们在设定这个实验之前有没有考虑过要请一些退休之前也是做医疗工作的人参与这个实验呢？他已经退休，不一定回到他原来的医院里去。

孟涓涓：

我们设计的时候有向一些在职的医生朋友咨询。

提问：

从医生的角度讲如果礼物很小，他的回扣远远大于那个礼物，这一块多钱他不在意，为什么他会回馈呢？

孟涓涓：

我们算了一下，他接到礼物降低的抗生素药价是20块钱左右。如果算20%的回扣，大概损失了四五块钱的回扣。这个礼物才1.4元，他牺牲了更多的回扣来回馈这个病人。这是不准确的计算，大家可以有一个感觉。

李琦：

谢谢，下面请我们王辉教授。

王辉：

各位老师、同学，大家好，我今天讲的是一个有关人口老龄化和创业关系的研究。这个研究是我与我们光华管理学院另外一个老师，也是携程网创始人梁建章，以及斯坦福大学的Edward Lazear教授合作的文章。这是一个现在大家都很关注的问题，虽然在文章中没有特别具体地谈中国，但跟中国现在面临的很多问题有直接的关系。在20世纪全球范围内有一个很重要的人口结构变化：所有国家的总和生育率，即适龄妇女一生中拥有孩子的平均数，都呈现迅速下降的趋势。如图所示，横轴是人均GDP度量，纵轴是总和生育率，每个点都是一个国家。什么是老龄化？请大家想一下如果保持一个国家人口数量恒定不变，一个妇女应该生多少个孩子？答案应该是2左右，考虑到死亡率以及各个国家的卫生条件不一样，全世界平均社会人口结构保持不变是2.1左右。所有低于2.1的国家，人口规模都会缩小，都会面临老龄化问题。

先看发达国家中老龄化最严重国家——日本，其总和生育率长期保持在1.3左右，目前日本60岁的老年人快占到全国人口的25%。我们国家现在因为计划生育一胎化的政策，总和生育率也是1.3、1.4左右。这是什么概念？我国每一代人的人口都会缩小30%左右。在此，我用2010年人口普查的数据举例说明："80后"人口1.14亿，"90后"人口0.83亿，"00后"人口是0.13亿。如果按照这个速度，在"80后"2040年退休的时候，补充进来的 2020 年出生的劳动力仅为"80 后"退休人群的 1/3。由此可见人口老龄化对于经济发展影响的首要问题,即可创造价值的劳动力的迅速减少。

老龄化给经济带来的另一个相关问题是,社会负担的显著增加。举例来说,现在受到独生子女政策影响的"80 后"已经普遍成家,一对夫妻要养活四个老人加一个小孩,用人口学的相关概念,即抚养比为 5∶2。小到家庭,大到社会都是如此。现在,我们国家政府养老金的支出问题正在逐步显现,养老金账户管理不当,最终承诺的退休津贴就无法兑现,社会就需要对劳动力征税,来填补养老金支出的赤字。这就是全社会范围内养老负担的集中体现。

在此我要强调另一点,同样是处在老龄化社会阶段,由于我们国家的人均 GDP 水平远落后于发达国家,是"未富先老",因此任何发达国家所面临的刚才讨论的问题,在我国都会显著地加重。

发达国家里面,美国是唯一一个总和生育率接近 2.0 的 OECD 国家。但也要具体分情况进行讨论:美国国内的居民实际总和生育率也只有 1.8 左右,也是有出现老龄化的趋势;但美国移民生育率在 2.0 之上,因此平均起来在 2.0 左右。美国实际上主要是依靠吸纳其他国家的劳动力来抑制、缓解老龄化问题。

我们的研究主要探讨的是老龄化对经济发展可能产生另外一种影响,即将老龄化与创业联系在一起。为什么会关注这个问题呢?我们现在在座的各位一起来想一个问题,对于任何一个国家,分年龄段计算每一个年龄从事创业的人占这个年龄段人口的比例,该比例会随着年龄的增长呈现怎样的变化?在数据中,这个图画出来是一个倒 U 形。有些同学和老师觉得可能是直线下降,最明显的例子就是比尔·盖茨、乔布斯都是在年轻的时候从事创业,并取得成功的。我们的模型里捕捉了这一趋势,即年轻人在创业上具有优势,因为年轻人更容易接受新事物。

然而在数据上看,20 岁大学毕业之后的年龄并不是创业比率的最高点,而是要经历一段时间的积累才能达到一个顶峰。这是因为,年纪较大的人也有年轻人不具备的优势。事实上,很少有人一上来就是自己做买卖或者开公司自己创业,一般都是先给别人打工。在此过程中不断地了解这个行业,不断在不同的工作岗位中历练。同时,一个人的职位越高,工作性质越复杂,处理上下游产业关联的机会越多,实际工作经验积累也越快。行业认识的深化与管理经验的积累是从事创业的另一个重要条件。

除了倒 U 形,在这张图上也体现出了另一个有意思的特点。观察三个发达国家:美国、英国和日本。它们的区别之一是总和生育率不一样,总和生育率越低老龄化越严重(其中日本是老龄化最严重的国家)。这三个国家相比,可以发现如下规律。首先,在都是倒 U 形的前提下,年轻国家每一个年龄段创业比例都高于相对老龄化的国家。第二,达到创业峰值的年龄,美国是三十岁,英国是三四十岁,日本是四五十岁,这个峰值年龄会随着国家老龄化的增强而被推迟。在我们的研究中,希望能从理论上理解这些特点形成的原因。

我们的主要想法是,创业需要积累行业相关经验,而在企业内部,年轻人职位晋升越快,行业经验积累越快,因此工作若干年后独立创业概率越大。但在老龄化社会里,老年人占有重要比例,企业内部老年人也更容易占据企业主体,特别是高级别管理层,给年轻人预留的上升的空间就会非常有限,年轻人积累行业相关经验的速度就会降低。通过这个渠道,社会人口老龄化会影响到社会创业比率。

我们用一些数据检验我们的假设。首先我们建立了描述人口结构的数据模型,这个指数函数模型在自然科学里经常被用来描述种群变化。此函数的关键参数是 r,代表跨代际种群规模的缩小速度。r 越高,一个社会中人口就会越来越少。根据我们的估计,日本的 r 就是正的,0.2 左右;而美国的 r 是负的,−0.9 左右。日本人口在缩小,美国基本上保持恒定。

在描述个体创业决策的模型中,我们假设每一期创业能够创造的潜在价值取决于两个重要因素。一个因素随着年龄增长越来越下降,我们称为"年轻优势",这体现在年轻人对新事物的接受能力,环境变化的适应能力,以及对风险的承受能力等方面的优势。另外一个重要因素是"行业资历",会随着年龄的增加而增加,而增加的速度受到人口老龄化的影响。具体的,我们假设给定一个人的年龄 a,如果社会中有更多比例的人比这个人年轻,则这个人当期被升职的概率就越高,行业资历积累也就越快。在我们的模型中,上述的比例用累积分布函数 Fa 表示。

下面谈一下我们研究所用的数据。不同国家的创业数据来自于 Global Entrepreneur Monitor(GEM)。这个数据有几个重要的特点。首先,很多跨国研究的数据都是企业层面的调查,而 GEM 问卷调查的是个人,因此符合我们模型中个体决策的设定。第二,GEM 国家覆盖比较广泛,共 82 个国家,有些国家每年都有数据。第三，创业的度量在不同国家的微观数据中可能有不同的度量方法，而 GEM 则是在统一的问卷设计框架下做的跨国调查，因此问卷内容，特别是关键的"创业"度量具有极大的可比性。同时，鉴于创业定义本身可能有一些争议，我们也尽量用不同的定义方法检验我们的结果。

本研究所用到的其他数据大都来自美国的公开可得数据，包括经济发展、教育水平、创业的成本，还有一些对产权保护的跨国度量。统计性描述由于时间所限在此不加以展开讨论，主要给大家展示一下主要的实证结果。

现在我们来看具体的回归结果。首先，在利用国家级别的样本做回归发现，人口缩小的速度越大（r 越大），创业比率越小。如果仅采用 OECD 样本可以得到相同的结果。另外，控制了国家级别的一系列相关特征，结论没有受到影响。最后，我们也控制了国家级别的固定效应，结果仍然显著且稳健。

当样本换成了国家-年龄段-年份级别时，我们发现给定一个个体的年龄不变，比该个体年轻的人在总人口占的比例越高，该个体从事创业的概率会越高。这个影响机制是我们的研究相对于现有文献的贡献。在一个经济体里比你年轻的人所占比例越高，你在企业里更容易处在一个更高的结构，从事创业的可能性越高。另外，我们控制了年龄的二次项，可以看到函数的凹性十分显著。

我们又做了一些显著性检验的工作，结果依然十分稳健。

利用最后的时间，我想谈一下我们的研究结果可能会对中国的现实有什么样的借鉴意义。我觉得借鉴意义有两点。首先大家谈老龄化问题，主要的是劳动力人口补充不足，以及政府的养老金支出压力问题。我们的研究结果显示了一个新的年龄结构影响经济发展的渠道,即老龄化也有可能通过创新创业这个渠道影响经济发展。给定当前创业无论在世界范围内,还是我国都是经济热点问题,是全世界经济最重要的增长点,这个问题要提起大家重视。

第二点我先强调的是,针对我国老龄化劳动力长期补充不足的问题,简单采取延长退休年龄的策略,本身有很多问题。除了因此政策受到福利影响的人群会极力反对外,我们也能够从我们的研究中得到一些新的启示:延长退休年龄没有创造出新的就业机会,同时,年纪大的人会更加长期地占据企业高层,这在一定程度上会阻挡年轻人的发展与晋升。年轻人没有得到充分的历练,对以后的劳动生产力的提高也有潜在的影响。这一点是我们考虑延长退休年龄,应该考虑的一些政策影响。

谢谢大家。

提问:

我问一个简单的问题,中国大学办得很好,能吸引留学生可能是解决老龄化特别是高技能老龄化人口的一个办法。

王辉:

中国的绿卡是世界最难拿的绿卡之一。说到这个我想起另外一个能考虑解决我国老龄化的政策,即对于一胎化政策的放松。现在我们从一胎化变成二胎化,希望能够逐渐提高总和生育率。这是判断我国中长期经济发展态势很重要的问题。这个政策的实际效果需要进一步的实证研究,即我们能不能通过一胎化放开提高我国的生育率,会不会有更多的人选择要两个孩子,这个问题很重要,也很值得进一步研究。

提问:

硅谷那些人多数是美国大学生去硅谷就业,创新的人口特别是高端创新人口和整个人口的老龄化还应该区别。

王辉:

对。

提问:

我想问一下,您这里有没有考虑到一个时间的问题。创业创新在全世界范围内并不是一个传统性的问题,是最近二三十年才显现出来的。会不会出现比如过去三十岁左右的人具有企业家精神之后,可能到六十岁可能未来三十年还是企业家?那条曲线到现在看来是曲线,未来可能是水平直线。

王辉:

首先,创业创新对于经济的驱动作用从来没有停止过。第二,我们不会把发展中国家创业和发达国家创业混淆在一起进行比较,因为两者的经济发展阶段不同,创业的动机与对经济的影响也会呈现不同的趋势。在数据处理以及结果展示时,我们会注意报告将把样本控制在发达国家范围内时的结果,使得所分析的样本更具有可比性,这是很重要的。

提问：

我有几点觉得文章没讲到。一个人的创业决策可能是一个内生的。这个人要想创业，他怎么都会创业，不会因为在企业里把他压制的时间更长，可能就是因为压制不会推迟创业，可能更早创业。

第二，层级越多的企业，人越不容易走掉。企业层级越复杂，个体从事的业务与外部经济的差别越大。外边如果没有好的机会创业，大家在这里待的时间越来越长。不知这点会怎么影响你的结果？

王辉：

这两点都很重要，我来做一下说明。第一个问题，社会里的人群一定会有异质性，但我们这里讨论的是样本规律，我们的模型里设定年龄的分布影响创业动机，因此回归的所有结果都是基于年龄的分布不同所产生的。因此如果考虑"内生性"问题，也是应该考虑为什么"年龄分布"相对于创业动机是内生的，而不是关注个体差异等因素导致的内生性问题。

对于第二个问题，我承认不同的国家，企业规模可能有系统性差异。但是如果我们假设跨时这种系统性差异的变化不大，此差异就可以通过控制国家的固定效应加以解决。正如我刚才所讨论的，我们的结果在控制固定效应之后仍然是显著的。

李琦：

谢谢，下面有请我们院长蔡洪滨教授。

蔡洪滨：

各位好，首先我想做三个广告，第一个广告是教室，咱们今天的活动用了一个特权，这个教室没有完全正式开始使用。但是这个教室非常特殊。这是我们思科捐助做的远程教学的教室。每个人前面的设备、话筒，跟我们在西安、上海的分院都能够连在一起。未来我们在这儿上课，那边的教室的同学可以完全实时互动，那边的学生提问题，这边的老师可以实时互动。实时互动的效果应该是最先进的。未来非常期待这个教室能够充分利用，今天是试用。

第二个广告我解释为什么要做这个活动，这个活动是纪念厉老师从教60周年，专门的学术研讨会。题目是"中国的热点问题"，我们有很多重大政策问题值得讨论。上午主论坛，下午其他几个论坛，我们思考厉老师60年学术生涯给我们经济学者、给光华管理学院最终留下的最宝贵的财富，我们还是认为是他的学术性和思想性。学术性和思想性当然最终我们上午讨论到的，最重要是为中国服务。学术理论、学术分析、学术研究的扎实性和深入性，是我们真正存在这种责任必不可少的基础。用学术的论坛更好地纪念厉老师给我们做的榜样，给我们留下的学术精神的传承。

光华管理学院很多老师在应用经济系，应用经济这几年发展非常不错，无论是资深老师还是大家看到一些年轻老师的风采，国际学术研究中国问题研究相结合的点上，我自己感觉做得非常优秀。有些同学不一定特别了解，有兴趣看看我们年轻老师做的研究。更进一步稍微做一些对比，你会了解到这些老师非常的优秀。

作为院长,这五年还能够在学术的角度做一些探讨的思考,主要因为我有非常优秀的年轻同事。他们的讨论,他们对新问题的理解,让我感觉到学术的氛围。王辉讲的半个小时,他其实就想说蔡洪滨什么时候退休。一退休,我们应用经济系的创新就有更大的发展。

我讲一下组织经济学研究在中国的前景,什么是组织经济学?国际上有很长的历史,有完整的教学体系。我们在管理学院如果你纯粹在经济系里就知道,好像组织经济学是你经常听到的词。管理学院组织经济学,组织行为主要是我们管理学科同事占领的阵地,叫作组织行为学。什么是组织经济学?其实就是用经济学的视角研究组织行为。有别于我们管理系的同事,组织行为学是从心理学的角度。研究的角度和管理的组织行为学不太一样,研究的范围跟我们传统经济学上的产业组织、反垄断诸如此类都有交叉,都有区别。

组织经济学有很多块,基本上是从研究经济学角度研究组织。最重要的组织就是企业,一系列的企业理论,中国经济学家比较熟悉从科斯开始,产权理论等都是属于这一大类。企业内部的组织结构、企业市场的边界都是属于组织经济学的一部分。企业之间的契约,横向的合并、纵向的兼并,关系企业诸如此类,等等,在反垄断的应用中间有很多的应用。企业内的组织结构,激励分权、治理层级等。

组织经济学在国际上又有很多新的发展,综述还是综述之后这几年发展非常迅速,研究问题的范围和角度都有非常迅速的扩展。研究对象,企业、政府、委员会、决策机构,研究的问题非常的多样。内部的政治、适应性、平台组织诸如此类研究越来越细化、多元。这个问题的方法跟管理学科的组织行为学有更多的互动。这是植入广告的部分,我们另外一位非常优秀的同事跟我们的另外一个同事孙成在光华管理学院和研究生一起做了一个小的讨论班,关于组织经济学的最新发展,欢迎对此领域感兴趣的学生加入。

我们现在认为这是比较重要的领域,一方面国际上有新的发展,另一方面与中国现在的经济改革有非常密切的联系。我们知道早期的时候我们在经济学,在引进、消化、吸收中间,企业理论、产权理论诸如此类,对中国企业的改革起到很大的影响。组织经济学现在的发展在中国受到的关注不那么多,这里比较少有大的概念和口号,马上可以影响政策。政策因为这些原因,我觉得如果我们仔细看中国未来经济的发展和经济问题的复杂性,涉及具体问题,具体重大的问题,反而需要组织经济学的一些重要的发展。

另外周黎安对中国政府组织的研究有非常突出的贡献,另外我觉得组织经济学在未来有很好的发展,中国的制度和文化环境使得我们的组织结构、组织形态也有非常强烈的中国特点,这些特点就为研究提供无穷好的素材。

对于中国的重要性在哪?比如说研究制度问题,制度问题不是简单的立场或者是意识形态或者是"左""右"的问题,这个问题对全世界来讲都是新的挑战。传统的出租车的管制在新经济所谓共享经济之下,新的最优管制规则是什么,最终你考虑的角度怎么样平衡。另外管制者本身的目标和行为,这些因素都需要在我们讨论政策问题时认真思考。

还有一个问题就是最近中国经济出现一种下滑,金融市场出现各种波动。尤其是在金融市场波动之后,你看国际媒体对中国的评论,一个非常普遍的反应是什么?我们原来对中国政府管控自己经济金融的能力有了非常强的信心。现在突然发现对这种能力开始出现质疑。7月份的时候在《纽约时报》写了一篇文章,中国原来经济这么好。中国政府官员多么了不起,这次中国股市处理就可以看出来他们实际上什么也不懂。过去只是运气,现在他们不知道自己在干什么。跟中国关系很好的跨国公司的领导或者国际金融机构的领导,普遍觉得中国未来政府对治理经济、金融体制的改革和管理方面是不是真的有能力,这是他们认为重要的顾虑和风险。

这个问题怎么理解?不能光说做得好,全是政府的话,今天上午看到中国优秀经济部门领导他们的风采,但是经济一不行,这些人彻底不行,这些外国专家其实不太了解中国整个经济政策,包括监管它的决策程序和决策过程中间,它的组织机构。从国外来讲,它的监管都是以独立为主,比如说公平竞争委员会诸如此类。中国是集中决策,集中决策我们设想一下这个决策过程和决策的模型是什么,其实是非常复杂的。决策者要收集各种各样的信息,同时各个不同的政府部门,各个所谓负担的监管者都有各自的诉求。在信息的汇集和多样化的情况下,决策者在这样的过程中最终形成一个中央决策。中央决策再通过政府体系落实下去。

你要仔细思考这个决策过程,这跟外国人理解的经济政策决策是不一样的。我们成功也可能是成功于这样的一种决策机制,我们现在出现的一些问题可能也是这样的一些决策机制。我们成功是因为这一条机制比较适合做某一类的决策,我们现在在经济的金融监管和经济政策决策方面碰到一些看上去手足无措的现象,也可能我们这样的决策机制其实不太适合做另外一类决策。所以不是简单像外国人说原来是运气,然后说运气好的如何如何。这些问题,决策组织结构,决策里面信息的汇集,决策中间利益的协调,这都是新的组织经济学在研究的热点问题。

美国人一说制度问题,一个监管部门,美国研究制度经济学,我有一个监管部门,企业有自己的利益,企业就去游说这些监管部门。中国其实是有一个监管者的市场,它要做自己游戏的参与者,它在这个过程中要取得自己的影响和自己的实力,这是中国决策层的特色。在我看来是理解中国过去的成功和未来如何程序构造的重要因素。这些问题我觉得值得我们用更严谨的学术方法仔细去理解中国的决策机制到底有什么样的不同,它的优势在哪、劣势在哪,更好地改革我们决策机制的形式。这是对中国当前来讲比较重要的一个问题,前面这是关于组织经济学的看法。

下面我讲一篇具体的文章,这文章是跟我的同事温西(音)还有西南财大的冯宏(音)合作的,大家感兴趣可以到我网站上。这个模型很复杂,为什么发表这篇文章,我们的思路和想法是什么,我们的结论和可能的解释。

这篇文章的意思是什么?经济系有一部分人做理论,有一部分人做时政,老的人退了,新的人进了,如果你看一个组织长远的发展,它要能够持续健康地发展,一定是新进来的人比过去人要强,一代人比上一代人强,这是组织长远发展的根本。这个人怎么进来?说这个人好,把他挖过来。新人都是旧人招进来的,一个人特别牛,大家都想招。每个人招人的时候都会有自己的想法,他可能是跟我做的方向一样。他做理论,以后可以多合作。有的时候一些偏见,这个男的喜欢多招一个男的,女的怎么样。南方人喜欢招南方人,有老乡之间的关系,也有其他方面的关系,意识形态,有的是左派,有的是右派,诸如此类。很多组织和决策机制都面临同样的问题,一个公司的治理结构,理事会也好。政府很多的组织机构,我们中央委员会诸如此类等等,大部分的组织都有这样的决策机构。这些决策机构,这个关键的决策机构怎么能够不断地吸收更新、更好的新鲜血液,这是长远发展的根本。根本过程中间,你怎么招到更新的人,很难说招好的人能跟每个人在不同角度进行协调。每个组织内都有政治,这个政治怎么招新的人、更好的人呢?

一说搞政治的人怎么样,我们是搞业务的,我们招水平最高、学术最高的人,不能用政治影响我们招人。这篇文章讲研究,组织内的制度怎么来影响招好的人?我们结论跟你的直观可能正好相反。我们认为组织内一定程度的政治,有利于一个组织的健康发展,有利于一个组织招更好的人。原因在哪?你们这个模型当然比较复杂,里面每个组织有现有的成员,有些人要退休,要退出,要招新的人,大家投票,新的人进来比如有些找工作的人,你们观察,看他的材料,去面试,发现他能力强不强,学术水平各方面怎么样,大家共同认为有价值的地方。

有两类人,一边是理论,一边是实派。两类人招人的时候,大家都知道这个人水平高低,他是属于哪一类,属于左派还是右派。人们招人的这个因素影响他们的判断。这些人如果想得更长远,我现在是两个左派,一个右派,现在看到一个人非常不错,但是他在意识形态上贴的是右派,你就会想说我万一把他招上来,看上去能力不错,他进来肯定跟右派在一起。我们左派走了一两个人之后,肯定控制就是右派了,他心里有一个提防。有时候是不是绝对不招呢?也不一定,两种情况会招。他觉得很安全,我们这个都是左派控制,添几个右派很好。另外他敢招,他进来没关系,首先他的水平很高,第二如果这个组织虽然大家有不同意见,虽然有政治上的摩擦,但是进来之后,他一段时间即使变成右派,这些人也是通情达理,有他的角度,他一段时间也会招左派,整个组织就会流动起来。这里有很多动态考虑,为什么大家关心左派右派呢?我们简单来讲,每一期之内,每一段时间之内,这个组织是左派控制,左派有好处,可以任命董事长,可以决定有些内部组织的资源配置的结合,可以作为代言人在外面很风光,等等。

这样的模式里面考虑组织长期动态的发展,考虑两个因素,一个因素是什么?组织跟组织不同,有的组织内部矛盾比较大,有的组织内部矛盾比较小。我们研究这个问题不仅是希望哪些组织跟哪些组织,有些组织死得快,有些组织可以长期发展,这是我们研究的一个问题。这个问题的研究得到一个有意思的东西,进一步最开始在组织制度设计的时候,能不能根据这个情况有一些更优势的设计。比如有一些组织你会发现在招人重大问题的决策上,有的组织说我们就必须要全部同意或者是绝大多数同意。另外组织说我就1/2多数同意就可以了。你组织在设计的时候就可以做这样的决定,我们新设立组织或者现有组织的改革,你觉得有些设计不顺,就可以做机构设计、组织设计。

这些问题之下,机制设计下我们有什么样的意思?具体过程这些公式不重要了,我们得出的结论是什么?首先我们的结论在这些重大问题上,如果你想保证一个组织长期健康的发展,水平越来越高,最优策略是什么?要采取所有人必须都同意。

一个组织一定程度上可以帮助这个组织更加地健康,打防疫针一样,太多病毒不行,你没有经过任何的病毒考验也不行。一个组织一定程度上的互相内部的矛盾,反而对一个组织的健康有利。主要意思是这样,我们讲另外一个极端,这个组织特别和谐,所有人都是同一类人,大家看问题的角度也都一样,都左派,大家非常和谐,特开心,没有任何不开心。大家开始说我们要招人,这种组织往往会出现什么样的情况?组织越来越和谐,最后渐渐衰败。为什么会衰败?大家都很和谐,都是从一个角度看问题。来的这些人进来之后我们都要去挑,说我们组织挑选越来越好的人。最后挑的都是比自己差的人,因为挑好的人要花很大的精力。我如果退休一些问题跟我没多大关系,我走之前把这些都弄好,为什么我们需要不断的新鲜血液。你挑这些人,现在这些事让这些人做。很和谐,每个人干这些事的时候不是按照真正的组织最理想的要求去认真做,每个人觉得这个人看上去不错,找一些理由就把这个人招进来了。这种组织慢慢质量会越来越差。

为什么一定(英文)有用呢?两个左派,一个右派,找到一个人不错,左派的人觉得看上去还行,按照我们的标准,觉得应该更高一点。不是说完全不能招右派,足够高才可以招。两个左派觉得这个人不错,每个人都得同意,右派具有一票否决权,你们说不错，我觉得这人不行，他的水平有问题。但是他要有一票否决权，就能把对方选的人的标准提升。这样结合一定的制度设计就可以有效控制一代一代人的质量，这里有很多很复杂的问题。为什么这么做？本身就是这样。

回到广告最后的一分钟，我说这篇文章的意思也是做广告。我觉得这样一种研究你看上去是一堆数学符号，看上去很长很啰唆的一个，很多细节，但是它关注的问题还是很多决策程序构造之后比较重要的问题。这些问题如果你能够在这样的一些严谨分析，仔细地去理解背后的机制以及你提出来的一些机制设计的建议，它的背后的一些条件和要点。通过这样一些分析，再逐步更深入地了解中国某个特定经济决定的过程，组织架构的构造，还有监管的构造。"一行三会"要合并，合并的好处是拍脑袋，分的时候也是拍脑袋分的。这里有很多理论问题，信息组合从什么角度更合适，利益协调从什么角度更合适，跟企业之间的防火墙怎么做更合适，这些问题在一定严谨的框架下可以做这样的分析。分析的好处是不只告诉你哪些直接是对，告诉你哪些直接是错的，什么条件下某一种制度分析、制度设计可能比较好，另外一种条件制度和设计不是那么好。组织经济学在国外有很大的发展，在中国有更好的前景，我就讲这些，谢谢。

提问：

你的很重要的假定，人都是你自己选，组织内部。美国的大学现在管招人，主要靠外边的人来评，这是一个。第二你讲的实际上是一个组织就像一个小的生态系统，它里面必须有基因的多元性,你讲的是这种。你不应该把它讲成一个政治,不管你怎么把它美化,任何一个组织像一个小生态系统想要长久发展……

蔡洪滨:

问题太多了,一个一个回答。这为什么是政治,就是分配政治。你作为一个现在的组织,你们这一方是主导方,你们这一方在把持组织,直接有好处。资源分配下占便宜,我们是研究这个,我们考虑各种各样的不同的结果。我们这里有一个核心,只是说这是所谓的时政分析。这些词是没有感情色彩的,现实生活中有很多的感性色彩。

招人的话在国外我们也招人,你需要外部的人才。每个学校各有不同,中国和美国各有不同。光华管理学院我们的招人程序、职称评审跟国外接轨。比如系里招人,需要考虑他们那种组织结构下进人的程序。

提问:

谈到监管者、企业和消费者,中国的监管者和公司之间是在市场的概念。市场概念你指的是产生能量和影响力。这个和组织经济学之间的关系,公司的交易成本的问题。请教一下。

蔡洪滨:

我们在做一些研究,现在没有特别成熟的结论,我说的意思是这个跟交易成本有一定的关系。国外研究这个问题,研究监管组织机构、研究监管的效率往往是从这个角度,如果你了解寻租理论。我有一个监管者,比如说是美国贸易委员会,管反垄断一系列的事情。美国联邦通信委员会,管所有通信业的事。你政府任命几个委员会之后,它开始独立地工作。不同的通信公司,因为它的政策会影响整个通信公司,通信公司会游说它,把政策和监管朝对自己公司有利的方向去做。我希望寻租,这是国外研究监管机制的一个基本的框架。

中国往往不是这样,比如就是一个通信市场,多少部委对它是有能力控制的?工信部、国家发改委等一对一的部委,这些部委在决策的时候有些方面它自己可以决定,很多方面是需要各个部委会合会签的,中国的决策机制不一样。很多监管到经济政策的决策,这些部委有各自的权力、各自的信息和各自代表的利益。最后要形成决策,在国务院常委会上通过,通过会签的方式才能发下来。中国政府很多政策是很多部委会签,有时候十几个部委会签。研究中国要把这个程度再往上提一步,中国很多监管者都不是独立的。对共同的问题实行联合监管。上面的决策者,他们说服决策者按照自己的意思去做。中国研究机制需要考虑特点,往更上面去研究。他们要竞争他们的影响,这是我想说的意思。

提问:

你说三位合一,就是一个策略。

蔡洪滨:

机制设计应该不会是。

提问：

　　监管者和公司之间……

蔡洪滨：

　　现在讨论"一行三会"的各类组织的重构，有可能因为最近股票市场的动荡使得这个问题变得更急迫。从一个组织重构角度来讲肯定不会因为某一个独立或者是一个事件就让它做出决定。具体是什么样我也不知道。

李琦：

　　谢谢蔡老师，下面有请我们非常有特色的陈玉宇教授。

陈玉宇：

　　今天给大家讲一个研究，是关于信任的研究，特别的是关于人们对政府的信任。这是我们一系列研究文化、价值、态度与社会经济后果之间关系的论文之一。为什么要研究这个问题呢？信任，与经济增长和各种市场经济活动大有关系。我是因为有两个原因转向这块的研究。一个是，读经济史的时候有一些研究者提出一些新的观点。工业革命的发生固然跟制度、跟各种技术有关系，但是他们认为可能不仅仅是技术革命、工业革命，这些新的思考认为近代所发生的一些文化上的变化非常关键。第二，我们中国自己也是这样的，近百年来，文化观念发生了深刻的变化，这些变化与中国的社会经济变化互为因果。文化很难说是怎么回事，有的人认为中华文化一成不变，事实上这取决于我们对文化的理解，文化的某些层面牢固不变，某些层面又在变化。文化、价值和态度对我们每个人影响甚大。我们在市场上的选择和行为,深受文化观念的影响。关于文化的研究,难度在于数据和测量。经济学很少或者不能研究文化的问题,现在大数据的到来,我们能观察到文化观念的变化。一个时代有一个时代的风尚,这种风尚也是一种维度的文化,这种风尚的变化对一个时代各种社会政治、经济、个人、企业的选择和行为有重大的影响。

今天给大家简要汇报一下我们这篇研究,受过饥荒影响的人对政府的信任程度。对政府的信任是很重要的社会资本,对整个社会的发展、资源配置是很重要的。对政府的信任哪来的?怎么持续?为什么会持续?怎么发生的?我们就用1959—1962年这次饥荒的幸存者,他们对政府的信任态度研究一下这个问题。一般而言,信任被定义为个人做出努力和投入,希求得到回报,但是没有法律上的合约保证这种投入和努力得到回报,人们仍乐于做出这种合作和投入的态度。我们将这个称为信任。简言之,信任是一种合作的态度,自己乐于合作,也希求别人合作。如此而言,信任在每一个市场交易当中,都扮演着重要角色。阿罗教授对此有过比较早的精辟论述。

这个研究里,我们主要关心的是人们对政府的信任,对地方政府的信任。这关系到政府的威信,关系到政府政策的受支持程度,从而对经济活动具有重大影响。人们对政府的支持和政府的效率有关系。首先我们关心人们对地方政府的信任如何形成,是否受到人生经历中的重大事件的影响?这些重大事件对信任的影响是短暂的还是持久的?人们对政府的信任受到历史事件的影响的机制是什么?

这篇研究里，我们检查了那些经历过饥荒的人，他们对地方政府的信任受到了怎样的影响？大饥荒对信任的影响，很难建立起因果关系。跟没经历过饥荒的人群相比，有过饥荒挨饿经历的人们，现在对政府不那么信任。这种比较，不能帮助我们得出结论，饥荒经历塑造了人们的信任程度。因为这是两组不同的人群，他们具有很多不可比的特征。我们不太满意这样来做比较，我们先看看饥荒期间，每个地方的饥荒严重程度是不一样的。有的地方饥荒很严重，有的地方饥荒不严重。

我们使用了双重差分的方法来解决这个问题。我们利用两个变化，一个是人们经历过饥荒或没经历过，以及饥荒的严重程度。我们经历过饥荒的人，不是说这个岁数的人都经历过饥荒，一个很小的地方，一个县里的、村里的人经历的饥荒程度不一样。我们有一个优势，我们问你这个人记忆当中，你是否记住你曾经连续两个星期经历过的比较痛苦的记忆。

我们还利用了一个变化。那就是，有些地方的饥荒伴随着严重的自然灾害，比如旱灾。这能帮助我们多一个层次地比较。我们不仅仅是比较经历过饥荒和没经历过饥荒的人群，我们在此基础上还比较了发生饥荒同时发生旱灾与没有发生旱灾的地区。这种比较帮助我们建立了比较可靠的结论。

我们的结论是，饥荒严重地伤害了人们对政府的信任。尤其是，在那些旱灾不严重的地区同时又发生饥荒，对信任的伤害最大。而且，对政府的不信任，似乎具有长期的持续性，持续了 50 年。还有证据表明，这种持续，发生了代际传递。这是令人惊讶的。我们的论文还讨论了这种文化持续的可能原因。

我们数据用了北大搜集的 CFPS 数据。这个数据既有关于历史挨饿经历，也有当前的地方政府的信任态度。基本结果是经历过的人对政府的信任大为减弱，这种减弱，民众跟政府之间的关系，我们的结论是旱灾严重的地方经历饥荒的人对政府的信任程度稍微高一点。也就是说民众把一部分饥饿的原因归于自然。如果我经历过饥荒，很挨饿。我的地方风调雨顺，我对政府的信任程度低。

我说一下政策含义，历史的连续和依赖性，我们今天做的这些事情会通过对态度价值的长期影响一直造成很深远的影响。饥荒过去 50 年了，饥荒依然在影响我们的行动和生活。持续了 50 年，我们应该问一下为什么 50 年过去，还会影响你呢？

对 CFPS 数据简单说两句。这个数据有 36000 人，有 9000 人报告直接受到饥荒的影响。2012 年的数据里有关于信任和态度的很多问题。我们有两个关键变量：一个变量是个人记忆中是否有饥饿的记忆。这个变量在个人基础上，使得我们可以更好地处理个人的文化态度是如何形成的。另外一个变量是你对地方政府的信任程度。

人们报告的对地方政府的信任程度，是个很敏感的问题，人们是不是说真话了？会不会自我审查？我们做了一些检查，我们认为很多的问题的回答具有内在一致性，我们认为还是比较可靠的。第三个变量是干旱。干旱的定义，这个时间，所受干旱影响的土地面积和总的耕地面积之比。在饥荒期间干旱的指标和饥荒前你省的干旱的指标的治理。我们的干旱来自另外一个数据。

这里有三个亮点：第一，经历饥荒和不经历饥荒对政府的态度有差别。第二，这种饥荒对信任的影响，在发生旱灾的地区与不发生旱灾的地区,差异很大。这个其实就是我们模型里的交叉项:饥荒经历与干旱。含义是,饥荒使得人们倾向于不信任政府,而且,当人们推测到饥荒更多是来自恶劣的干旱,这种对地方政府不信任的程度会不一样。换言之,没有发生旱灾的地区,人们倾向于将责任归咎于政府,因此对政府的态度发生变化。

相对而言,旱灾严重的地方大家对政府的信任程度比较高一些,旱灾不严重的地方大家对政府的信任程度比较低一些。数据比例,中国有一亿人对饥荒有这样的记忆,受到这样的影响。他受影响的大小,这个想告诉你,对地方的信任程度,右边变量是你的父亲母亲对饥荒,有没有饥荒的记忆或者是经历饥荒,他所在的地方有没有旱灾。你会发现有影响,你的父亲有影响,母亲没有影响。母亲的影响比较弱一些。这个我们有一些解释,中国的婚姻制度等各方面的一些解释。

接下来做的就是一系列的各种各样的人给我们提出的挑战,什么样的人饥荒里边活下来回答这个问题,我们要做的事有一个表就是控制各种各样的生物学上的形态,你活下来大家都是一样的人。

蔡洪滨:

你说这个居民在1958年的时候,你让他回答山东省旱灾的面积他是不可能知道的。我们所有人知道三年自然灾害,那是官方一致说法。他不仅自己挨饿,挨饿之后知道是谁的错,这个比较难。从另外一个角度看,你应该能找到当地的各个省甚至是地级市当时的报纸,那个报纸会讲今天亩产多少等,当时的农民知道那是不对的。你可以把当时地方政府在所谓三年自然灾害当中做的虚假的政治宣传跟当地的农民讲,让他直接认识到被骗了。因为地方政府多年的不负责任导致了他的饥饿。你现在的指标用的是事后统计的各省的受灾面积,农民肯定不知道各个省的受灾面积。

陈玉宇:

要是各个村的受灾面积有这样的数据就更好了,这是一个统计模型,只是这个省的受灾面积大,这个省受饥荒影响的人……

蔡洪滨:

你可以直接判断撒谎程度。

陈玉宇:

各省的撒谎程度看当日的报纸可以知道。我们这个社会并没有说专家学者充分埋性检讨这个事,全社会对这个事有一个更加客观的认识。我们这时候研究个人经验,个人饥荒记忆。发生旱灾,虽然我经历了饥荒,没发生旱灾我经历了饥荒,不一样,我们把这种不一样解释为饥荒的经历对人们的态度形成的影响。

接下来我们要解决的问题是经历饥荒和严重的地方,人们的态度不一样,怎么解决？首先采取一些控制的办法,去掉某些固定效应。对信任的影响为什么会持续呢？我们检查了后代是否继承了这种影响。有趣的发现是父亲的态度对后代有影响,母亲好像没有。我们比较了有信息和没有信息的组别。我们研究能够看电视和不能够看电视的人们地区间的差异。这个饥荒对信任的影响持续性地传递,可能是晚辈从父辈那学习和从其他人那学习,把这个传承下去。

这个对政府的不信任还与其他方面关联在一起。主要涉及政府对其他方面的影响。我们说的是老百姓形成对政府的判断。比如,我们对各种跟政府有关的福利政策各方面,都受到了影响。社会公共事务与政策的评价和态度发生了影响。

我们的研究,试图小心地建立起重大历史事件对人们态度、价值的影响,在这里是信任。政府做了一些事情,政府出台政策,会使得民众在经验当中形成对政府的态度,而且这种态度形成后,会持续久远,比我们想象得要更深远。这意味着,公共政策的分析和讨论,还要动态地考虑它们通过价值和文化态度带来的深远影响。更进一步,很多社会政策制定者往往说,身处困难时期,便宜行事吧,搞机会主义。这种政策有可能带来深远的影响,机制就是通过对文化价值的不利影响。这是我的报告,谢谢。

提问:

你说的妈妈没有影响,可能跟样本有关系。从在村子的调查来看,农村的妇女不关心这些政治。你不可能离开村子调查,这是一个问题。

陈玉宇:

对。

李琦：

最后是我们应用经济学系主任周黎安教授。

周黎安：

今天我来给大家讲的题目是"关于中国的房价"，这不是我典型的研究题目，但确实很感兴趣，也有一些这方面的研究。这个研究的合作者是普林斯顿大学的熊伟教授、宾夕法尼亚大学的方汉明教授、光华管理学院的博士生顾全林。这个研究的背景是，中国过去十多年房地产市场经历了飞速的发展，房价飙升引发大家对这个问题非常广泛地关注，无论是国内还是国外的媒体、学术界、政策界方方面面大家都在讨论这个问题。但是你看这些问题的讨论有一个非常大的反差，一方面大家对这个问题非常关注，另一方面我们很多基本的问题的讨论缺乏可靠的数据和分析。比如过去十多年时间里，中国各个城市的房价经历了多大的上升？这个上升程度到底是怎样的？还有关于"房奴"的讨论。普通买房人的购房贷款在他收入当中占着怎样的比例？各个城市是谁在买房？这些人是土豪还是富二代还是一般的家庭？回答这些问题对我们理解中国过去十多年房产市场发生怎样的变化非常有帮助，这是我们这个研究的一个背景。

当然我们聚焦于中国的城市，房价主要是城市的问题，这里主要是看到中国经常用的所谓一、二、三线城市的划分，具体不说了。

说到城市首先我们想看一下城市的房价高速增长，其实跟人口增长有关系。这里讲的是常住人口的变化，区分了城市市辖区和市区的常住人口的变化。一线城市人口增长比较显著，三线城市增长不大,二线城市增长居中。中国房产市场从20世纪90年代中后期开始,国家住房制度改革,国有单位取消福利分房,国家出台一些鼓励老百姓向银行借钱买房的政策。在座的肯定很熟悉,不去细说这个。

刚才我提到我们关于房价讨论,我们缺乏一个关于中国一百多个地级市、直辖市的房价指数,我们需要建立起可以比较的一个房价指数。国家统计局公布一些中国的各个城市的房价指数,70个大中城市的房价指数,众所周知的原因,并不能很好地代表中国房地产实际发生的变化。这里我们试图提出一个方法,基于个人买房的房贷数据,构造一个可比的房价指数。建立房价指数,国际上有两个通行方法,一个就是把房价回归于房屋的一系列特征,然后将年份的虚拟变量的估计系数作为房价变动的指数,这是一个方法。这个方法的前提是必须能控制足够多的影响房屋价格的特征。有一些无法观察到的房屋特征,如房屋周边的特征,会影响到估计的精度和一致性。中国在过去十多年的时间里,我们大规模城市化,城市改造和扩建,都让我们住宅小区的环境发生很大的变化。所以这个方法用在中国,面临很多无法观察到房屋特征的情况,使得这个方法在中国的适用性有限。

第二个通行方法就是同样一个公寓在市场上发生两次或多次重复交易,房屋的质量基本没有变化,价格在变动。这个价格变动最好地反映了同样一套公寓经历的价格变化。这个方法的好处是控制房屋所有的特征,缺陷是什么?这个样本注定你只能聚焦二手房,经过两次买卖以上的二手房。这样的样本很少见,美国也这样。基于这么小的样本建立起的房价指数是否有代表性是这个方法遇到的最大挑战。这个方法用到中国问题更大,中国主要是一手房交易,二手房相对较少,两次以上的交易更少。这种方法要套用过来非常困难。

我们想建立寻求这两个方法的结合。我们利用中国房屋销售非常重要的特征,即绝大部分的新房都在小区里,小区房子的外部环境肯定是相似的,唯一区别就是小区里面房间是第几栋房,第几层,朝向哪边。差别在这里。这些特征我们看得见的。我们认为小区里的外部特征是相似的。更关键是小区里的房子是分批销售。同样的小区卖的时间不同,价格也不同,把所有房屋价格观察之后,把剩下可以设为价格可靠的指数,这是我们的方法。

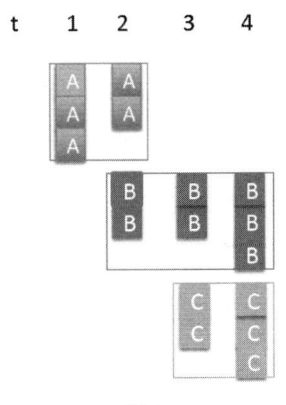

图 1

上面的图 1 诠释了我们新方法的基本思路。假定一个城市有四期的房屋销售数据观察,图中一个框代表一个小区,总共有 ABC 三个小区。第一期到第二期的房价变化就是 A 小区里面两批房子平均价格的变化。第二期到第三期就是 B 小区前两批房子价格的变化。第三期到第四期是由 B 小区和 C 小区对应两组比较的平均。这个方法的核心是,控制房屋的特征之后,如第几栋房、第几层、房间号码、朝向,一个小区内的房屋质量差距就不大了,然后回归中的月份虚拟变量的系数就是房价指数。

我们的数据得益于很大的一家商业银行的房贷数据,我们120个城市里面有相当多的房屋借款合同,包括购房人的特征、结婚、收入等相关信息,还有他们的小区地址、楼层、房间号码,还有知道他们贷款的特征,贷多少年,利息多少,还有首付比例,等等。

我们刚才那个指数,注定我们能观察到这个房价指数是名义,在那个期间,中国也有物价的变动,比较小,平均2%多。我们后面看的房价增长不是10%、11%的变化,都是100%、200%、300%的变化。

这是根据刚才说的回归方法得到的一线城市,北京、上海、广州、深圳,算出来的房价指数。我们看北京的话,从2003年1月份算起,房价指数为1,到最后数据截至2013年1月份,是7.6,这十年时间里上升了660%,涨了6.6倍,这是北京的情况。上海上涨了3.4倍,广州大概是4倍左右,深圳是2.8—2.9倍。每个城市不仅是上涨,中间也有下跌,上涨与下跌跟我们对这些城市的观察和经验是很相似。北京在2008年之后有一个下调,2009年上半年开始大幅上升,2011年之后也有下调,这是我们得到的数据情况。

房价指数,底下两条线是国家统计局公布的,其中一个是70个大中城市房价,如果我们的估计更准确的话,国家公布的数据没有很好地反映变动的幅度。

另外我们又把房价指数的变化跟地区的人均GDP的变化和这些居民的可支配收入的变化放在一起,我们来看中间的增长,你会看到这四个一线城市,其实都是房价增长远远高于收入增长。

看看二线和三线城市收入的变化跟房价的变化,二线房价增长高于人均GDP和可支配收入。三线城市房价增长是在这两个收入区间,二三线城市房价跟收入其实并没有那么离谱得不一样。

这是平均,我们把所有时期做了平均,一线城市过去十年间大概保持16％的年增长。二线城市上涨13％,三线城市10％左右。二三线城市房价跟收入大致保持了相同的增幅。如果把所有的城市放在一块做平均,房价的上涨跟收入上涨是很接近的。我不想通过这个图说明中国的房地产没有问题。把中国的房地产作为整体判断,房价上涨跟收入上涨保持匹配的关系。

关于房价和收入的比较,这个比较有没有什么依据?我们看了日本和新加坡,这是我们拿到的数据。日本只有地价,没有房价。把日本收入的变化和地价的变化做了一个图。在日本泡沫最严重的时期,地价上涨远远高于收入的上涨。

新加坡在20世纪90年代中后期有一个非常快的上升,亚洲金融危机之后价格开始回落,回落到跟收入增长一个程度。当我们说一个地方出现严重的房地产泡沫,一般是房价与收入等基本面的因素出现比较大的偏差。

刚才我们讲的是一个房价,是我们做的非常重要的贡献,把120个城市在统一框架里做比较。统计方法跟真实的增长有区别,探讨房价增长那么快,我们要从供求两个角度看,房地产供求,从供给面来讲,你要看房地产商它的投资热情,更重要其实因为土地基本上是由政府来控制,政府作为整体它是土地唯一的供给方。这里我们不想作为重点研究,我们想研究房子的需求方,购房者的收入、对收入的预期以及投资需求等因素的影响。

陈玉宇:

这个收入是到银行贷款的收入?

周黎安:

写在购房合同里的收入。他的房屋贷款跟他的收入之间是怎样的关系?我们想是很紧张的关系,对很多人来讲贷款是很沉重的负担。我们看放贷数据里这些借款人,我们聚焦两类借款人,一类是购房这些人里收入在10%分位以下的人,房贷者的低收入人群。还有房贷里属于中间这些人,收入是在45%到55%的分位人群。我们看10分位和50分位,这两个比较有意义。因为这些人是真正能让我们看到房屋市场给家庭的消费和储蓄带来的压力。对低收入者来讲,买房对他很重要。拿现金直接买房不贷款的人不在我们的数据里,这些人你看不到,我们只能看到收入相对较低的那些人,那些是比较好的代表。

一线城市房贷者里面,中层收入者位于城市收入的70%—75%。二线城市10%的低收入的比例可能会略高一点,城市收入用的是国家统计局的住户调查,在中国能够拿到的最好的城市收入分配的数据,这是比较有代表性的。其实买房人不是我们想象的都是富二代或者土豪,其实当中相当一批是属于低收入人群。

现在来看房贷者的首付比例,银行规定不能低于30%,第二套房更高。三线城市的比例基本上 40% 左右。房价收入比是一个非常关键的数字，一线城市这个比例在 8—11。这里做了简单的计算，房价收入比是 8 的话，对购房者来讲是怎样的负担。首先 40% 的首付他要 3.2 年年收入付 40% 首付，对年轻人来讲没有那么多首付，靠家里人帮忙，这是负担。剩下 4.8 倍的年收入靠他的每个月月供负担。每月他要付的月供占他收入 45% 到 50% 的比例。对低收入者来讲，他要拿收入的 40%—50% 付他的贷款。为什么要承担这么高的买房负担，这里有几个原因。一个是他的收入可能每年都在增长，每年按 10% 增长，他的动态房价收入比没有那么高。五年之后他的收入涨了 60%。其实负担是可以在未来的收入增长当中不断减少的。

最后是投资需求，投资包括存银行、买基金、买国债以及股市投资。整个样本股市投资收益率是 7% 到 8%，房价上涨率即使在三线城市也是 10% 的增长。所以买房在过去一直是收益相对较高的投资用途。

最后我们想总结一下，这个研究第一是建立 120 个城市房价的指数。房价变化总体来讲与收入同步增长。另外在买房里面包含很多中低收入人群。如果中国经济增速下跌，下跌到 6%，甚至更低，那么这会给房贷者带来沉重的负担。这是我们研究的基本结论。

陈玉宇：

你的最有价值的部分是建立中国城市的房价指数，你在第二部分说房价收入比的时候你用到的还是他借贷合同里面自己报告的收入。银行管理他的房贷的时候，往往每个业务员会说我要贷款给他,他的房价收入比不能超过几倍,他的内心会执行这样的标准。永远都会看到是一个八倍的关系。

周黎安:

你高收入不用高报,低收入高报,8—11 的房价收入比,我们想说它确实对低收入者来讲负担是很重的。

陈玉宇:

你们说房价指数和收入增长比较同步,那个收入数据也是买房填写的收入数据还是别的?

周黎安:

那个收入是人均可支配收入。

蔡洪滨:

收入越低的人群首付越高吗?

周黎安:

数据是这么表现的。

蔡洪滨:

应该是在法定的允许范围内最大程度,我感觉你刚才说的数据有些问题。

周黎安:

首付比例没有问题,你当时贷多少钱,房价数据也是真的。

首付比例跟收入无关。

蔡洪滨：

收入低的人首付要低，国家规定 40％，我就 40％。

周黎安：

首付和你还的款，一下子交多少钱是跟房价比的。是针对购房合同的房价来说的。

李琦：

谢谢周黎安老师。下午的论坛就到此结束，谢谢所有的教授，谢谢所有的来宾，祝大家周末愉快，再见。